유식 불교의 이해

유식 불교의 이해

목경찬 지음

불광출판사

■ 들어가는 말

1. 대승불교의 태동

현실의 불교계가 그 역할을 제대로 하지 못할 때, 그러한 불교계의 모습을 비판하며 새로운 각오로 참신한 불교 운동이 일어나곤 하였다. 오늘날 근본불교에 대한 열망이 그렇고, 이 땅에 있었던 여러 결사의 모습이 그렇다. 새바람을 일으키는 불교 운동의 밑바탕에는 '부처님 법대로 살자! 부처님 가르침으로 돌아가자!'라는 정신이 깔려 있다.

대승불교는 1세기 전후 새로운 바람을 일으키며 일어난 참신한 불교 운동이라고 할 수 있다. 따라서 대승불교 역시 '부처님 가르침으로 돌아가자'는 정신이 그 바탕에 깔려 있다. 물론 대승불교가 언제 어떻게 일어났는지는 오늘날 정확하게 알 수 없다. 단지 다양한 논증에 따른 다양한 견해만 있을 뿐이다. 옛 인도는 명확한 역사 기록을 남겨 놓지 않았던 탓에, 남아 있는 유물이나 인도 주변 국가의 기록, 불교 경전 등에 서술된 내용을 통해 추측할 수밖에 없기 때문이다. 추정된 것이라 하여 무시할 수 있는 내용은 아니다. 명확한 기록은 남아 있지 않지만, 관련된 다른 역사적인 근거에 기반하여 오랫동안 연구한 결과물임을 기억해야 한다.

대략 기원전 6세기 무렵 석가모니 부처님께서 열반에 드신 후 한동안은 별 문제없이 부처님의 가르침이 이어졌다. 그러나 어느 단체, 어떤 가르침이든 오랜 시간이 지나가면 변화를 원하는 흐름이 일어나기 마련이다. 시대의 변화에 따른 융통성을 주장하는 부류가 있게 된다. 불멸 후 100여 년이 지났을 무렵, 불교계에서도 이러한 일이 일어났다. 교리와 계율에 대한 해석과 수용의 문제로 분열이 일어났다. 결국 합일점을 찾지 못하고 기존의 모습을 유지하고자 하는 상좌부와 교리에 새로운 해석을 하고 계율에 변화를 주고자 하는 대중부로 나뉘게 되었다. 이를 근본분열이라고 한다. 그런데 근본분열로 그치지 않고 이후 거듭 분열이 일어났다. 이러한 분열은 기원전 1세기초까지 이어졌다. 이처럼 거듭된 분열을 지말분열이라고 한다. 이리하여 대략 20개의 부파로 나뉘게 되었다. 이를 부파불교라고 한다.

한 단체에서 여러 단체로 나눠진 경우, 각 단체들은 제각기 정통성을 주장하게 된다. 불교의 각 부파 역시 정통성을 주장하였다. 자신들이야말로 부처님의 가르침을 바르게 계승하고 있다고 말이다. 그러나 그렇게 주장한다고 해서 그렇게 인정되는 것은 아니다. 따라서 각 부파는 부처님의 가르침을 철두철미하게 분석하고 연구하였다. 부파 간에 치열한 논쟁도 마다하지 않았다. 이러한 불교를 아비달마불교라고 한다. 달마(達磨, dharma)는 '부처님의 가르침' 등의 뜻이 있고, 아비(阿毘, abhi)는 '~에 대한', '뛰어난' 등의 뜻이 있다. 아비달마불교는 부처님의 가르침을 철저하게 분석하고 연구함으로써 부처님 가르침을 체계화시켰다. 하지만 연구, 분석에 치중하다 보니 대중과 만나는 시간이

적어지고 교리 또한 쉽지 않아서 대중과 멀어진 측면이 많았다.

오늘날 이 땅의 모습을 보더라도, 교리를 배우기 위해 강의를 듣는 사람보다 곧바로 법당에 모신 부처님을 찾는 사람이 더 많다. 교리를 배우려던 사람도 강의가 아비달마불교처럼 분석적이고 현학적인 부분으로 넘어가면 대부분 머리를 절레절레 흔든다. 알아듣기도 힘든 교리나 어려운 용어를 배우려고 하기보다 그냥 부처님 앞에 앉아 있으면 부처님의 미소가 절로 내 입가에 내려앉는다. 2000여 년 전 부파불교 당시에도 마찬가지였다. 일반 대중들은 아비달마불교의 어렵고 복잡한 가르침을 듣기보다는 직접 부처님을 뵙고자 하였다. 그들은 부처님의 사리를 모신 불탑 주위로 모였고, 부처님과 관련된 성지를 순례하였다. 그런 사람은 한 둘이 아니었고, 모이는 이들의 수가 점점 많아졌다. 사람이 많이 모이자 이야기꾼이 등장하여 부처님의 일대기와 전생담을 새롭게 노래하였다. 그리고 새로운 모습으로 부처님 가르침에 이끌고자 하는 이들도 등장하였다. 이 가운데에는 재가자도 있었지만 부파불교 교단에 소속된 출가자도 있었다. 그리하여 드디어 인도 땅에 대승불교가 모습을 드러내기 시작하였다.

물론 이러한 대승불교의 태동은 현재 남아 있는 경전 등을 토대로 한 추측이다. 즉, 대승불교는 불탑을 중심으로, 불전문학에 의하여, 혹은 특정 부파에서, 재가자 또는 출가자 중심으로 일어났다는 등 견해가 다양하다.

2. 대승불교의 양대 산맥, 중관사상과 유식사상

대승불교가 등장하였다고 해서 기존의 부파불교가 사라진 것은 아니다. 동시대에 대승불교와 부파불교는 각각 가르침을 펼치면서 함께 존재하였다. 또한 대승불교의 태동과 더불어 여러 대승경전이 등장하였다. 대승경전은 『반야경』, 『법화경』, 『화엄경』 등으로서 부파불교에서 전승되던 경전이 아니었다. 말하자면 부파불교에서는 이러한 대승경전을 인정하지 않았다. 아니 인정하지 않은 정도가 아니라 아예 무시한 듯하다. 부파불교의 논서 등에서는 대승경전에 대한 언급이 보이지 않기 때문이다. 대승불교는 기존 전승되던 경전뿐만 아니라 대승경전의 가르침에 의거하여 교리체계를 세우고 부파불교의 견해를 비판하며 불교사의 전면에 나섰다.

이렇게 인도 땅에서 불교사의 전면에 나선 대승불교사상의 대표적인 양대 산맥은 중관사상과 유식사상이다. 앞서 대승불교의 태동에서 언급한 불탑신앙 등의 내용을 통해 부파불교와 대승불교의 차이점을 잠시 짐작할 수 있었다. 단지 그런 점에서만 차이가 있는 것이 아니다. 무엇보다 교리에서 뚜렷한 차이가 있다. 대승불교에서는 모든 법이 인연화합에 의해 마음으로 드러난 것이며 마음을 떠나서 별도로 있지 않다고 본다. 그런데 대승불교에서 볼 때, 부파불교에서는 나름대로 연기법을 설명한다고 하지만, 연기하여 법을 이루게 되는 각각의 조건[因(인)과 緣(연)]을 그릇되게 집착할 뿐만 아니라, 각각의 조건과 드러난 법 등을 마음 밖에 있다고 본다. 오늘날 간혹 부파불교, 특히 설일체유부를 '유(有)의 철학'이라고 한다. '유'라고 한 이유를 이런 측면에서 이해해도 무방하지 않을까 한다.

이러한 부파불교의 가르침 등에 대해 포문을 연 분이 바로 용수보살이다. 용수(龍樹, Nāgārjuna) 보살이 활동한 시기는 대략 2~3세기 무렵으로 추정한다. 중관사상은 용수 보살로부터 시작되었다. 용수 보살의 대표 저작인 『중론』(또는 『중송』)에서는 부파불교뿐만 아니라 인도철학 전반에 대해 비판하였다. 모든 것은 연기(緣起), 무자성(無自性), 공(空)이다. 연기하는 것은 자성이 없는 것이며, 자성이 없이 연기된 것은 곧 공이다. 이러한 내용은 『중론』 제24품에 잘 나타나 있다.

여러 인과 연으로 생긴 법,
이것을 나는 공(空)이라고 설하고,
또한 이것을 가명이라고 하네.
또 이것은 중도의 내용이네.
衆因緣生法
我說卽是空
亦爲是假名
亦是中道義

우리 앞에 있는 모든 법은 인과 연으로 생긴 것이니, 그것이라고 할 자성이 없다. 그렇지만 이름을 통해 우리에게 드러난다. 있다고 하자니 인연화합으로 생긴 것이므로 그것이라고 할 자성이 없고[非有],

없다고 하자니 이름을 통해서 우리에게 드러난다(非無). 따라서 비유비무(非有非無)로서 중도의 뜻이 함께한다. 이때 이름은 마음의 분별작용에 의해 붙여진다. 여기서 용수 보살이 일체유심조(一切唯心造)의 게송이 담긴 『화엄경』 등에 대한 주석서를 남겼다는 점에서, 용수 보살의 기본 사상에도 '모든 법은 마음으로 이루어졌다'는 점이 전제되었다고 보아야 한다. 따라서 게송의 내용은, '모든 법은 인과 연이 화합하여 마음을 통해 드러나므로 실로 마음 밖에 그것이라고 할 자성이 없지만, 그렇다고 전혀 없는 것이 아니라 마음의 분별을 통해 우리 앞에 이름을 빌려서 드러난다. 그러므로 중도의 뜻이 드러난다'라고 이해할 수 있다.

물론 용수 보살의 『중론』 등에서는 뚜렷하게 마음 등을 드러내놓고 논리를 전개하지는 않는다. 단지 상대방의 논리적 모순을 밝혀 그릇된 견해를 논파한다. 연기, 무자성, 공의 입장에서 모든 집착을 논파한다. 이렇게 논파함으로 자연스럽게 바른 도리를 드러낸다고 본다. 이를 파사현정(破邪顯正)이라고 한다. 『중론』이라고 이름 짓는 중(中)은 유무에 걸리지 않는 공관(空觀)의 중도이며, 이것이 불교의 근본 입장에 직결된다. 흔히 용수 보살의 가르침을 공사상, 중관사상이라고 한다. 이때 공이란 전적으로 없다는 뜻이 아님은 분명하다. 그러나 이후 용수 보살의 가르침이 이어지면서 공을 전적으로 없다는 입장으로 이해하기도 하였다.

그리하여 4~5세기 무렵 모든 법은 전적으로 없는 것이 아니라 마음에 의해 펼쳐졌다는 주장이 부각되었다. 마음을 중심으로 살펴보는, 모든 것은 마음이 만들고[一切唯心造] 오직 식뿐[萬法唯識]이라는 유식사상이 등장하였다. 마음에 의해 펼쳐진 이 세상은 인연화합에 의해 드러난 것인데, 중생들은 보는 나와 보이는 세상이 마음 밖에 실로 있다고 집착한다. 이렇게 집착된 세상은 결코 있지 않다. 그러나 인연화합에 의해 마음으로부터 언제나 펼쳐진다. 이 주장은 앞에서 본 『중론』의 가르침과 다르지 않다. 즉 유식사상은 이 세상이 공인 이유를, 연기의 가르침을, 마음 중심으로 설명한다. 이 세상이 단지 우리 마음의 현현일 뿐 결코 우리가 본 대로 있지 않음을 밝혀낸다. 이처럼 마음을 중심으로 논리를 전개하다 보니 마음을 세밀하게 분석한다. 이러한 분석을 위해 아비달마불교의 용어를 대부분 가져와 새로운 뜻으로 풀이한다. 이에 유식사상을 대승아비달마라고 부르기도 한다. 가령 유식 논서 가운데 『대승아비달마잡집론』 등이 있다.

　이때쯤 인도 땅에서는 다양한 논쟁이 일어났다. 대승불교와 부파불교의 논쟁뿐만 아니라 대승불교 내에서도 중관학파와 유가행파(유식사상)의 논쟁 그리고 각 사상 내부의 논쟁 등 치열한 논쟁이 진행되었다. 치열한 논쟁 속에 서로 영향을 주고받았다. 그리고 여래장사상, 밀교 등 여러 대승경전에 근거한 교리가 등장하였다. 그런데 여래장사상, 밀교 등도 역시 그 바탕에는 중관사상과 유식사상이 깔려 있다. 불교 교리를 알고자 한다면 중관사상과 유식사상이라는 커다란 산맥을 넘어야 하는 이유 하나가 여기서 드러난다. 특히 대승아비달마라고 불리는 유식사상은 전반적인 불교 용어를 아우르고 있기 때문에 불교 용어를 이해하기 위해서라도 반드시 살펴보아야 한다. 그리고 무엇보다도 불교는 마음을 다스리는 공부라는 점에서, 마음을 중심으로 부처님 가르침을 펼치는 유식사상이야 말로 반드시 넘어야 하는 중요한 산맥이다. 높은 산 위에서 더 넓은 세상이 보이듯이, 대승불교의 거대한 산 위에서는 초기경전이라고 일컬어지는 『아함경』 등도 더 넓게 보인다.

3. 유가행파와 유식사상의 전개

유식사상을 펼친 학파를 유가행파라고 한다. 이 명칭은 유가사(瑜伽師, yogācāra)에서 유래한다. 유가사는 요가 수행에 매진하는 사람을 말한다. 요가는 상응(相應)이라고도 한다. 반복해서 닦아 도리에 부합하고 수행에 상응하는 뛰어난 깨달음을 얻기 때문이다. 여러 수행 중에서 특히 사마타와 위빠사나를 평등하게 운용하는 수행을 요가라고 한다. 이러한 요가 수행을 통해 유식을 체험하고 마음[식]을 중심으로 교리를 체계화하였다.

    유가행파의 시조는 미륵(彌勒, Maitreya) 보살이다. 그 뒤로 무착(無着, Asaṅga) 보살, 그리고 세친(世親, Vasubandhu) 보살로 이어진다. 그런데 미륵 보살의 실존 여부에 대해서는 몇 가지 견해가 있다. 세친 보살의 전기(『바수반두법사전』, 『대당서역기』)에 따르면, 무착 보살은 도솔천에 계신 미륵 보살로부터 가르침을 받았다. 무착 보살은 밤에는 도솔천에서 미륵 보살로부터 『유가사지론』, 『대승장엄경론』, 『중변분별론』, 『금강반야경론송』등을 배우고, 낮에는 대중들에게 그 가르침을 펼쳤다. 현재 이 논서들은 미륵 보살의 저술로 전해지지만, 이를 그대로 받아들이기는 쉽지 않다. 그래서 무착 보살이 이 논서들을 쓰고 미륵 보살의 이름을 붙였다고 보는 이도 있고, 그 당시 미륵이라는 이름을 가진 또 다른 논사가 있었다고 보는 이도 있다. 어떤 견해가 옳든 그 논서에 담긴 유식사상은 무착 보살을 통해 후대로 전해졌다.

  무착 보살은 4~5세기 무렵의 유식 논사로 추정된다. 처음에는 설일체유부로 출가하여 수행하다가 이후 대승으로 전향하여 미륵 보살의 가르침을 받았다고 한다. 무착 보살의 대표 논서는 『섭대승론』이다. 이는 유식의 교리를 일목요연하게 체계화한 논서로서 번역본이 많다. 번역본이 많다는 것으로도 이 논서의 중요성을 짐작할 수 있다. 그 외 『대승아비달마잡집론』, 『현양성교론』 등의 저술이 있다.

  세친 보살은 무착 보살의 동생으로 같은 시기에 활동한 것으로 추정된다. 세친 보살도 처음에는 설일체유부로 출가하였으며 경량부의 교리도 배웠다. 그러다가 무착 보살에 의해 대승으로 전향하여 유식사상을 크게 펼쳤다. 유식사상과 관련된 저작으로는 『유식이십론』, 『유식삼십송』, 『섭대승론석』 등이 있다. 『섭대승론석』은 무착 보살의 『섭대승론』을 주석한 논서이다. 『유식이십론』(또는 『유식이십송』)은 다른 학파의 반박에 답한 논서로서, 게송과 더불어 세친 보살의 풀이가 있기 때문에 『유식이십론』이라고 한다. 『유식삼십송』은 세친 보살의 유식사상이 담긴 게송이다. 이 게송은 아뢰야식을 중심으로 한 8식의 전변, 삼성과 삼무성, 보살의 수행 단계 등을 30송으로 정교하게 정리하였다. 유식사상의 핵심내용을 그대로 담고 있다.

그런데 『유식삼십송』은 30송의 게송만 있을 뿐 세친 보살의 자세한 풀이는 없다. 이후 많은 논사들이 『유식삼십송』을 주석하였다. 그 가운데 뛰어난 논사가 있었으니, 소위 십대논사라고 한다. 친승(親勝, Bandhuśrī), 화변(火辨, Citrabhāna), 덕혜(德慧, Guṇamati), 안혜(安慧, Sthiramati), 난타(難陀, Nanda), 정월(淨月, Śuddhacandra), 호법(護法, Dharmapāla), 승우(勝友, Viśeṣamitra), 최승자(最勝子, Jinaputra), 지월(智月, Jñānacandra)이다. 이 가운데 친승 논사·화변 논사는 세친 보살과 동시대의 후배이고, 덕혜 논사는 안혜 논사의 스승이며, 정월 논사는 안혜 논사와 동시대의 사람이고, 승우 논사·최승자 논사·지월 논사는 호법 논사의 제자였다고 한다. 이러한 십대논사는 세 계통으로 나뉜다. 하나는 덕혜 논사·안혜 논사로 이어지는 계통인데, 진제(眞諦, Paramārtha) 법사가 이 계통의 교리를 중국에 전하였다. 다른 하나는 화변 논사에서 진나(陳那, Dignāga) 논사·무성(無性, asvabhāva) 논사·호법 논사로 이어지는 계통으로, 현장(玄奘) 법사가 이 계통의 교리를 중국에 전하였다. 마지막은 난타 논사로 이어지는 계통으로, 자세하게 알려져 있지 않다. 특히 진나 논사·무성 논사·호법 논사로 이어지는 계통은 마음으로 펼쳐진 세상[견분·상분]은 연기되어 나타난 것[의타기성]으로서 있다고 보는 유상유식(有相唯識)을 주장한다. 반면에 안혜 논사로 이어지는 계통은 마음으로 펼쳐진 세상은 집착되어 나타난 것[변계소집/성]으로서 없다고 보는 무상유식(無相唯識)을 주장한다. 인도에서 이어지는 이러한 계통을 각각 유상유식파와 무상유식파라고도 한다.

유식사상은 크게 세 차례 중국에 전해졌다. 보리류지(菩提流支, Bodhiruci, ?~527) 법사가 508년에 중국에 와서 『입능가경』, 『심밀해탈경』, 『십지경론』 등을 번역하였다. 보리류지 법사는 당시 새로운 불교사상인 무착 보살과 세친 보살의 유식사상을 전하여 불교계에 큰 영향을 미쳤다. 특히 세친 보살의 『십지경론』을 기반으로 지론종(地論宗)이 일어났다. 진제 법사가 546년에 중국에 와서 『섭대승론』, 『섭대승론석』 등을 번역하였다. 힘든 타국 생활에서 진제 법사가 가장 정성을 기울여 번역하고 전파한 『섭대승론』의 가르침은 마침내 섭론종(攝論宗)을 일으켰다. 그리고 현장(600~664) 법사에 의해 유식사상이 전해져 법상종(法相宗)이 창종되었다.

현장 법사는 인도로부터 귀국할 때, 『해심밀경』, 『유가사지론』, 『섭대승론』, 『유식삼십론석』 등 수많은 경론을 가져와 번역하며 유식사상을 전파하였다. 그 가운데 가장 영향을 미친 것은 『유식삼십송』에 대한 주석서인 『유식삼십론석』을 번역한 『성유식론』이었다. 그런데 방대한 주석서를 번역할 당시, 현장 법사의 제자인 규기(窺基, 632~682) 법사가 조언을 하였다. 여러 논사 가운데 호법 논사의 주장이 합당하므로 모든 주석서를 번역할 것이 아니라 호법 논사의 주장을 중심으로 재편집하여 번역하자고 하였다. 이렇게 번역된 논서가 바로 지금까지 전해지는 『성유식론』이다. 또한 규기 법사는 『성유식론술기』 등을 저술하여 호법 논사 중심의 유식사상을 전파하였다. 이렇게 등장한 호법 논사 중심의 유식사상은 당대 많은 영향을 미쳤다. 여러 종파의 유식사상이 중국에 전해졌지만, 제일 뒤에 전래된 법상종의 가르침이 널리 전해져 중국뿐만 아니라 신라와 일본 등 동아시아 전체에 크게 영향을 끼쳤다.

현장 법사, 규기 법사와 함께 활동한 신라의 원측(圓測, 613-696) 법사는 호법 논사 중심의 사상을 그대로 받아들이지는 않았다. 기존 지론종·섭론종의 유식사상과 새로운 법상종의 유식사상을 종합적으로 연구하여 크게 발전시켰다. 원측 법사의 가르침은 신라의 도증(道證) 스님, 태현(太賢) 스님 등으로 이어졌다. 도증 스님은 『성유식론강요』, 『성유식론요집』 등을, 태현 스님은 『성유식론학기』 등을 저술하였다. 원효 대사 역시 신라에 전해진 섭론종과 법상종의 유식사상을 모두 연구하였다. 원효 대사의 저술에는 『유가사지론』, 『섭대승론』, 『성유식론』 등의 유식사상이 자주 등장한다.

이처럼 『성유식론』이 번역된 이후 동아시아 유식사상계의 중심에는 『성유식론』의 가르침이 자리하고 있다. 한편 안혜 논사의 주석서를 제외하고 『유식삼십송』에 대한 다른 논사들의 주석서는 오늘날 전해지지 않고 있다. 게다가 『성유식론』은 호법 논사의 주장을 중심으로 다른 논사의 주장은 비판적인 입장에서 부분적으로 번역되었기 때문에 『성유식론』을 통해서는 다른 논사의 관점을 온전히 알기 어렵다. 물론 오늘날 안혜 논사 등의 주석서나 미륵 보살·무착 보살·세친 보살 등의 논서를 재조명하면서 호법 논사 중심의 사고에 대한 비판이 제기되기도 한다. 그러나 주된 흐름 속에서 유식사상을 살펴보자는 의미로, 이 책에서는 『성유식론』을 중심으로 전개함을 밝혀둔다.

■ 목차

들어가는 말 • 4

제1장 ■ 유식의 의미

01. 일체유심조(一切唯心造), 마음먹기 나름? • 22

02. 오직 마음만 있고 대상은 없다[唯識無境] • 25
  1. 세상은 내가 본 것처럼 그렇게 있지 않다 • 25
  2. 세상은 마음이 만들었다 • 29
  3. 왜 오직 식뿐이고 대상은 없다고 하는가? • 31
  4. 유식 논사들의 주장에 반문해 본다 • 34

제2장 ■ 식이 전변한 세상 [식전변]

01. 식이 나타낸 아(我)와 법(法) • 50
  1. '보는 나'가 있고 '보이는 세상'이 있다. • 50
  2. 아와 법은 식이 그럴 듯하게 나타낸 것 • 53
  3. 나에 대한 집착[我執], 법에 대한 집착[法執] • 56
  4. 무아(無我)와 윤회 • 60
  5. 유식(唯識)과 법공(法空) • 63
  6. 부파불교에서도 법공을 이야기한다? • 66

02. 아와 법을 나타낸 식 • 70
  1. 세 가지 능변식[삼능변식] • 70
  2. 두 종류의 능변, 종자와 식 • 72

제3장 ■ 첫 번째 능변식, 제8식

01. 제8식이 등장하는 이유, 상식으로 생각하기 • 76

02. 제8식의 여러 가지 이름 • 80
   1. 첫 번째 능변식의 세 가지 모습 • 80
   2. 위치에 따른 제8식의 여러 이름 • 84

03. 종자와 훈습 • 87
   1. 종자와 훈습, 그리고 현행 • 87
   2. 본래 있는 종자, 새롭게 생긴 종자 • 91
   3. 종자의 조건[種子六義] • 95
   4. 소훈과 능훈의 조건 • 97

04. 이숙식의 대상[소연]과 요별 작용[행상] • 102
   1. 이숙식의 대상[소연] : 기세간, 종자, 유근신 • 103
   2. 이숙식의 요별 작용[행상] : 견분 • 108

05. 아뢰야식은 폭류처럼 흐른다 • 111

06. 제8식이 있는 이유, 증명하기 • 115
   1. 경전 말씀에 의한 증명[教證] • 116
   2. 이치에 의한 증명[理證] • 125

제4장 ■ 두 번째 능변식, 제7식

01. 제7식이 등장하는 이유, 상식으로 생각하기 • 138

02. 제7식이 제8식을 나[我]라고 헤아리다 • 142
   1. 제7식의 이름 • 143
   2. 제7식의 특징은 헤아림[思量] • 144
   3. 제8식에 의지하고 제8식을 헤아리다 • 146

03. 제7식은 번뇌와 함께한다 • 148

04. 집착하는 제7식이 사라지는 단계 • 152
   1. 염오 말나식의 단멸과 조복 • 152
   2. 수행 단계에 따른 제7식의 여러 모습 • 154

05. 제7식이 있는 이유, 증명하기 • 160
   1. 경전 말씀에 의한 증명[教證] • 160
   2. 이치에 의한 증명[理證] • 163

제5장 ■ 세 번째 능변식, 전6식

01. 전6식, 요별경식의 모습 • 172
   1. 전6식의 이름 • 173
   2. 전6식은 대상을 요별한다 • 175
   3. 전6식과 선·악·무기의 성품 • 175

02. 전6식의 일어남과 사라짐 • 177
   1. 전6식이 일어날 때 • 178
   2. 전6식이 일어나지 않을 때 • 180
   3. 8식이 동시에 일어남의 여부 • 183

03. 심소법의 의미와 분류 • 185
   1. 심소법의 의미 • 186
   2. 심소법의 분류 • 188

제6장 ■ 세상의 모습 [삼성과 삼무성]

01. 유식과 삼성 • 196
  1. 변계소집성 • 198
  2. 의타기성 • 200
  3. 원성실성 • 207
  4. 유식과 삼성의 관계 • 213

02. 유식과 삼무성 • 215
  1. 삼성과 삼무성 • 215
  2. 유식성으로서 승의무성 • 220

제7장 ■ 대승 보살의 길

01. 보살의 수행 단계 • 224
02. 수행의 다섯 단계[五位] • 228
  1. 자량위 • 228
  2. 가행위 • 231
  3. 통달위 • 234
  4. 수습위 • 237
  5. 구경위 • 245

글을 마치며 • 260

제1장

유식의 의미

01 일체유심조(一切唯心造), 마음먹기 나름?

유식(唯識)을 이해하기 위해 알고 넘어가야 할 문장이 있다. 그것은 너무도 유명한 일체유심조(一切唯心造)이다. 『화엄경』 등 여러 경전에 등장하는 이 문장은 가끔 '마음먹은 대로', '마음먹기 나름이다'라는 가르침으로 전해지거나 이해되기도 한다.

일체유심조(一切唯心造). 글자 그대로 풀이하면 '모든 것은 마음이 만든다'는 뜻이다. 이때 '마음'을 의지의 측면에서 이해하여 '마음먹은 대로', '마음먹기 나름이다'라는 뜻으로 받아들이는 듯하다. 과연 모든 것은 우리 의지대로 되는 것일까. 만약 의지대로 된다면, 그 범위가 어디까지인가? 세상 자체를 마음대로 할 수 있다는 것인가? 아니면 세상이 어떻든 자신의 마음에 따라 그렇게 저렇게 볼 수 있다는 것인가?

먼저 세상 자체를 마음대로 할 수 있다는 뜻으로 생각해 보자. 필자는 세상 자체를 마음먹은 대로 하는, 그런 경우를 아직 보지 못했다. 깨닫게 되면 그 모든 것이 다 가능하다고 말하는 이도 있을 것이다. 간혹 그런 뉘앙스가 풍기는 글도 있기는 하다. 예를 들어, 지혜를 얻은 이는 흙을 금으로 만들 수 있다고 한다. 어떤 이는 상징으로 보아야 한다고 하지만, 좀 더 생각해 볼 일이다. 깨닫게 되면 모든 것을 마음[의지]대로 할 수 있다면, 그럼 그 옛날 석가모니 부처님께서는 왜 이 힘든 세상을 그대로 두고 가셨을까? 마음먹은 대로 이 땅을 정토로 만들고, 모든 이도 다 행복하게 해주시지, 왜 그렇게 하지 않으셨을까?

이번에는 세상이 어떻게 있든지 자신의 마음에 따라 그렇게 저렇게 볼 수 있다는 뜻으로 생각해 보자. 이 말은 자신의 마음에 따라 세상을 그렇게 본다는 것이다. 이렇게 이해하는 것, 역시 문제점이 많다. 세상이 어떠하든 내가 이해한 대로 보고 생각한 대로 받아들인다는 뜻인데, 과연 그런가? 보통 일체유심조를 이런 측면에서 이해한다. 이는 세상을 관조하는 측면이 강하다. 물론 '마음먹기 나름'이라는 풀이가 힘든 처지의 사람들에게 용기를 주는 긍정적인 측면도 있다. 그러나 세상의 일이나 문제를 개인의 문제로 치부하는 측면이 강하다. '종교는 아편'이라는 말을 듣기 쉬운 이해이다. 세상이 어떻든 개개인이 잘 하면 된다는 풀이로 들릴 수 있다. 강자의 문제점은 숨기면서 약자의 고통을 비웃는 말이 될 수 있다. "삶이 힘들지만 마음만 단단히 먹으면 행복한 거야." 그렇게 말하는 자, 자신이 가진 모든 것을 상대방에게 주고 본인이 그렇게 살아보라고 권하고 싶다.

이렇게 일체유심조에 대해 이야기하는 동안 무엇인가 찜찜한 생각이 든다면 그것은 당연하다. 나아가 이제 공부할 준비가 된 것이다. 공부를 하는 데에는 무엇인가 찜찜한 것이 있어야 한다. 그 찜찜함이 바로 의문이다. 의문을 안고 풀이하는 과정이 공부이다. 단지 자신이 아는 상식적인 언어와 판단으로 섣불리 이해하지 않아야 한다. 이제 슬슬 평소 생각하지 않고 막연히 '좋은 말'이자 '당연한 말'로 여겼던 것을 다시 돌이켜 생각해 보자.

공부할 때 명심해야 할 것 하나.

"같은 말이라도 다른 뜻일 수 있고, 다른 말이라도 같은 뜻일 수 있다."

일단 '일체유심조'에서 핵심은 '마음'이다. 즉, 우리 앞에 펼쳐진 세상을 기존의 상식을 내려놓고 마음을 통해 살펴보는 공부가 유식 공부의 첫걸음이다. 그리고 '마음'을 지금까지는 어떻게 이해하고 있는지 모르지만, 여기서 '마음'은 기존 상식의 그 마음[의식]만이 아니라는 점을 확인해 두자.

02

오직 마음만 있고
대상은 없다[唯識無境]

**1.
세상은 내가
본 것처럼
그렇게 있지 않다**

섣불리 판단하지 말자. 가끔 책을 읽다 보면, 뜻을 알기 위해 책을 읽는 것이 아니라 뜻을 알아야 책을 읽을 수 있는 경우가 너무도 많다. 순서가 바뀐 것이다. 뜻을 모르면 책을 읽을 수가 없다. 단지 흰 종이 위의 검은 글씨만 읽을 뿐이다. 검은 글씨만 읽으면 그나마 다행이다. 문제는 내 생각을 통해 그 책을 읽는 것이다. 어찌 보면 책을 통해 뜻을 아는 것이 아니다. 내 생각을 통해 책의 뜻을 보는 것이다. 만일 내 생각이 왜곡되어 있다면, 게다가 그 견해가 책의 내용과 신통하게 맞아 떨어진다면 어떻게 될까? 책의 내용을 잘 이해했다고 생각하겠지만 실제로는 오해하고 있는 것이다. 조심하자.

유식무경(唯識無境), 말 그대로 '오직 식만 있고 대상은 없다'는 뜻이다. 여기서 식(識)은 일체유심조(一切唯心造)의 심(心)과 같은 뜻으로 보아도 무방하다. 즉 '모든 것은 오직 마음이 만든다'는 말이나 '오직 식만 있고 대상은 없다'는 말과 같은 가르침이다. '모든 것은 마음이 만들었기' 때문에 '오직 식만 있고 대상은 없다.'

이게 무슨 뜻인가? 이제 하나하나 풀어 보자. 자기 생각을 통해 책의 내용을 이해하게 되겠지만, 자신의 생각을 내려놓고 살펴보자. 그 다음에 다시 자신의 생각을 가지고 비교하여 검토하는 과정을 계속하자. 이상하다 싶으면 계속 반문해 보자.

유식무경. 오직 식[마음]만 있고, 바깥 대상은 없다. 분명히 대상을 보는 내가 여기 있고, 바로 앞에 저렇게 보이는 대상이 펼쳐져 있는데, 그것이 없다니 도저히 이해가 되지 않는다. 도인(道人)들은 세상을 참으로 다르게 보나 보다.

세상이 있는데 왜 없다고 하지? 우선 '없다'라는 말에 담긴 의미가 다르다. 똑같이 '있다'라는 단어를 써도 그 의미가 다른 경우가 있다. 잠을 자면서 꾸는 꿈속에 컵이 '있다'는 것과 지금 내 앞에 컵이 '있다'는 것은, '있다'는 것은 같지만 묘사하는 상태가 다르다. 현실의 입장에서 볼 때, 꿈속의 컵은 '거짓으로 있는' 것이고, 지금 내 앞의 컵은 '진짜로 있는' 것이다. 마찬가지로 '오직 식만 있고 (인식의) 대상이 없다'는 문장에서 '없다'는 표현은 아무 것도 없다는 뜻이 아니다. 당장 눈 앞에 보이는 세상을 아무 것도 없다고 한다면 제정신이 아니라고 여길 것이다. 부처님 가르침을 따라 수행하는 것은 도인(道人)이 되고자 함이지 광인(狂人)이 되고자 함은 아니다.

그렇다면 왜 세상 상식과 다르게 오직 (대상을 인식하는 주체인) 식(識)만 있고 (인식의) 대상은 없다고 하는가? 이 말을 인식의 측면에서 이해해 보자. 그러면 '앞에 보이는 대상은 내가 본 것처럼 그렇게 있지 않다'고 풀어 쓸 수 있다. 즉 우리들은 '세상이 이렇게 저렇게 있다'고 하지만, 실제의 세상은 우리가 본 것처럼 있지 않다는 의미이다.

자연과학의 상식을 동원해 보자. 내 앞에 보이는 컵에는 빈틈이 없어서 물을 담아도 새지 않는다. 물이 새지는 않지만, 빈틈은 정말 없을까? 전자 현미경으로 보면 컵의 대부분은 텅 빈 공간이다. 그렇다면 내 앞에 있는 컵은 빈틈이 없다고 해야 하는가, 텅 빈 공간으로 이루어져 있다고 해야 하는가? 정답은 '그때그때 달라요'이다. 그때그때 다른데 한 순간의 모습만을 컵의 참모습이라고 할 수는 없는 노릇이다. 단지 그 순간에 그렇게 보였을 뿐이다. 이상한 예를 든다고 말하는 이도 있을 것이다. 다시 한 번 앞의 주장을 살펴보자. '세상은 내가 본 것처럼 그렇게 있지 않다'는 것이다. 단지 현재 상황에서 그렇게 보였을 뿐이다. 그것도 나의 입장에서 말이다. 즉, 내가 그렇게 보았다고 해서, 내가 본 것이 틀림없이 그러하다고 말할 수는 없다.

또 하나, 영화를 보면 빠른 속도로 영상이 움직인다. 사실 그런가? 아시다시피 영화 속 장면 각각은 멈춰 있다. 다만 그 장면이 아주 빨리 바뀌어 우리 눈에 움직이듯 보일 뿐, 저 멀리 떨어져 있는 영화 스크린의 영상이 움직이지는 않는다. 텔레비전 역시 마찬가지다. 수많은 점이 매우 빠르게 바뀌면서 우리는 화면 속 영상이 움직인다고 느끼게 된다. 세상은 내가 본 것처럼 그렇게 있지 않다.

또 하나, 이번에는 소리이다. 밖에서 개가 짖는다. 우리 귀에는 '멍멍'으로 들린다. 그런데 미국 사람에게는 '바우와우'로 들린다. 똑같은 소리가 왜 이렇게 다르게 들리는가? 우리는 개가 '멍멍' 짖는다고 배웠고, 미국 사람들은 '바우와우' 짖는다고 배웠기 때문이다. 어떤 이가 말한다. "개의 품종에 따라 짖는 소리가 다릅니다." 이야기의 흐름을 제대로 파악하지 못하였거나 분위기를 부드럽게 하려는 우스갯소리이다. 그럼 기차 소리를 생각해 보자. 우리는 기차가 "칙칙폭폭" 소리를 낸다고 여기지만, 미국 사람들은 "추추" 소리를 낸다고 여긴다. 같은 기차 소리인데 왜 다른가. 마찬가지로 그렇게 배웠기 때문이다. 그렇다면 기차 본래 소리는 어떠한가? 사실 알기 어렵다. 그 소리를 듣는 순간, 듣는 사람의 선입견이 함께 덧칠되기 때문이다.

이제 조금 그럴듯하게 이해가 되는지. 아직도 이해가 힘들 수도 있다. 계속 고민해 보자. '유식무경, 오직 식만 있고 (바깥) 대상은 없다'에서 '없다'는 말은 '아무 것도 없다'라는 뜻이 아니라, '세상은 내가 본 것처럼 그렇게 있지 않다'는 뜻이다. 내 앞에 펼쳐진 세상을 없다고 부정하는 것이 아니라, 내가 본 것처럼 그렇게 있지 않다는 것이다. 왜 그럴까? 내가 세상을 인식하는 순간, 세상에 자신의 생각을 덧칠한다. 내 생각을 통해서만 세상을 볼 수 있다. 그래서 '내 생각으로 세상을 본다' 또는 '내가 인식한 대로 세상이 있는 것은 아니'라는 말이 성립한다. 그런데 사람들은 대부분 내가 본 것이 그대로 있다고 여긴다.

무경(無境), 대상이 없다는 말은 '내가 본 것을 그렇게 있다고 여기는 그것(境)은 실제로 없다(無)'는 의미이다. '멍멍'으로 들렸던 그 개 짖는 소리가 실제 있는가? '칙칙폭폭'이라는 그 기차 소리가 실제 있는가? 실제 있다면 누구에게나 '멍멍', '칙칙폭폭'으로 들려야 한다. 내 앞의 컵이 빈틈이 없는 물건인가? 그렇다면 언제나 그렇게 보여야 하는데, 미세한 세상으로 들어가면 그렇지 않다. 세상은 내가 보는 것처럼 그렇게 있지 않다.

2.
세상은 마음이 만들었다

사실 '세상은 내가 보는 것처럼 그렇게 있지 않다'는 내용을, 앞에서 인식의 측면에서는 그런대로 이해할 수 있다. 그러나 유식무경의 가르침은 이러한 인식의 측면에서 그치지 않는다.
앞서 계속 언급한 '세상은 내가 본 것처럼 그렇게 있지 않다. 즉 내가 본 것은 세상 자체가 아니라 내가 본 세상이다'이라는 말은, 내가 인식하기 전의 세상에 대해서는 설명하지 않는다. 그런데 '유식무경'의 가르침에서는 한 걸음 더 나아가 내가 인식하기 전의 세상도 또한 마음이 만든 것이라고 본다. 뿐만 아니라 마음을 떠나서 결코 세상은 존재하지 않는다고 한다. 결국 이 모든 것이 다 마음이라고, 다시 말해 만법유식(萬法唯識)이라고 설명한다. 이 점이 대승불교와 다른 가르침을 구분하는 중요한 기준이다. 여기서 다른 가르침에는 부파불교 등도 포함된다.

참고로 대승불교는 부처님의 근본 가르침[요즈음 말하는 근본불교, 『아함경』 등의 가르침]과 다른 것이 아니다. 유식 논사들도 자신의 주장을 증명하기 위해 『아함경』 등을 근거로 삼는다. 즉 부파불교와 대승불교 모두 『아함경』을 인정한다. 다만 대승불교에서는 『아함경』에 대한 부파불교의 견해와 해석을 비판할 뿐이다.

평소 일체유심조(一切唯心造)나 유식무경(唯識無境) 또는 만법유식(萬法唯識) 등을 대할 때, 나름대로 이해한다. 그러나 '마음이 세상 자체를 만들었다'는 주장은 받아들이기 결코 쉽지 않다. 세상에 마음이 세상을 만들었다니! 받아들이기 쉽지 않은 이유는 여럿 있다. 그 가운데 '마음'을 세상을 인식하는 '안식·이식·비식·설식·신식·의식' 정도의 상식에서 이해하는 점도 있다. 그런데 일체유심조 등에서 마음은 의식 등을 포함해서 또 다른 식을 말한다. 그것은 유식사상에서 등장하는 제8식·제7식이다. 어디선가 들었을 아뢰야식 또는 말나식 등이다. 그 가운데 제8식이 근본식으로서 세상을 드러나게 하는 근본적인 마음이다. 제8식이나 제7식에 대한 설명은 차차 하게 된다.

정리해 보자. '유식무경(唯識無境), 오직 식뿐이고 (바깥)대상은 없다.' 여기서 '없다'는 말은 '세상은 내가 본 것처럼 그렇게 있지 않다'는 의미이지 내 앞에 펼쳐진 세상을 부정하지 않는다. 여기까지는 어느 정도 이해가 된다. 그런데 갑자기 더 나아간다. 내가 보기 전의 세상도 마음이 만든다. 그리고 이 세상은 마음을 떠나서, 마음 밖에 결코 있지 않다. 인식된 것이나 인식되기 전의 것이나 모두 마음이 만들고 마음속에 있다. 한 마디로 정리하면, '내 마음이 만든 세상을 내 마음이 본다'는 이야기이다. 미리 유식 교리를 가져와 설명하자면, 제8식이 만든 세상을 다시 제7식·제6식·전5식이 거듭 나타내고 받아들인다.

이때 제8식은, 보통 우리가 식 또는 마음을 말할 때 쓰는 '인식한다' 또는 '분별한다'는 의미보다 폭이 넓다. 우리가 사용하는 마음이나 식의 의미가 확대된다. 즉, 제8식은 세상을 드러내고 유지한다는 특징도 있다. 제8식을 잠깐 언급하는 것은, 현재 알고 있는 용어의 개념만 가지고는 유식의 바다에 들어가기 힘들기 때문에 우리가 사용하는 용어 이해에 대한 한계를 지적하기 위해서이다. 제8식 등에 대해서는 이후 자세히 알아보기로 하고, 다시 유식 논사들의 이야기로 흐름을 찾아가 보자.

3.
왜 오직 식뿐이고 대상은 없다고 하는가?

왜 이런 사고를 하게 되었을까? 왜 바깥에 저렇게 엄연히 있는 세상, 물질적인 세상을 마음이 만들었다고 하는가? 알고 있던 온갖 철학이 다 생각난다. 굳이 철학적인 소양이 없더라도 상식적으로 이해가 되지 않는다. 마음이 세상을 만들었다면, 또한 마음을 떠난 바깥에는 결코 세상이 없다면, 마음이 사라질 때 세상도 사라져야 하지 않겠는가? 그런데 그렇지 않다. 그런데 왜 그런 주장을 할까? 이런 의문을 품는 것만으로도 유식사상을 공부하는 데 도움이 된다. 아무 의문도 없이 뜻을 오해하게 된다면 슬픈 일이다.

공부는 일단 상식에서 시작하여 상식을 뛰어넘어야 한다. 우리에게도 상식이듯 옛 유식 논사들에게도 상식이었다. 그러나 옛 논사들은 그 상식에 대해 하나하나 질문을 했다. 그리하여 그 상식을 뛰어넘었다. 유식 논사들이 망상에 사로잡혀 그런 주장을 펼친 것은 결코 아니었다. 애정어린 마음으로 그분들의 말씀에 귀 기울여 보자.

유식 논사들은 당시 다른 부파에서 실재한다고 이해하던 법을 하나하나 살펴보았다. 그리하여 모든 법이 식을 떠나서 결코 실재하지 않는다고 논리적으로 증명하였다. 소위 색법(色法)·심법(心法)·심소법(心所法)·불상응행법(不相應行法)·무위법(無爲法) 등이 식을 떠나서 홀로 있지 않다고 증명하였다. 색법은 안(眼)·이(耳)·비(鼻)·설(舌)·신(身)과 색(色)·성(聲)·향(香)·미(味)·촉(觸) 등을 말한다. 심법은 6식 등 주된 마음을 말하고, 심소법은 믿음·탐욕 등 부수적인 마음을 말한다. 불상응행법은 색심불상응행법이라고 하며, 상응(相應)은 '비슷하다'는 뜻이다. 따라서 불상응행법은 색과 비슷하지 않고 식과 비슷하지 않는 법이다. 이는 목숨[命根]·(소리가 아닌)음절·단어·문장 등이다. 무위법은 진여를 말한다. 그러한 증명 가운데 색법이 결코 식을 떠나서 홀로 있지 않다는 증명을 간단하게 살펴보자.

색법에 대한 정확한 개념이나 번역어가 오늘날 불교학계에서는 통일되지 않다. 각자 나름대로 '물질', '대상성' 등 다양한 번역어를 쓰고 있다. 하여튼 보통 색법이라고 하면 우리는 마음 밖의 바깥세상을 생각하게 된다. 이러한 상식의 관점에서 보더라도, '색법이 마음을 떠나 있지 않음'을 증명하면, '바깥세상이 마음을 떠나 있지 않음'을 증명하게 되는 셈이다.

보통 색법은 극미로 이루어졌다고 본다. 쉽게 이해하자면 색법을 일단 물질로 볼 때, 이 물질을 이루는 가장 작은 알갱이가 극미이다. 참고로 자연과학에서는 물질을 이루는 가장 작은 알갱이를 탐구하였다. 한때는 원자라고 생각하였지만 지금은 핵, 더 나아가 소립자를 기본 입자라고 생각하고 있다. 비록 분야는 다르지만, 가장 작은 알갱이가 모여 큰 것을 이룬다는 사유는 동일하다고 할 수 있다.

그 극미가 실제로 있는가. 만약 극미가 부피가 있는 알갱이라면 또 나눌 수 있다. 따라서 그 극미도 더 작은 알갱이로 이루어졌기 때문에 임시로 있는 것일 뿐, 진실로 존재하지는 않는다. 어떤 것이 모여서 무엇을 이룬다면 그 무엇은 임시로 만들어진 것으로서 진실되지 않다. 불교 내외 사상가들은 공통적으로 이렇게 생각한다. 그러면 더 작은 알갱이를 극미라고 주장해 보자. 그래도 '그것에도 부피가 있는가'라는 질문에 반복되는 결과가 나타난다. 이번에는 극미에 부피가 없다고 생각해 보자. 부피가 없다면 색[물질]이 아니다. 그렇게 부피가 없는 것이 화합하여 큰 덩어리가 되고 빛을 받으면 그림자를 만들 수 있을까?

생각해 보자. 과연 극미를 어떻게 보아야 하는가? 그리고 우리 앞에 보이는 부피가 있는 사물은 어떻게 된 것인가? 극미가 진실로 있지 않은데 극미로 이루어진 사물이 진실로 있다는 주장은 성립되지 않는다.

그럴듯하면서도 받아들이기 쉽지 않다. 그러면 유식 논사들은 내 앞에 보이는 사물을 어떻게 설명하는가? 힘든 와중에 더 힘들겠지만, 오해의 소지를 최소화하기 위해 『성유식론』 권1의 내용을 그대로 살펴보자.

"그런데 식이 일어나 나타날[轉變] 때, 그 크기의 대소에 따라 몰록[한꺼번에] 하나의 모습을 나타내는 것이지, 많은 극미를 별도로 변화하여 하나의 사물로 합하여 만드는 것은 아니다. 두드러진 색[麤色]에 실체가 있다고 집착하는 자를 위하여 부처님께서 극미를 말씀하시어 그들로 하여금 (집착을) 없애고 (색을) 분석하게 하고자 한 것이지 여러 색에 극미가 진실로 있다고 하신 것은 아니다. 유가사[유식 논사]들은 가상(假想)의 지혜로써 두드러진 색의 모습에 대해 점차로 없애고 분석해 나가 분석할 수 없는 데 이르러 극미라고 임시로[가(假), 그 이름을 빌려서] 말한다. 비록 이 극미는 오히려 방분(方分, 부피)이 있지만 분석할 수 없다. 만약 다시 이를 분석한다면 곧 허공처럼 되어서 색이라 이름하지 못한다. 그러므로 극미는 색의 끝이라 말한다."

부처님께서 극미를 말씀하셨다고 해서 그 극미가 실제로 있다는 말씀은 아니다. 우리가 앞에 보이는 두드러진 사물에 집착하기 때문에 그 집착을 없애고자 극미의 개념으로 분석하게 하셨다. 왜? 무엇이 분석된다면 그것은 실체가 아니기 때문이다. 예를 들어, 흙으로 빚어진 컵은 흙 알갱이로 이루어졌기 때문에 실체가 아니다. 실체가 아니라는 사실을 알게 되면 집착은 사라진다. 미련은 남겠지만. 극미는 단지 임시 가설에 불과하다. 더 이상 나눌 수 없는 가장 작은 알갱이를 가정하여 극미라고 이름할 뿐이다. 정리하자면, 우리 앞에 있는 사물은 실재하는 극미로 이루어진 것이 아니라 식이 나타낸 것이다.

물론 색만이 아니다. 불교 전문용어인 불상응행법, 무위법 등도 하나하나 검토하여 모두 결코 식을 떠나서는 실제로 없다고 유식 논사들은 주장한다. 심법은 식의 자상(自相)이고, 심소법은 식과 상응하고, 색법은 식이 변하여 나타내고, 불상응행법은 앞의 세 법[심법·심소법·색법]을 토대로 분류하고, 무위법인 진여는 앞의 네 법[심법·심소법·색법·불상응행법]의 실성(實性)이기 때문이다.

그리하여 바깥의 측면에서 도저히 설명이 되지 않으니, 사고를 전환하여 마음으로 들어와 안의 측면에서 살펴보자. 이러한 내용은 유식 논사들이 있는 힘을 다하여 다른 견해와 논쟁하는 부분이다. 불상응행법 등에 대한 유식 논사들의 이야기는 다소 방대해질 수도 있기 때문에 여기서는 생략하고자 한다. 다른 내용으로 유식 논사들의 생각에 접근해 보자.

4. 유식 논사들의 주장에 반문해 본다

유식 논사들의 주장대로 '모든 것은 마음이 만든 것이고, 모든 것이 식뿐'이라고 하지만, 세상사 이치를 보면 도저히 그렇지 않다. 앞의 반문을 돌이켜 보자. 마음이 세상을 만들었다면, 또 마음을 떠나서 마음의 바깥에는 세상이 없다면, 마음이 사라질 때 세상도 사라져야 하지 않는가? 그런데 세상은 그렇지 않다. 마음으로 만든다면 내 마음대로 되어야 하지 않는가?

당연한 생각이다. 당연한 생각, 그런 상식에서 의문을 품고 공부는 시작된다. 그래서 일단 워밍업 수준으로 앞서 일체유심조를 꺼내면서 이야기를 전개하였다. 일체유심조의 가르침은 '마음먹기 나름', '마음먹은 대로'라는 뜻이 아니라는 생각은 이 글을 보기 전에도 했을 수도 있다. 혹시 '그럴 수도 있겠구나' 또는 '그럴 지도 모르겠다' 하는 생각도 없지는 않겠지만 말이다.

일체유심조를 언급한 이유 가운데 하나가 '마음'이 결코 '의지'의 의미에 머물지 않는다는 점을 강조하기 위해서이다. 그 다음 제8식을 언급하면서 '마음' 또는 '식'이 '인식'이나 '분별'이라는 의미에 머물지 않고 '세상을 나타내고 유지시킨다'는 측면까지 언급하였다. 다시 말하면 유식사상에서 말하는 '마음'이나 '식'이 그렇게 상식에 머무는, 만만한 용어는 아니다. 따라서 끊임없이 의문을 품고 반문하면서 유식사상에서 말하는 '마음' 또는 '식'이란 무엇일까 생각해 보자는 의도가 있다.

상식선에서 출발하여 하나씩 반문해 보자.

1) 세상의 일과 유식의 가르침이 서로 어긋나지 않는가

만약 오직 안의 식만 있고 바깥의 대상은 실제로 있지 않고 마음에 의해 바깥의 대상과 비슷하게 일어난다면, 즉 바깥 대상은 마음에 의해 일어난다면, 다음은 어떻게 설명할 것인가?

첫째, 장소가 정해져 있다. 만약 마음에 의해 생겨난다면 어디 가더라도 마음만 먹으면 금강산을 볼 수 있을 것이다. 하지만 실제로는 그렇지 않다. 이처럼 일정한 장소에서만 보이고 다른 곳에서는 그렇지 않으니, 금강산은 마음 밖에 실제로 있다.

둘째, 시간이 정해져 있다. 만약 마음에 의해 생겨난다면 언제나 마음만 먹으면 해를 볼 수 있어야 한다. 하지만 실제로는 그렇지 않다. 오직 맑은 날에만 해를 볼 수 있고 비가 올 때나 밤중에는 볼 수 없다. 이처럼 일정한 시간에서만 볼 수 있고 다른 때에는 그렇지 않으니, 태양은 마음 밖에 실제로 있다.

셋째, 유정(有情)이 한정되지 않는다. 예를 들면 많은 사람이 같은 시간, 같은 장소에서 하나의 꽃을 감상한다. 만약 오직 마음만 있고 바깥 대상이 없다면 어떻게 여러 사람이 함께 꽃을 볼 수 있는가? 이와 같이 한 사람에게만 한정되지 않고 여러 사람이 다 같이 꽃을 볼 수 있으니, 바깥에 실로 꽃이 있다.

넷째, 바깥 대상에는 참다운 작용이 있다. 예를 들면 꿈속에서 음식을 먹더라도 배가 부르지 않다. 마음에 의해 드러난 꿈속의 음식은 참다운 작용이 없다. 그런데 꿈과 달리 생시에는 음식을 먹으면 배가 부르다. 이처럼 생시의 음식은 참다운 작용이 있으니, 이는 마음 밖에 실로 대상이 있기 때문이다.

이상 네 가지 반문을 유식 논서에서는 "처소·시간은 결정적이고, 유정신(有情身)과 작용은 결정적이지 않다."라고 정리하고 있다. 이는 우리가 상식선에서 분명히 제기할 수 있는 질문이다. 금강산은 금강산에 가야 볼 수 있고 해는 맑은 낮에만 볼 수 있는데, 만약 마음이 만든다면 어디서나 언제나 볼 수 있어야 한다. 그리고 만약 마음이 만든다면 내 마음이 만든 꽃이니 나에게만 보여야 하는데, 왜 다른 사람에게도 보이는가? 그것은 꽃이 마음 밖에 실제로 있기 때문이 아니겠는가? 또 전적으로 마음이 만든 꿈속에서는 아무리 밥을 먹어도 배부르지 않다. 그러나 꿈에서 깨어 있을 때는 다르다. 그러니, 마음 밖에 바깥 대상이 실제로 있다. 어찌 마음이 바깥 대상을 만들었다고 하는가? 이것이 반문의 요지이다.

최소한 이 정도 반문은 있어야 한다. 혹시 '이런 질문을 하면 어떻게 생각할까' 두려워하지 말고 과감하게 질문해야 한다.

이러한 반문에 과연 어떻게 답변해야 할까? 일단 한 가지는 정리하고 가자. '주장 A를 증명하기 위해 근거 〈가〉를 내세웠다면, 근거 〈가〉는 주장 A에만 적용해야 한다. A와 반대되는 경우에도 적용된다면 주장 A의 근거로서 역할을 할 수가 없다.' 다시 한 번 '주장A를 증명하기 위해 …' 문장을 잘 읽어두길 바란다.

유식 논사들은 첫째와 둘째 질문에 대해 꿈으로 답변한다. 아시다시피 꿈은 마음이 만든 세상 가운데 전형적인 예이다. 우리 모두 꿈속으로 들어가 보자. 꿈속에서 금강산을 보고자 한다. 그런데 꿈속이라도 금강산이 보고 싶다고 바로 금강산이 눈앞에 나타나지 않는다. 꿈속에서도 금강산을 보기 위해 나름대로 움직여야 한다. 걸어서 가든, 차를 이용하든, 아니면 슈퍼맨처럼 날아서 가든, 꿈속에서도 금강산에 가야 금강산을 보게 된다. 감이 잡히는지? 앞서 반문처럼, 만약 금강산에 가야 금강산을 볼 수 있기 때문에 금강산은 마음 밖에 실제로 있다고 주장한다면, 꿈속에서도 마찬가지이니 꿈속에 있는 금강산도 실로 있어야 한다. 그런데 꿈속의 금강산은 실제로 있지 않다. 따라서 그 반문은 근거를 상실하게 된다. 무슨 소리인지 이해하기 힘든 이도 있을 것이다. '주장 A를 증명하기 위해…' 부분을 다시 한 번 살펴보시길. 특정 시간에 태양을 보는 것도 마찬가지이다.

셋째 질문, 이 부분 때문에 우리는 바깥세상을 마음이 만들었다는 생각에 동의하기 참으로 힘들다. 나도 그렇게 보고 있고, 너도 그렇게 보고 있는데, 왜 그것이 마음으로 만든 것이지? 유식 논서에서는 공통된 업[共業]으로 이야기한다. 예를 들어, 인간에게 물로 보이는 것이 아귀들에게는 그들의 공통된 업에 의해 피고름으로 보인다. 아귀 이야기를 받아들이기 힘든 이들에게 다른 예를 들겠다. 한국 사람들에게는 개 짖는 소리가 '멍멍'으로 들리지만 미국 사람들에게는 '바우와우'로 들린다. 나도 '멍멍'으로 들었고 너도 '멍멍'으로 들었지만, 정작 개는 '멍멍'이라고 짖지 않았단다. '멍멍'은 한국 사람들의 공통된 업이다. 말하자면, 함께 보았더라도 그것이 마음 밖에 틀림없이 실제로 존재한다고 할 수는 없다.

넷째 질문, 이 역시 꿈으로 답변한다. 예를 들면 가위에 눌려 식은땀이 흐르기도 하고, 몽정하는 경우처럼 꿈속에서도 참다운 작용이 있다. 따라서 참다운 작용이 있다고 해서 반드시 그것이 실유하다는 근거가 될 수 없다.

이상 네 가지는 유식무경을 힐난할 수 있는 근거가 될 수 없다. 이 논쟁은 『유식이십론』에도 언급되는 내용이다. 이것은 유식무경을 증명하는 것이 아니라 상대방의 논리가 유식무경을 반박하는 데 근거가 되지 않음을 주장하는 것이다.

2) 부처님 가르침과 유식의 가르침이 어긋나지 않는가

그래도 여전히 의문스럽다. 이제 좀 공부한 티를 내고 반문해 보자. 만약 마음 밖에 실제로 존재하는 안(眼)·색(色) 등이 없다면 세존께서는 무슨 까닭에 십이처를 말씀하셨는가? 십이처는 내입처(內入處)인 안(眼)·이(耳)·비(鼻)·설(舌)·신(身)·의(意)와 외입처(外入處)인 색(色)·성(聲)·향(香)·미(味)·촉(觸)·법(法)을 말한다. 분명히 부처님께서는 안으로 안·이·비·설·신·의를, 밖으로 색·성·향·미·촉·법을 말씀하셨다.

불교 교리로써 반문하니, 설명도 다소 어려워질 수밖에 없다. 그러나 사실 용어가 어렵기 때문이 아니라 사고의 전환이 쉽지 않아서 어려운 측면이 크다. 이 반문에 대해 간단하게 살펴보자.

물론 부처님께서는 십이처를 말씀하셨다. 그렇다고 해서 그것이 마음 밖에 실제로 있다고 말씀하신 것은 아니다. 다시 강조하자면, 유식 논사들은 부처님의 근본 가르침[『아함경』]을 비판하거나 부정하지 않는다. 단지 부처님의 근본 가르침을 다르게 이해하는 여러 부파의 견해를 비판하거나 부정한다. 즉, 유식 논사들은 여러 부파와 견해가 다를 뿐, 부처님의 근본 가르침을 올바르게 이해하려고 노력한다.

십이처 역시 식이 변하여 나타난 것이며, 마음을 떠나 별도로 실제로 있지 않다. 우리는 보통 '나[我]'가 이러저러한 것을 본다고 생각한다. 그리하여 알게 모르게 그러한 '나'가 있다고 집착하게 된다. 보통 이를 아집(我執)이라고 한다. 따라서 '이러저러한 것을 보는 나'가 없음을 알게 하고자 십이처를 말씀하셨다. 즉, 감각기관인 안(眼)과 감각대상인 색(色) 그리고 대상을 인지하는 안식(眼識)이 함께하여 외부대상을 인식하게 되지, '나'라는 놈이 따로 있어서 그 '나'가 인식하는 것이 아니다. 또는 나와 나를 둘러싼 세계는 안·이·비·설·신·의인 내입처와 색·성·향·미·촉·법의 외입처를 근거로 하여 드러난다. 이렇게 나와 나를 둘러싼 세계는 우리가 보는 것처럼 그렇게 실로 있지 않음을 알게 하고자 십이처를 말씀하셨다.

십이처 모두 마음이 변하여 나타낸다. (이 대목에서 색법이 실유하지 않는다고 이야기한 부분을 다시 살펴보기 바란다. 그렇지 않으면 '왜 갑자기 뜬금없이 십이처를 모두 마음이 변하여 나타난다고 하지?'라고 생각할 수 있다.) 여기서 안[內]이든 밖[外]이든 모두 마음이 만든다. 즉, 내입처이든 외입처이든 모두 마음 안에 있다. 그런데 상대적으로 밖의 측면이 강하기 때문에 밖이라고 하고 안의 측면이 강하기 때문에 안이라고 말할 뿐, 마음 밖에 진실로 있다는 뜻이 아니다.

이쯤에서 영화 〈매트릭스〉를 생각했으면 한다. 아직 못 보신 분이 있다면 강력하게 추천하는 바이다. 영화라고 무시하지 마시라. 그 영화 제작에 철학자들이 함께 참여하였을 뿐만 아니라 철학 수업의 텍스트가 되기도 하였다.

3) 그래도 분명히 바깥 대상이 눈앞에 있지 않은가

공부한 티를 내다가 더 어려워졌다. 그럼 다시 평범하게 질문해 보자. '마음이 세상을 만들고 마음 밖에 바깥 대상은 실제로 있지 않다'라고 아무리 이해하려고 해도, 그래도 지금 바로 내 눈앞에 세상은 있지 않은가? 분명히 바깥 대상이 두 눈에 보이는데, 그것이 마음 밖에 실제로 있지 않다고 하니 말이 되는가?

우선, 3D 입체영화가 좋은 예가 된다. 3D 입체영화용 안경 없이 스크린을 보면 흐릿한 영상이 평범하게 스크린을 채우고 있다. 그런데 안경을 쓰면 저 멀리 스크린에 있어야 할 영상이 바로 내 눈앞으로 달려온다. 다시 한 번 상기하자. '세상은 내가 본 것처럼 그렇게 있지 않다.'

교리로 설명한다면, 우리에게 인식이 일어날 때는 안식·이식·비식·설식·신식인 5식은 제6식인 의식이 함께 일어나야만 인식이 성립된다. 안식(眼識)이 대상을 볼 때에는 바깥이라 여기지 않는다. 안식과 함께하는 의식[제6식]이 그것을 분별하여 그릇되게도 바깥이라는 생각을 일으킨다. 그리고 안식이 본 대상도 안식 바깥에 별도로 있지 않고 안식이 나타냈을 뿐이다.

다시 강조하면, 이 세상은 마음의 바깥에 그렇게 실제로 있지 않다. 앞서 말했듯이, 제8식이 세상을 펼치고[만들고], 그 위에 다시 제7식·제6식·전(前)5식이 일어난다. 그때 각각 그 식 자체는 보는 쪽과 보이는 쪽을 나누어 나타낸다. 유식사상에서는 그 식 자체를 자체분(自體分) 또는 자증분(自證分)이라고 하고, 보는 쪽을 견분(見分)이라 하며, 보이는 쪽을 상분(相分)이라고 한다. 즉, 식 자체분이 '보는 놈과 비슷하게' 나타내고, '보이는 놈과 비슷하게' 나타낸다. 따라서 식이 일어날 때는 식 밖에 별도로 있는 대상을 보는 것이 아니라, '보는 놈과 비슷하게' 나타난 견분이 '보이는 놈과 비슷하게' 나타난 상분을 본다. 예를 들어, 안식(眼識)이 일어날 때 안식을 떠난 색경을 보는 것이 아니라, 안식이 비슷하게 나타낸 색경인 상분을 본다. 결국 마음[견분]이 마음[상분]을 본다.

평범하게 질문했는데, 전문용어가 나오기 시작하니 어렵게 느껴지죠? 그렇다면 다시 개 짖는 소리를 예로 들어보자. 개가 '멍멍' 짖는다고 할 때, 그 '멍멍'이라는 소리는 어디에 있는가? 개는 '멍멍' 짖지 않았다. 개가 '멍멍' 짖었다면 미국 사람에게도 '멍멍'으로 들릴 것이다. 그런데, 아니다. 내 마음이 만든 '멍멍' 소리를 내 마음이 듣는다. '멍멍' 소리는 저 밖에 있지 않고 내 마음 안에 있다. 따라서 '멍멍' 소리인 상분, 소리를 듣는 견분, 모두 마음에서 일어난다.

무엇인가 홀린 듯하다. 이상하다. 아! 그렇다면 이것은 어떻게 설명할 것인가? '멍멍'이든 '바우와우'이든 그렇게 들리게 한 소리는 마음 밖에 있지 않은가? 그렇게 짖는 개도 실제로 있지 않은가?

당연히 그런 질문이 나와야 한다. 그런데 사실 그 질문은 계속 반복되는 질문이다. 마음이 세상을 만든다는 말이 풀리지 않으니 계속 그런 의문을 품게 된다. '그래도 세상은 있지 않은가?' 하는 의문은 제8식과 관계된다. 앞에서 세상이 마음을 떠나 별도로 있지 않다는 유식사상의 핵심 내용은 색법이 실유하지 않음을 통해 증명하였다. 일단 마음 편하게, 이렇게 '밖에 실제로 있다'는 사고로는 세상이 설명되지 않으니, 세상에 대해 이해하는 권리를 마음으로 옮겨왔다고 생각하라. 밖이 아닌 안으로 들어와 마음으로 세상을 이해하니, 지금까지 모든 질문에 대해 어쨌든 답변하고 있지 않은가?

영화 〈매트릭스〉를 생각해 보자. 영화를 못 보신 분을 위해, 그러면 누구나 아는 꿈을 생각해 보자. 물론 꿈은 제6식인 의식 속에 나타난 것이지만, 비유로서 사용하는 데는 아무 문제없다. 제6식이 꿈을 펼치듯이, 제8식이 이 세상을 펼친다[만든다]. 제6식이 펼친 꿈속에서 실재하는 공간으로 느끼며 살듯이, 제8식이 펼친 이 세상에서 실재하는 공간으로 느끼며 산다. 생각해 보자. 꿈에 안팎의 공간이 실제 있는가? 꿈이 아닌 현실 역시 마찬가지이다. 제8식이 펼친 마음의 공간속에서 보고 느끼고 생각하며 산다. 영화 〈매트릭스〉를 보면, 컴퓨터 프로그램 속 세상에서 사람들이 보고 느끼고 생각하며 살아가듯이.

4) 꿈과 생시는 서로 경우가 다르지 않은가

왜 자꾸 꿈으로 비유하여 대답하는가? 깨어 있을 때의 세상은 모두 꿈처럼 식[마음]을 떠나지 않는다고 하였다. 그렇다면 꿈에서 깨어날 때는 꿈의 대상을 오직 식이라고 아는데, 왜 깨어 있을 때는 눈앞에 보이는 대상을 오직 식이라고 알지 못하는가?

꿈으로 자꾸 비유해서 그렇지만, 꿈이야말로 이 세상의 모습을 설명할 수 있는 훌륭한 비유이다. 꿈의 경우와 생시의 경우가 다르지 않은가 하는 관점에서 반문했지만, 잘 생각해 보자. 특별한 경우가 아닌 이상은 모두 꿈속에서 그것이 꿈이라고 생각하지 못한다. 꿈에서 깨어나야 비로소 그것이 꿈인 줄 안다. 지금 이 현실도 마찬가지이다. 유식의 참모습을 깨닫기 전까지는 '세상은 마음이 변한 것'임을 알 수 없다. 깨닫게 될 때 비로소 알게 된다. 참으로 깨닫기 전까지는 항시 생사의 꿈 가운데 처하게 된다. 그러므로 부처님께서 생사장야[生死長夜]라고 말씀하셨다.

'생사의 긴 밤.' 즉 꿈속에서 꿈인 줄 모르듯이 깨어 있어도 나고 죽음이 한 순간의 꿈인 줄 모른다. 『반야심경』에서 '원리전도몽상[遠離顚倒夢想]'이라고 한 부분을 생각해 보자. 이 세상은 마음이 변한 것으로 모든 것이 마음인데 오히려 세상은 마음 밖에 실제로 있다고 한다. 우리는 이것을 당연한 것으로 생각한다. 그런데 안에 있는 것을 밖에 있다고 하니 거꾸로[顚倒] 된 생각이다. 이것이 전도몽상이다. 이러한 '거꾸로 된 꿈의 생각[顚倒夢想]에서 멀리 떠나라[遠離]'는 가르침이다. 두 글자로 줄이면 '꿈 깨!'가 된다.

5) 타심통의 대상은 밖에 있지 않은가

참 어렵다. 그래도 와 닿지 않는다. 그리고 기분이 그렇게 썩 좋지 않다. 여전히 '아닌 것 같은데' 하는 생각이 든다. 이번에는 색다르게 질문을 던져 보자. 옛날 텔레비전 드라마에 궁예가 언급한 '관심법(觀心法)'이라는 말이 인기를 끌었다. 다른 사람의 마음을 아는 능력이다. 이를 절집에서는 타심통(他心通)이라 한다. 육신통(六神通) 가운데 하나이다. 여기서 타심통에 의해 알려진 다른 사람의 마음은 곧 인식의 대상이 된다. 유식의 가르침에 의하면, 인식의 대상은 식을 떠나서 별도로 있지 않다고 하였다. 내 마음이 내 마음을 본다고 하였다. 그런데 다른 사람 마음이 내 마음일 수 없지 않은가? 즉, 인식의 대상인 다른 사람 마음은 분명히 내 마음 밖에 있다. 유식무경의 가르침과 모순되지 않는가?

예리한 질문이다. 그런데 다른 사람 마음이 대상[所緣]이 된다는 사실을 부정하지 않는다. 그러나 다른 사람의 마음은 인식주체와 바로 마주치는 대상이 아니다. 예를 들어, 손으로 사과를 잡거나 태양 빛을 볼 때는 직접 마주친다. 반면 타심통은 다른 사람의 마음을 직접 볼 수 없다. 참고로 직접 마주치는 대상을 전문용어로 친소연(親所緣)이라고 한다. 이에 대해 본질로서 그 너머에 있는 대상을 소소연(疎所緣)이라고 한다. 앞서 언급하였듯이, 식이 일어날 때는 식 자체에서 보는 쪽인 견분과 보이는 쪽인 상분으로 나눠진다. 타심(他心)을 아는 식

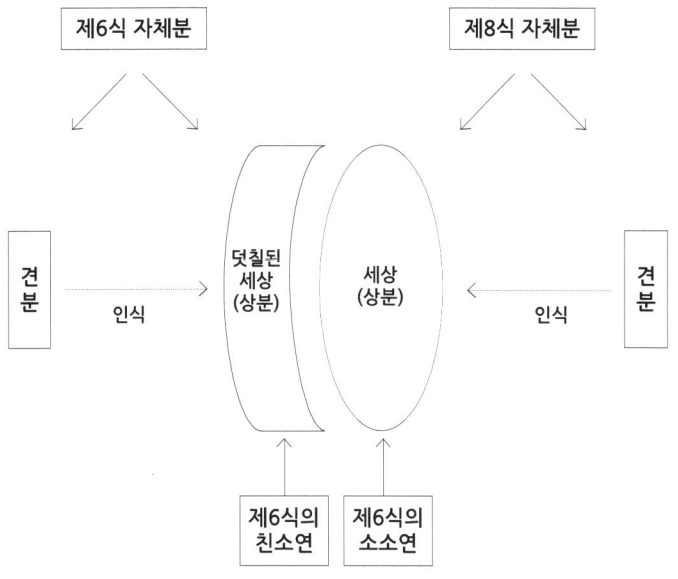

이 일어날 때도 마찬가지이다. 다른 사람 마음이 아니라 다른 사람 마음[소소연] 앞에 덧칠된 상분[친소연]을 본다. 그 상분은 다른 사람 마음과 비슷하게 나타난다. 예를 들어, 거울에 비친 사과를 보는 경우와 같다. 사과를 직접 본 것이 아니라 거울에 비친 사과를 본 것처럼, 다른 사람 마음을 직접 본 것이 아니라 내 마음의 거울에 나타난 다른 사람 마음을 본 것이다.

친소연, 소소연. 또 전문용어 나왔다. 혹시 답변하기 힘드니까 전문용어를 사용하는 것은 아닌지? 아니다. 무엇인가 차이를 설명하기 위해서 용어가 등장한다. 제8식이 만든 세상이 있고, 제8식이 만든 세상을 근거로 제6식이 인식하는 세상이 있다. 이때 제8식이 만든 세상이 그 바탕이 되고 본질이 된다. 그러나 제8식이 만든 세상이 제6식에 직접 인식되지 않는다. 식마다 각각 자기 소연[대상]인 상분이 있다. 이때 제6식의 입장에서, 제8식이 만든 세상은 소소연이 되고, 제6식의 상분은 친소연이 된다. '이 세상을 덧칠하여 본다'라고 했을 때, '이 세상'은 제8식의 상분이자 제6식의 소소연이고, '덧칠된 세상'은 제6식의 상분이자 제6식의 친소연이다.

6) 결국 대상인 타심이 있으니 어떻게 '오직 식뿐'이라 할 수 있는가

친소연이든 소소연이든 본질이든, 어쨌든 다른 사람 마음이 내 마음 밖에 있다는 말이 아닌가? 이와 같이 이미 다른 대상[境, 타심]이 있으니, 어찌 '오직 식뿐[唯識]이고 대상이 없다'고 하는가?

여기서 유식에 대한 중요한 의미가 드러난다. '오직 식뿐'이라고 해서 단지 하나의 식이라는 뜻은 아니다. 만약 단 한 사람의 식만 있다면, 세상에 수많은 사람들 나아가 모든 중생의 차이를 어떻게 설명하겠는가? '오직 식뿐'이라는 말에는 깊은 뜻이 있다.

여기서 '오직'이라는 표현은 '어리석은 이의 집착한 바인, 여러 식(識)을 떠나 색 등이 실유하다'는 견해만을 제거한다. 색법 등이 전적으로 없다는 말이 아니다. 앞에서 심법·심소법·색법·불상응행법·무위법의 일체법이 모두 식을 떠나지 않는다고 하였다. 이처럼 일체법은 식을 떠나지 않으니, 통틀어 '식'이라고 이름을 붙인다. 따라서 '유식'의 '식'에는 식을 떠나지 않은 법이 모두 포함된다.

'오직 식뿐'이라고 해서 한 사람의 식만 있다는 뜻이 아니다. '식'은 일체 유정에 각각 8식 등이 있음을 통틀어 나타낸다. 이 세상은 일체 유정이 함께하는 공간이다. 따라서 내 마음만이 아니라 이 세상에 있는 일체 유정의 마음이 함께 이 세상을 펼친다. 이 세상을 펼치는 데 서로 힘이 되어 함께한다. 이를 전문용어로 서로가 서로에게 증상연(增上緣)이 된다고 한다. 그렇기 때문에 누가 죽더라도 남아 있는 이들에 의해 펼쳐진 이 세상은 그대로 있게 된다. 예를 들어, 수많은 촛불이 큰 방안을 밝히고 있을 때 촛불 하나가 꺼지더라도 그 방은 여전히 밝은 것처럼, 이 세상 역시 마찬가지이다.

'이 세상은 마음이 펼친다'는 가르침을 받아들이기 쉽지 않다. 누가 죽거나 눈을 감아도 세상은 그대로 있다는 자연스러운 경험 때문이기도 하다. 그런데 방금 살펴보았듯이, 그러한 이유가 마음을 떠나 별도로 세상이 실제로 존재한다는 근거는 될 수 없다. 그때 그 세상은 남은 이들의 마음에 의해 펼쳐진 세상이기 때문이다. 앞서 꿈과 영화로 비유하였듯이, 이번에는 꿈을 다룬 영화를 살펴보자. 바로 〈인셉션〉이라는 영화이다. 이 영화는, 등장인물이 같은 꿈속에 함께 들어가 꿈을 꾸는 것이 주된 내용이다. 즉 여러 사람이 같은 꿈을 꾼다. 어떤 사람은 꿈에서 깨어나 생시로 돌아가지만, 계속 꿈속에 있는 사람은 꿈이 꿈인 줄 모른다. 더욱이 나중에는 꿈인지 생시인지 모르는 상황에 이르게 된다. 영화처럼 이 세상은 우리가 함께 같이 꾸는 꿈속이라 할 수 있다.

여전히 이해하기 힘든 점이 많을 것이다. 뛰어난 유식 논사가 함께하던 그 시절에도 이해하기 힘들었는데, 지금에야 더 말할 것이 있겠는가. 참으로 이해하기 힘들어서인지는 모르지만, 유식 논사들은 믿음을 강조한다. "그러므로 반드시 일체는 '오직 식뿐'임을 믿어야 한다." 물론 여기서 믿음은 맹신을 뜻하지 않는다. 믿음은 앞으로 나아가는 데 힘이 된다. '그래도 무엇인가 있지 않을까'라는 소박한 믿음이라도 있으면 쉽게 포기하지 않는다. 이렇게 발을 들여놓은 김에, '그래도 무엇인가 있지 않을까' 하는 소박한 믿음이라도 있다면 앞에서 말한 내용을 곱씹으며 다음 장으로 넘어가자.

제2장

식이
전변한
세상 [식전변]

01

식이 나타낸 아(我)와 법(法)

1.
'보는 나'가 있고 '보이는 세상'이 있다

풀리지 않은 의문이 너무도 많다. 보고 듣고 느끼고 아는 '나'라는 놈이 분명히 있고 '나에게 펼쳐진 세상'이 분명히 있다. 그런데 식뿐이라고 한다. 그러한 의문을 유식 논서에서 다음과 같이 질문한다. "만약 오직 식만 있다면 어찌하여 세간과 여러 성인의 가르침에 아(我)와 법(法)이 있다고 하는가?"

우선 '아'와 '법'에 대해 살펴보자. '나'라는 놈이 있어 보고 듣고 느끼고 안다고 여긴다. 그리고 그런 '나'를 둘러싼 여러 모습이 있다고 여긴다. 보통 전자를 '아'라 하고 후자를 '법'이라고 한다. 그런데 우리가 생각하는 '아'와 '법'을 좀 더 따지고 들어가면 다음과 같은 특성이 있다.

우리가 생각하는 '나'라는 아(我)를 정리하면, 아(我)는 상주(常住)하고 하나나[독일(獨一)]이고 주체[주왕(主王)]이고 스스로 부리며 행동한다[사재(司宰)]

는 특성이 있고, 자재(自在)함을 그 성품으로 한다. 법(法)은 궤지(軌持), 또는 임지자성(任持自性) 궤생물해(軌生物解)의 뜻으로서 나타낸다. 이 말을 풀이하면, 법은 자성을 보존하고 (그 자성을) 본보기[軌範]로 하여 그 사물[법]을 이해하게 한다. 다시 풀이하면, 법이란 '그것이라고 할 수 있는 어떤 특성[자성]'이 있어서 그 특성을 통해 우리는 '그것이 무엇임'을 안다. 예를 들면, 컵은 가운데 텅 빈 공간이 있어서 그 안에 물 등을 담아 마실 수 있다는 특성이 있다. 그러한 특성을 통해 우리는 그것이 컵이라는 것을 안다. 어떤 이는 전문 용어를 사용하여 '아'는 인식 주체, '법'은 인식 현상[또는 현생]이라고 번역하기도 한다. 쉽게 이해하면, '아'는 보고 듣고 느끼고 아는 '나'라는 주체를 말하고, '법'은 그러한 '아'를 포함하여 그 주체 앞에 펼쳐진 세상을 말한다.

따져 보자. 이러한 아(我)에 대해 여러 이야기가 있겠지만, 우선 단순하게 생각해 보자. 잘 생각해 보면 말 자체에 모순점이 있다. 어떻게 상주하면서 스스로 부리며 행동할 수 있겠는가. '상주'라는 말과 '부리며 행동하다'라는 말은 벌써 모순이 아닌가. 상주는 변화가 없는 것이고 행동은 움직임이고 변화이다. 움직였다면 벌써 상주가 아니라 변화이다. 이런 내용을 유식 논사들은 다음과 같이 이야기한다.

"또 여러 (곳에서) 진실로 있다고 집착하는 아의 체(體)는 생각[思慮]이 있는가 없는가? 만약 생각이 있다면 응당 무상(無常)하여야 한다. 언제나 생각이 있는 것이 아니기 때문이다. 만약 생각이 없다면 응당 허공과 같이 업을 지을 수도 과를 받을 수도 없어야 한다. 그러므로 집착한 아는 이치가 모두 성립되지 않는다.
또는 여러 (곳에서) 진실로 있다고 집착하는 아의 체는 작용이 있는가 없는가? 만약 작용이 있다면 손·발 등처럼 응당 무상하여야 한다. 만약 작용이 없다면 토끼의 뿔 등과 같이 응당 실아(實我)가 아니어야 한다. 그러므로 집착한 아는 둘 모두 성립되지 않는다."

인용문에서 '토끼의 뿔 등'은 논서에서 실체가 없는 것을 나타낼 때 자주 사용하는 표현이다.

이와 같이 앞서 정의한, 우리가 그냥 그럴 것이라고 생각한, 그런 '아'는 단지 우리의 생각일 뿐이며 말일 뿐이다. 그런데 우리는 '아'의 특성이 서로 모순이 된다고 생각하지 않은 채 그런 '아'가 있다고 당연하게 여긴다.

법(法)도 마찬가지다. 법이란 불교에서 크게 두 가지 뜻으로 사용된다. 하나는 '부처님 가르침'이라는 뜻으로, 삼보(三寶)에서 법보(法寶)의 '법'이다. 하나는 앞서 언급한 의미로 삼법인 가운데 제법무아의 '법'이다. 지금 이야기하는 것은 후자의 경우이다. 보통 쉽게 전하고자 '세상', '존재', '우주 만물' 등 오늘날 불교 서적에서 사용하고 있지만 정확한 번역은 아니다. 어떤 학자들은 '인식 현상', '현상' 등으로 번역한다. 사색이 많이 필요한 용어이다. 편의상 이 글에서는 쉽게 받아들이는 '세상'이라는 기존의 용어에 '나에게 펼쳐진'이라는 수식어를 붙여 간혹 사용한다. 그런데 불교에서는 '나에게 펼쳐진 세상'인 법 그 자체의 실유성을 인정하지 않는다. 앞 장에서 나에게 펼쳐진 세상이 실유(實有)하지 않는다는 주장을 색법을 통해 살펴보았다.

참고로 명확하게 이야기하자면 '아'도 '법'에 포함된다. '법'이란 '어떤 특성을 가지고 그 특성을 통해 그것임을 받아들인다'로 풀이한다. 우리는 무엇이 이러저러한 특성을 가지고 그 특성을 통해 '아'라고 받아들인다. 즉, '아는 무엇이다'라는 정의 자체가 바로 아가 법에 포함된다는 이야기이다.

2. 아와 법은 식이 그럴 듯하게 나타낸 것

그렇다면, 유식사상에서는 아와 법을 어떻게 생각하는가? 그러한 질문을 세친 보살은 『유식삼십송』 첫 게송에서 다음과 같이 정리한다.

거짓으로 아와 법을 이야기하네.
여러 가지 모습들이 굴러 일어남이 있으니
그것[假我, 假法]은 식이 변한 것에 의지하네.
由假說我法
有種種相轉
彼依識所變

이 게송에 의하면, 세간과 성인의 가르침에 아와 법이 있다는 이야기는 단지 임시로[假] 하신 말씀이지 진실로 있다는 뜻이 아니다. 그러한 아와 법은 식이 변한 것에 의지한다. 즉, 그 아와 법의 모습은 모두 식이 전변(轉變)한 것에 의지하여 임시로 시설(施設)한다.

'전변'이니 '임시[假]'니, '시설'이니 어려운 말이다. 용어가 어렵지만, 자신 있게 나아가자. 그러면 그 용어의 의미를 알 수 있지 않겠는가.

유식사상에서 '보는 나'가 있고 '보이는 세상'이 있다는 견해를 결코 부정하지 않는다. 단지 그것이 변하지 않거나 마음을 떠나 실제로 있다는 견해를 부정한다. 다시 말하면, 세상은 내가 생각하는 것처럼 그렇게 있지 않다는 뜻이지, 아무것도 없다는 의미는 아니다. '있다'고 말하더라도 같은 '있음'이 아니고, '없다'고 말하더라도 똑같은 '없음'이 아니다. 일단 결론부터 말하고 넘어가자면, 유식사상에서는 마음으로 드러난 비슷하게 생긴 아와 법은 인연화합으로 있다고 본다. 그러나 아와 법이 마음을 떠나서 별도로 실제 있다는 견해는 부정한다. 『성유식론』 권1의 내용을 잠깐 살펴보자.

"아와 법을 분별하는 훈습력(薰習力) 때문에 여러 식이 일어날 때 전변하여 아와 법으로 사현(似現)한다. 이 아와 법의 모습은 비록 안의 식[內識]에 있지만 분별로 말미암아 외경으로 사현한다. 모든 유정류는 무시시래(無始時來) 이[사아](似我)와 사법(似法)의 모습를 반연(攀緣)하여 진정한 아[實我]와 진정한 법[實法]으로 집착한다.

예를 들어, 아픈 사람이나 꿈을 꾸고 있는 사람에게는 아픔과 꿈의 힘 때문에 마음이 여러 가지 외경의 모습을 비슷하게 나타내는데, 이를 반연하여 진실로 외경이 있다고 집착하는 견해와 같다. 어리석은 이가 헤아리는 바인 진정한 아와 진정한 법은 결코 있지 않다. (세간의 아와 법은) 다만 허망한 생각[妄情]을 따라서 시설하였기 때문에 이를 말하여 임시로 삼는다. (성인의 가르침인 아와 법의 경우) 안의 식이 변한 바인 사아(似我)·사법(似法)은 비록 있지만 실아·실법의 본성은 아니고 그것[아와 법]을 사현한 것이기 때문에 설하여 임시라고 한다."

갑자기 유식 논서 내용을 그대로 인용하여 몹시 놀랄지도 모르겠다. 그러나 깊은 사색을 위해서는 쉽게 풀어 쓴 것보다 더 도움이 될 수 있다. 다음 글을 살펴보고 다시 읽으면 그 내용이 좀 와 닿을 것이다.

'훈습'은 유식사상에서 중요한 용어이다. 다음 장에서 자세히 살펴보기로 하고, 여기서는 업과 관련된다는 정도로 이해하자. 그런데 '업'이란 우리가 상식적으로 아는 팔자나 숙명은 아니다. 지금 이전 모든 나의 행위, 즉 몸으로 지은 업[身業], 입으로 지은 업[口業], 생각으로 지은 업[意業]을 말한다. 그리고 향 싼 종이는 향냄새가 난다는 말처럼 업이 마음에 스며드는 것을 '훈습'이라고 한다. 이렇게 스며든 업의 힘에 의하여 식이 일어날 때 변화하여[轉變] 아와 법으로 비슷하게 나타난다[似現]. 예를 들어, 교정을 볼 때 글을 쓴 당사자는 오자를 제대로 잡아낼 수 없다. 글쓴이는 글의 내용이 마음속에 들어 있어 교정할 때 원고 위의 글자가 아니라 마음속에 있는 글자를 보기 때문이다.

'전변' 역시 유식사상을 이해하는 데 중요한 용어이다. 전변(轉變)이라는 말은 '전전(展轉)하여 변화하는', 즉 '변화하다'는 뜻이다. '전변'에 대한 자세한 설명은 뒤에 다시 하려고 한다. 전변과 관련하여 중요한 용어 가운데 하나가 무엇보다 '사(似)' 또는 '상사(相似)'이다. '비슷하다', '그럴 듯하다'는 의미가 담겨 있다. 예를 들어, 우리가 사용하는 '사이비(似而非)'라는 말은 '그럴 듯한데 아니다'라는 뜻이다. 따라서 '사현'이란 '비슷하게 나타내다[나타나다]'는 뜻이다.

이와 같이 안의 식이 일어날 때 변화하여 밖에 있는 아와 법을 비슷하게 나타낸다. 여기서 안이나 밖은 마음이란 공간에서 상대적으로 안 또는 밖이지 실제로 안 또는 밖이 아니다. 왜냐하면 모두 마음에서 일어난 것이기 때문이다. 그런데 모든 중생은 아주 먼 과거, 시작 없는 때로부터[무시시래] 비슷하고 그럴 듯한 아[사애와 법[사법]을 보면서 참다운 아[실애와 참다운 법[실법]이라고 집착한다.

설명이 더 어려웠는지 모르겠다. 말하자면 '그럴 듯하게 비슷한 것[似]'을 '참다운 것[實]'으로 여긴다는 뜻이다. 세간에서 보는 아와 법은 다만 허망한 생각을 따라서 일어나기 때문에 아와 법이라고 임시로 삼는다. 그리고 안의 식이 변한 것인 사아 · 사법은 비록 있지만 실아 · 실법과 비슷하게 나타나기 때문에 게송에서 임시라고 한다. 즉, '마음으로 드러난 비슷한 아와 법'은 있지만, 비슷한 아와 법을 보고 참다운 아와 법이라고 하는데 '그 참다운 아와 법'은 없다. 그러한 참다운 아와 법이 있다는 생각은 집착일 뿐이다.

참고로 불교공부를 하다보면 '반연'이라는 용어가 등장한다. 이 단어를 사전에서 '원인을 도와서 결과를 맺게 하는 작용'이라고 풀이한다. 하지만 이 글에서는 '~을 대상으로 삼아 인식한다'는 뜻으로 사용한다.

3. 나에 대한 집착[我執], 법에 대한 집착[法執]

'보는 내가 이렇게 있고 보이는 세상이 그렇게 있다'는 생각은 너무도 당연하다. 나와 나에게 주어진 것을 덩어리진 무엇으로 실제로 있다는 견해는 자연스러운 태도이다. 여기서 '자연스러운'이나 '당연하다'는 말이 '옳다'는 말과 동의어는 결코 아니다. 수많은 세월 동안 자연스럽고 당연하게 여겼던 생각들이 어떻게 짧은 순간에 바뀌겠는가. 따라서 긴 세월 사고가 굳어져 있기 때문에 유식의 가르침을 제대로 받아들이지 못한다.

중생의 삶에서 보면 당연할지 모르지만 이러한 태도와 사고를 집착이라 한다. 아에 대한 집착을 아집이라 하고, 법에 대한 집착을 법집이라 한다. 아집이든 법집이든 각각 대략 두 가지가 있다. 즉, 아집과 법집은 각각 구생아집(俱生我執)과 분별아집(分別我執), 구생법집과 분별법집으로 구분된다. 『성유식론』 권1·권2에 있는 내용을 토대로 정리하면 다음과 같다.

"구생아집 또는 구생법집은, 시작 없는 때로부터[無始時來] 허망하게 훈습된 내적인 힘[內因力] 때문이다. 늘 신(身)과 함께하며 그릇된 가르침이나 그릇된 분별에 의지하지 않고 스스로 일어나기 때문에 구생이라 이름한다.
분별아집 또는 분별법집은, 마음 안의 영향[내연]과 밖의 영향력[외연력] 때문이다. 신(身)과 함께하는 것은 아니며 그릇된 가르침이나 그릇된 분별에 의거한 연후에 비로소 일어나기 때문에 분별이라 이름한다."

쉽게 말하면 구생아집(구생법집)은 가르침이나 분별없이 선천적으로 태어나기 전부터 함께하며 스스로 일어나며, 분별아집(분별법집)은 살아가면서 누군가의 그릇된 가르침이나 분별에 의해 비로소 일어난다. 이러한 특성 때문에 분별아집(분별법집)은 구생아집(구생법집)에 비하여 상대적으로 끊기 쉽다. 상대적이라는 것이지 분별아집(분별법집) 자체를 끊기 쉽다는 말은 아니다. 분별아집은 긴 수행을 통해 견도[보살초지]에 이르러야 비로소 제거하여 없앨 수 있다.

우선 구생아집에 대해 살펴보자. 나중에 자세히 언급하겠지만 여기서 간단하게 말하면, 의식 저 밑에서 제7식은 항상 제8식을 실아(實我)라고 집착한다. 이러한 제7식의 집착은 아라한이 되기 전까지 끊어지지 않고 이어진다. 가르침이나 분별이 없어도 제6식은 식이 전변한 오취온의 모습을 실아라고 집착한다. 제6식은 깊은 잠에 들었을 때나 혼절했을 때는 일어나지 않기 때문에 제6식의 집착은 간혹 일어나지 않는다.

분별아집은 오직 제6식 가운데 있다. 그릇된 가르침으로 인한 온(蘊)의 모습이나 아(我)의 모습을 분별하여 실아라고 집착한다. 세간에서 '영혼이 참다운 나이다', 'ㅇㅇ이 참다운 나이다'라는 그릇된 가르침을 듣고서 분별하고 잘못 헤아려 실아로 집착하는 경우이다. 참고로 제7식이 제8식을 실아로 보는 집착이 구생아집이라면, 제8식이라는 용어를 듣고서 '혹시 제8식이 아가 아닐까' 하는 집착은 그릇된 분별로 인한 제6식의 분별아집이다.

구생법집, 분별법집에 대한 설명 역시 마찬가지이다. 제7식은 제8식을 실법이라고 집착한다. 이는 구생법집 가운데 항상 상속하는 경우이다. 반면, 제6식은 온·처·계의 모습을 실법이라고 집착한다. 이것은 구생법집 가운데 간혹 끊어지는 경우이다. 한편 분별아집이 제6식에만 있듯이, 분별법집도 오직 제6식에만 있다. 분별법집은 온·처·계나 자성 등의 모습을 분별하고 잘못 헤아려 실법이라고 집착한다. 그릇된 가르침 때문에 분별법집이 생긴다.

아집, 법집이라는 용어가 나온 김에 이와 관련하여 중요한 몇몇 용어를 알아보자. 다음은 『성유식론』 권1 첫 쪽에 나오는 내용이다.

"아집과 법집으로 말미암아 두 가지 장애[번뇌장, 소지장]가 함께 생겨난다. 만약 두 가지 공[我空. 法空]을 증득하면 그 장애는 따라서 끊어진다. 장애를 끊어 두 가지 수승한 과[보리. 열반]를 얻는다. (즉) 생을 지속시키는 번뇌장을 끊어 진해탈(眞解脫)을 증득하고, 지해(智解)를 장애하는 소지장을 끊어 대보리(大菩提)를 얻는다."

우선, 번뇌장과 소지장을 잠깐 알아보자. 번뇌장에는 여러 종류가 있지만, 그 가운데 실아라고 집착하는 잘못된 견해가 가장 중요하다. 이것은 모두 유정의 신(身)·심(心)을 어지럽게 괴롭혀 능히 열반을 장애하여 번뇌장이라 이름한다. 소지장에도 여러 종류가 있지만, 실법이라고 집착하는 잘못된 견해가 제일 중대하다. 이것은 알아야 할 대상[所知境]·전도 없는 성품[無顚倒性. 眞如]을 덮어서 보리[깨달음]를 장애하여 소지장이라 이름한다. 말하자면 소지는 진여를 말한다. 진여 즉, 소지를 장애하기 때문에 소지장이라고 한다. 따라서 여기서 번뇌장은 번뇌가 곧 장애이므로 번뇌장이라고 한다. 소지장은 소지경(所知境)을 장애하기 때문에, 즉 소지를 장애하기 때문에 소지장이라고 한다.

이처럼 번뇌장은 아집과 관계되고, 소지장은 법집과 관계된다. 그리고 번뇌장은 열반을 장애하고, 소지장은 보리를 장애한다. 따라서 아공을 증득하면 번뇌장도 따라 끊어져 마침내 참다운 해탈을 얻게 되고, 법공을 증득하면 소지장도 따라 끊어져 마침내 대보리를 얻게 된다. 열반과 해탈은 다소 다른 의미이지만 여기서는 같은 의미로 보아도 무방하다. 열반과 해탈의 차이점은 보살의 수행 단계 가운데 구경위의 대열반 증득에서 자세히 살펴보자.

4. 무아(無我)와 윤회

아공 등의 교리를 듣다 보면 가장 상식선에서 단순하게 묻고 싶은 것이 있다. 바로 '그럼 아(我)가 없다면 윤회는 어떻게 되는데?' 이것이 그 유명한 '무아와 윤회'의 문제이다. 학자들은 이러한 주제로 많은 글을 쓰고 있다. 앞서 언급한 대로 '아'의 정의, '항상하면서[常住] 부릴 수 있다[同宰]'는 말 자체가 모순이라는 것을 말하였다. '무아와 윤회' 문제도 마찬가지이다. 항상한 아(我)가 있다면 그 '아'는 결코 윤회할 수 없다. 윤회는 변화를 말하는데, '변화'와 '항상'은 동시에 있을 수 없기 때문이다.

그래도 궁금하다. '내가 없는데, 어떻게 이렇게 걷고 서고 앉고 눕고 하는지?' 이에 대한 고민은 우리만 하는 고민이 아니다. 부처님 당시에도 했고, 그 전에도 했을 것이다. 위대한 스승, 용수 보살이 쓰신 『중론』「관사제품(觀四諦品)」에 '공(空)과 윤회'를 언급한다. 『중론』과 같은 맥락으로 『성유식론』 권1에서 그 문제를 다음과 같이 설명한다. 다소 어려운 용어가 있지만, 반복해서 살펴보면 글의 흐름을 파악할 수 있으리라. 핵심 열쇠는 '항상함과 변화함(움직임)이 동시에 성립할 수 없음'이다.

외부 반론 만약 실아가 없다면 어떻게 기억하고 알아차리고 읽고 익히고 감사하며 원망하는 등의 일이 있을 수 있겠는가?

답 집착한 실아가 이미 항상하여 변함이 없다면 작용한 후도 작용하기 전처럼 이러한 일[기억 등]이 있지 않아야 하거나 전도 후처럼 이러한 일이 없지 않아야 한다. 후와 전의 체(體)가 다름이 없기 때문이다.

만약 아의 용(用)은 전후로 변화하지만 아의 체는 변화하지 않는다고 한다면 이치 또한 그렇지 않다. 용은 체를 떠나지 않으니 응당 용은 체처럼 항상 있어야 하기 때문이고, 체는 용을 떠나지 않으니 응당 체는 용처럼 항상하지 않아야 하기 때문이다.

그런데 뭇 유정에게는 각각 본식(本識: 제8식)이 있어 한 종류[一類]로 상속하여 종자를 수용·간직하는데, 일체법과 서로 인이 되어 훈습력으로 말미암아 이와 같은, 기억하거나 알아차리거나 하는 등의 일이 있을 수 있다. 그러므로 제기된 힐난은 너희에게 오류가 있지 우리의 가르침에는 해당되지 않는다.

외부 반론 만약 실아가 없다면 누가 능히 업을 짓고 누가 과를 받는가?

답 집착한 실아는 이미 변함이 없으므로 허공과 같다. 이것이 어떻게 능히 업을 짓고 과를 받을 수 있겠는가? 만약 변화가 있다면 응당 무상(無常)하여야 한다. 그런데 항상하는 아는 없다 하더라도 뭇 유정은 심·심소법의 인연력 때문에 끊임없이 업을 짓고 과를 받으니 이치에 어긋남이 없다.

외부 반론 만약 아가 진실로 없다면 누가 살고 죽음에 여러 곳을 윤회하며 누가 다시 고를 싫어하고 열반을 구하여 나아가는가?

답 집착한 아는 상주하므로, 즉 변화없이 머무니 이미 생멸이 없는데 어떻게 생사윤회를 말할 수 있으며, 항상하여 허공처럼 고에 괴롭힘 받는 바도 아니니 어째서 고를 싫어하여 버리고 열반을 구해 나아가겠는가?

그러므로 그 말한 바, '상(常)'은 스스로를 해치게 된다. 그런데 비록 윤회와 열반의 주체로서 실아는 없다 해도 유정류는 신심(身心)

이 상속하여 번뇌와 업의 힘에 의해 여러 곳에 윤회하니, 고를 싫어하기 때문에 열반을 구하려 한다.
이로 말미암아 알아야 한다. 결코 실아는 없으며 단지 여러 식(識)이 있어 무시시래(無始時來) 전후 생멸하고 인과(因果) 상속하여 그릇된 훈습(薰習)으로 말미암아 아상(我相)을 시현하는데 어리석은 자는 그 가운데 '아'라고 그릇되게 집착한다.

여기서 외부의 반론은 크게 두 가지이다. 첫째, 실아가 없다면 어떻게 기억하고 알아차리고 읽고 익히고 감사하며 원망하는 등의 일이 있을 수 있겠는가. 둘째, 실아가 없다면 누가 업을 짓고 누가 과를 받는가. 이때 실아는 상주불변하기 때문에 반론 자체에 모순이 생긴다. 실아가 상주불변하다면 전혀 변화가 없어야 한다. 그런데 반론 자체가 실아의 변화를 이야기한다. 실아가 있다면 실아는 변화가 없으니 오히려 기억 등의 일이 일어날 수 없다. 업을 받고 과를 받는 것도 마찬가지이다. 따라서 상주불변하는 실아는 없다. 실아가 없다면 어떻게 기억 등의 일이 일어나는가. 이에 대해 인용문에서는 상속하는 제8식 등을 통해 설명한다. 제8식에 대해서는 나중에 자세히 살펴보자.

그렇다고 제8식을 새로운 실아로 오해하지 마시라. 앞에서 그 그릇된 분별이 바로 분별아집이라고 설명하였다. 그리고 유식 논사들이 실아를 부정하는 내용에서 제8식을 등장시켰는데, 제8식을 실아로 상정하였겠는가. 제8식을 이야기한다고 해서, 불성을 이야기한다고 해서, 여래장을 이야기한다고 해서, 역대 스승의 가르침을 한 방에 '힌두잡론'이라고 단정하지 말았으면 한다. 분명히 대승경전인 『해심밀경』에서 다음과 같이 염려하셨다.

아다나식[제8식]은 매우 깊고 미세하고
일체종자는 폭류와 같네.
나는 범부와 어리석은 이에게는 열어 말하지 않으니
그들이 분별하고 집착하여 '아'라 할까 두렵네.

5. 유식(唯識)과 법공(法空)

제법무아(諸法無我), 공(空) 등의 가르침을 접하게 되면, 계속 고민해왔듯이 '있는데 왜 없다고 하는가'라고 의문을 가진다. 반면에 이런 반문도 있다. '만약 모든 것이 없다면 오직 식[唯識]이라고 하는데 식은 어떻게 되는가. 식도 없어야 하지 않는가.'

불교 용어 가운데 만병통치약처럼 쓰이는 용어가 있다. 바로 '공(空)'이라는 용어이다. '무(無)'라는 용어로 대신하기도 한다. '공'이든 '무'든, 그 쓰임새가 단순히 '없다'라는 뜻만 있는 것이 아니다. 보통 여러 인연이 화합하여 이루어졌기 때문에 그것이라고 할 자성이 '없다'라는 뜻으로 많이 풀이한다. 또 '세상은 네가 생각하는 대로 그렇게 있지 않아, 그것은 비슷하게 나타난 것인데 실제로 있다고 하는 그것은 없어'라는 의미에서 '없다'라는 뜻이다.

예를 들어, '꿈속에 컵이 있다'는 말과 '현재 내 앞에 컵이 있다'는 말에서 '있다'는 뜻이 다르게 와 닿는다. 또, 논서에서 자주 등장하는 말로 '토끼 뿔'과 '거북이 털'이 있다. 이 표현은 있지 않은 것을 잘못 보고 있다고 집착하는 경우에 대한 예로서 많이 나온다. 현실에서 '토끼 뿔'과 '거북이 털'은 없다. 그런데 '없다'는 말은 같더라도 따져보면 그 내용은 다를 수 있다. 토끼의 귀를 잘못 보면 뿔이라고 여길 수도 있다. 하지만 거북이에게는 털이라고 할 만한 대상이 전혀 없다. 즉, '있다', '없다'라는 용어는 각각 같지만, 사용하는 쓰임새마다 그 뜻은 차이가 있다

또 새끼줄을 뱀으로 착각한 경우를 예로 들어 보자. 착각한 뱀은 없지만 새끼줄은 있다. 만약 단순하게 '모든 것은 없다'라는 뜻을 새끼줄에 적용시키면 새끼줄도 없다. 그런데 뱀이 '없다'는 말과 새끼줄이 '없다'는 말은 그 의미가 다르다. '뱀이 없다'는 경우는 잘못 보았기 때문에 없고, '새끼줄이 없다'는 경우는 짚이 모여서 새끼줄이 되었기 때문에, 교리적으로, 새끼줄의 자성이 없다.

'만약 모든 것이 없다면 오직 식[唯識]이라고 하는데 식은 어떻게 되는가. 식도 없어야 하지 않는가'라는 반문에 대해 유식 논사들도 『성유식론』 권2에서 다음과 같이 말한다.

"심·심소 밖에 경(境)이 실유한다는 헛된 집착을 버리게 하고자 '오직 식이 있다'고 말하였다. '유식(唯識)'이라는 말은 곧 '실유하는 식[實識]'이 있다는 의미는 아니다. 만약 오직 식만 진실로 있다고 집착한다면 외경(外境)을 집착하는 것처럼 역시 법집(法執)이다."

그런데 이 말이 전적으로 식이 없다는 뜻은 아니다. '모든 것이 전적으로 없다'고 주장하는 자를 악취공자(惡取空者) 또는 악취공에 빠졌다고 한다. 악취공자란 그릇되게 공에 집착하는 자를 말한다. 이러한 자는 부처님도 제도하기 힘들다고 하였다. 제대로 그 뜻을 알지 못한 채, 만병통치약처럼 무조건 '공', '공'하는 사람들이 이에 해당되리라. 이에 『성유식론』 권1에서 다음과 같이 이야기한다.

"외경은 생각 따라 시설하기 때문에 식처럼 있지 않고, 내식은 반드시 인연에 의거하여 일어나기 때문에 경처럼 없지 않다. 이로 말미암아 곧 증익과 손감의 두 가지 집착을 막는다."

번역문은 다소 오해 가능성이 있다. 정리하고 넘어가자. 간단하게 '식은 있고, 외경은 없다'는 뜻이다. 외경은 생각[망정] 따라 드러나므로 실제로 있지 않다. 식은 인연에 의거하여 일어나므로 전혀 없지 않다. 외경이 있다고 하면 없는 것을 있다고 하니 증익[有]의 집착이 된다. 식이 전혀 없다고 하면 있는 것을 없다고 하니 손감[無]의 집착이 된다. 인연으로 일어난 식과 달리 외경은 있지 않다고 하니, 증감의 집착을 막는다. 생각 따라 드러난 외경과 달리 식은 없지 않다고 하니, 손감의 집착을 막는다.

다시 새끼줄을 뱀이라 착각하는 경우로 설명해 보자. 새끼줄을 착각하여 본 뱀[외경]은 착각 따라 드러나므로 있지 않다. 새끼줄[식]은 짚[인연]에 의거하여 있기 때문에 없지 않다. 뱀[외경]이 있다고 하면 유(有)에 집착하여 증감이 되고, 새끼줄[식]이 전적으로 없다고 하면 무에 집착하여 손감이 된다. 착각한 뱀[외경]은 없지만 짚[인연]에 의거한 새끼줄[식]은 있다.

이때 식이 있다는 말은 '홀로 있다'는 뜻이 아니라 '인연으로 일어나 있다'는 뜻이다. 따라서 유식(唯識)이라는 말도 식만 홀로 있다는 의미가 아니다. 또한 식에 의해 드러난 삼라만상을 전적으로 없다고 부정하는 말은 더더욱 아니다. '오직 식이 있다'는 말은 식을 떠나서 경(境)이 실유하다는 헛된 집착을 버리게 하는 데 목적이 있다.

'있다', '없다'는 말 이외에도 공부할 때, 용어에 유의하여야 한다.

함부로 판단하지 말고 잠시 옆에 두고 생각해 보자.

6. 부파불교에서도 법공을 이야기한다?

이쯤에서 법공에 대한 의문점을 하나 짚고 가보자. 불교개론서 등을 보면, 대승불교에서는 아공·법공을 이야기했지만 부파불교[소승불교]에서는 아공은 이야기하고 법공은 이야기하지 않았다고 한다. 그리고 대승과 소승을 나누는 기준 가운데 하나로 아공과 법공의 언급 여부를 내세운다.

그런데 다 아시다시피 부파불교가 중심으로 하는 경전은 『아함경』[또는 니까야]이다. 그 경전의 중심 가르침 가운데 하나가 '제법무아'이다. 이때 '아'는 아공, 법공이라고 할 때의 '나'를 의미하는 아가 아니다. '자성(自性)'의 의미이다. 따라서 '제법무아'는 '모든 법은 자성이 없다'는 뜻으로 풀이한다. 자성이란 그것을 그것이게 하는 본성이다. 참고로 아공, 법공을 각각 인무아(人無我), 법무아(法無我)라 하기도 한다.

의문은 여기서 시작된다. 부파불교가 중심으로 하는 경전의 근본 가르침이 '제법무아' 즉, '모든 법은 자성이 없다'는 것인데, 왜 개론서에서는 부파불교는 아공만 이야기하지 법공은 이야기하지 않는다고 하는가? 과연 법이란 의미가 무엇일까? 과연 부파불교에서는 아공만 이야기하고 법공은 이야기하지 않았는가?

방대한 부파 논서 중에서는 의문 해결의 실마리를 아직 발견하지 못했다. 그런데 근래 『아함경』[또는 니까야]의 가르침을 강조하는 분들의 이야기 속에서 그 실마리를 찾아볼 수 있다. 우리나라는 대승불교권에 속하므로 전통적으로 소승불교[부파불교]를 높게 평가하지 않았다.

특히 부파에서는 '법공'을 말하지 않았다면서 비판한 경우도 적지 않았다. 이런 상황에서 근래 『아함경』[또는 니까야]을 중심으로 부처님 가르침을 공부하던 분들께서 부파의 입장에도 '법공'이 있다는 점을 설명해야겠다고 생각하신 듯하다. 이분들의 생각이 그 옛날 부파불교의 견해와 연결되는지는 장담할 수 없다. 그러나 생각의 차이를 살펴본다는 점에서 의미가 있기에 언급해보고자 한다.

그분들은 이렇게 주장한다. "우리도 법공을 이야기한다. 예를 들어, 컵은 컵이라는 자성이 없다. 왜냐하면 그것은 여러 알갱이가 모여서 컵을 이루고 있어 컵이라 할 실체가 없고, 또 찰라생 찰라멸하기 때문에 한 순간도 고정된 실체가 없다. 즉, 이 세상의 모든 것은 인연 화합하기 때문에 그것이라고 할 자성이 없다. 또 이 세상의 모든 것은 항상하지 않는다. 찰라에 생겨났다가 찰라에 사라진다. 컵도 자연과학으로 볼 때, 원자 속의 전자가 끊임없이 진동하고 있다. 따라서 고정된 실체가 없다."

만약 이 말처럼 부파불교에서도 법공을 이야기한다고 한다면, 개론서 등의 가르침은 어떻게 이해해야 하나? 부파불교를 비판하던 대승불교의 가르침은 어떻게 받아들여야 하나? 공부는 차이를 발견하는 과정이다. 여기서 대승불교와 부파불교 등의 가르침에 중요한 차이가 드러난다. 바로 마음과 관련하여 법을 어떻게 보는가 하는 점이다.

"예를 들어, 컵은 컵이라는 자성이 없다. 왜냐하면 그것은 여러 알갱이가 모여서 컵을 이루고 있어 컵이라 할 실체가 없고, 또 찰라생 찰라멸하기 때문에 한 순간도 고정된 실체가 없다."고 언급하지만, 그분들의 생각이 만약 마음 밖의 컵을 인정한다면 어떻게 될까? 예를 들어, 그 컵이 인연 화합으로 되어 있든 찰라생 찰라멸하든 마음 안에 있는 것이 아니라 마음 밖에 별도로 있다고 한다면, 대승불교의 가르침과 차이가 생긴다.

혹 '별도로'라는 말에 '내가 보고 있기 때문에 인식으로는 관련이 있다거나, 또 모든 것은 인연으로 연결되어 있기 때문에 별도로 있는 것은 없다'고 말한다면, 그 말은 여기에 해당되지 않는다. 여기서 '별도로 있다'는 말은 인식 관련이나 대상 간의 관계성을 부정한다는 뜻이 아니다. 컵이 인식의 대상이든 인연화합물이든 마음 안에 전적으로 있는가 아니면 마음 밖에 별도로 있는가 하는 의미이다.

대승불교[특히 유식사상]에서는 마음을 떠나 별도로 있는 법을 철저하게 부정한다. 인연 화합(-이 개념도 서로 차이가 있다)으로 있든 찰라생 찰라멸을 하든, 세상은 모두 마음이 만든 것이고, 모두 마음 안에 있다는 주장이다. 마음으로 인연 화합하여 드러난 세상이기 때문에 자성이 없다는 말씀이다.

즉, 두 견해의 차이는 인연 화합하고 찰라생 찰라멸하는 법이 마음 밖에 별도로 있는가 하는 점이다. 예를 들면, '물[水]에는 자성이 없다'는 말은 두 가지 방법으로 설명할 수 있다. 하나는 물은 산소와 수소로 이루어져 있기 때문에 물이라는 자성은 없다는 설명이다. 또 하나는 일수사견(一水四見)의 설명이다. 인간에게는 물로 보이지만, 아귀에게는 피고름, 하늘중생[天神]에게는 보석, 물고기에게는 집이나 길로 보인다. 만약 물이 마음 밖에 실로 있다면 모두에게 물로 보여야 한다. 두 견해 모두 인연 화합과 찰라생 찰라멸을 이야기하지만 마음과 관련하여 큰 차이가 난다.

법이 인연 화합하고 찰라생 찰라멸한다고 할지라도 마음 밖에 별도로 있다고 한다면, 유식사상의 입장에서는 그것 역시 법에 대한 집착, 법집이다. 즉 법공을 해결하지 못한 견해이다. 이러한 점에서 유식 논서 특히 『성유식론』 권1·권2에서는 많은 분량에 걸쳐 '마음 밖에 법이 실유하다고 집착하는 법집'에 대해 강하게 논박하고 있다. 그 논박 가운데 색법을 집착함에 따른 모순점을 앞에서 살펴보았다.

02 아와 법을 나타낸 식

1. 세 가지 능변식 [삼능변식]

이처럼 나와 나를 둘러싼 세상은 모두 식이 변화하여 드러낸다. 이를 식변(識變) 또는 식전변(識轉變)이라고 한다. 변(變)이라는 말에는 전변(轉變)의 뜻과 변현(變現)의 뜻이 있다. 말 그대로 전변은 '전전하여 변화하다'는 뜻이고, 변현은 '변화하여 나타내다'라는 뜻이다. 전변과 변현에는 다소 차이가 있지만, 전변이라는 용어를 주로 사용한다. 이 경우, 전변에는 변현이라는 뜻도 들어 있다.

이때 능히 변화하여 드러나게 하는 것을 능변(能變)이라고 하고, 변화한 것, 변화하여 드러난 것을 소변(所變)이라 한다. 즉, 식에 의해 드러난 나와 나를 둘러싼 모든 것[사아(似我)와 사법(似法), 견분과 상분]은 소변이 되고, 드러나게 하는 식은 능변이 된다.

참고로 불교를 공부할 때 능·소의 관계를 알아두자. 능변·소변, 능연·소연, 능취·소취 등에서 능(能)은 힘[작용]을 주는 쪽을 말하고, 소

㈣는 힘을 받는 쪽을 말한다. 능취(能取)는 능히 취하는 주체이고 소취(所取)는 취하게 되는 대상이 된다. 능연(能緣)은 인식하는 주체이고 소연은 인식되는 대상이다.

이러한 능변식은 세 가지로 나뉜다. 『유식삼십송』에서 다음과 같이 말한다.

이러한 능변에는 오직 세 가지가 있으니
이른바 이숙식과 사량식과
아울러 요별경식이네.
此能變唯三
謂異熟思量
及了別境識

이제부터 익히 들어보았거나 생소한 유식사상의 전문용어, 제7식이나 제8식에 대한 설명이 본격적으로 시작된다.

참고로, 이 글에서 '제8식'·'제7식'·'제6식'이라고 쓸 때는 제8식 등 해당되는 하나의 식을 말하고, '8식'·'7식'·'6식' 등이라고 쓸 때는 각각 '8식 모두'·'제8식을 뺀 7식 모두'·'제8식·제7식을 뺀 6식 모두' 등을 말한다. 그리고 '전(前)7식'·'전(前)6식' 등에서 '전'은 앞이라는 뜻으로 각각 '제8식 전(前)인 7식 모두'·'제7식 전(前)인 6식 모두' 등을 말한다.

식이라고 하면, 보통 우리는 안식, 이식, 비식, 설식, 신식, 의식 정도를 생각한다. 혹은 그 밑에 있는 무의식을 생각하기도 한다. 그런데 유식사상에서는 앞의 6식과 더불어 제7식과 제8식을 이야기한다.

즉, 총 여덟 가지 식을 이야기하고 그 식의 특성에 따라 크게 셋으로 구분한다.

첫째는 제8식으로 이숙식이라 이름하기도 한다. 이는 초능변식이다. 여기서 초(初)란 첫 번째라는 의미이다. 둘째는 제7식으로 사량식이라 이름한다. 이는 제2능변식이다. 이 식은 대상을 늘 상세하게 살펴본다. 셋째는 우리가 아는 안식에서 의식까지 합친 전6식이다. 이 식은 대상을 분별하므로 요별경식이라고 한다. 이는 제3능변식이다. 정리하면, 초능변식은 제8식이고 제2능변식은 제7식이고, 제3능변식은 전6식이다.

'이숙식'이니 '사량식'이니 또 생소한 용어가 나왔다. 이에 대한 설명은 제8식, 제7식을 설명하는 각 장으로 넘기고자 한다.

2. 두 종류의 능변, 종자와 식

다시 상기하면, 능변이란 능히 변화하는 작용을 가진 쪽을 말한다. 주체라는 말이 다소 오해의 소지가 있지만, 변화하는 주체, 변화를 일으키는 주체라고 생각하면 이해하기 쉽다. 능변에는 두 종류가 있다. 인능변(因能變)과 과능변(果能變)이다.

첫째, 인능변(因能變)이다. 이는 '인(因)인 능변'이라는 말로서, 곧 인(因)이 능변이라는 뜻이다. 이때 인(因)이란 습기이다. 또는 종자라고도 한다. '종자' 또는 '습기'는 유식사상에서 매우 중요한 용어이다. 바로 이전까지 식에 의해 펼쳐진 모든 것이 다시 종자[씨앗]가 되어 마음에 저장이 된다. 이때 저장된다는 뜻을 지닌 전문용어를 훈습이라고 한다. 예를 들어, 향을 싼 종이에 향냄새가 스며드는 것과 같다. 훈습(熏

習)된 기분(氣分)이라고 하여 습기(習氣)라 이름하고, 이를 다른 용어로 종자(種子)라 한다. 즉, 제8식에 훈습되었던 습기[종자]의 힘에 의하여 8식이 일어난다. 종자[습기]인 인(因)이 능변이 되어서 전전하여 8식으로 변화하여 일어나기 때문에 인능변이라고 한다.

둘째, 과능변(果能變)이다. 이는 '과(果)인 능변'이라는 말로서, 곧 과(果)가 능변이라는 뜻이다. 이때 과(果)는 인(因)인 습기의 힘에 의해 일어난 8식 자체분이다. 자체분을 자증분이라고 한다. 8식 자체분은 변화하여 여러 가지 모습을 나타낸다. 즉, 습기인 인(因)의 힘에 생겨난 과(果)인 8식 자증분이 또한 능변이 되어 각각 식의 견분과 상분인 여러 가지 모습을 변화하여 나타낸다. 식이 일어날 때는 식 자체분에서 보는 쪽인 견분과 보이는 쪽인 상분으로 나누어 나타낸다고 앞서 말하였다.

정리하면 제8식 속에 훈습된 습기[인능변]의 힘에 의해 생겨난 8식 자증분[과능변]은 견분과 상분으로 여러 가지 모습[소변]을 나타낸다. 이때 인능변에서 변은 전변(轉變)의 뜻이다. 습기가 전전하여 8식으로 변화한다. 과능변의 변은 변현(變現)의 뜻이다. 8식 자증분이 변화하여 여러 가지 모습을 나타낸다. 이처럼 엄격하게 전변과 변현을 구분하여 사용하기도 하지만 대개는 이 둘을 구분하지 않고 변 또는 전변이라는 용어만 쓴다. 이렇게 드러난 여러 가지 모습은 또 제8식에 훈습된다. 훈습된 종자는 다시 여건이 되면 드러난다. 이때 종자에서 드러난 순간을 현행(現行)이라고 한다. 이렇게 현행과 종자가 반복된다.

예를 들어, 컴퓨터로 작업한 뒤 작업 내용을 하드디스크에 저장한다. 다시 작업할 때 하드디스크에 저장된 메일을 불러와서 덧붙여 작업한다. 또 다시 저장하고, 불러오고 저장하고. 만약 이러한 과정을 순간순간 반복한다면, 또 만약 그것이 우리가 인식할 수 없을 정도로 빠르게 돌아간다면, 컴퓨터 화면에서는 자연스럽게 연속되는 동작으로 보일 것이다. 우리 앞에 펼쳐진 세상이 그렇다. 끊임없이 저장되고 펼쳐지고, 저장되고 펼쳐지고. 이때 훈습된 종자, 그리고 그 종자에서 일어난 식이 능변이다. 한편, 그에 따라 펼쳐진 나, 그리고 나를 둘러싼 세상의 여러 모습이 바로 소변이다.

제3장

첫 번째
능변식,
제8식

01
제8식이 등장하는 이유, 상식으로 생각하기

지금까지 살펴보았던 내용은 잠시 잊어버리고 단순하게 한 번 생각해 보자. 상식이 공부에 방해가 되기도 하지만 상식에 의문을 가지고 해결하다 보면 결국 새로운 세상을 만나게 된다. 이런 저런 의문을 가지고 생각을 하다 보면 상식이 서로 모순된다거나 상식으로는 무엇인가 부족하다는 것을 느낄 수 있다.

유식 논서에서는 제8식이 있어야 하는 이유에 대해 여러 가지로 증명한다. 그러나 그렇게 거창하게(?) 증명하기 이전에, 왜 제8식이 등장해야 하는지 상식적인 이유를 살펴보자. 조금이라도 서로의 생각을 공유하는 이런 과정이 이후 제8식을 공부해 나가는 데 도움이 된다.

먼저 우리가 알고 있는 전6식에 대해 알아보자. 우리는 세상을 보고 듣고 냄새 맡고 맛보고 감촉을 느끼며 또한 전체적으로 파악하고 생각한다. 이를 불교에서는 안식·이식·비식·설식·신식·의식이라고 한다. 모두 합쳐서 유식사상에서는 전6식이라고 한다. 우리는 보통 전6식만 있다고 본다. 물론 무의식을 생각하기도 하지만 말이다. 그렇다면 우리가 알고 있는 전6식을 살펴보자. 전6식은 일어나지 않을 때가 있다. 안식·이식·비식·설식·신식은 말할 것도 없고, 의식도 끊어질 때가 있다. 예를 들어, 깊은 잠에 빠졌을 때나 기절했을 때, 그때는 의식이 작용하지 않는다. 이 점이 참으로 중요한 부분이다.

우리는 깊은 잠에 들었다가 아침에 깨어났을 때, 자신의 이름이 아무개이고, 내 앞에 있는 사람이 가족이고, 곧 ○○○번 버스를 타고 직장에 가야 하는 것을 안다. '안다'는 표현이 이상할 정도로 우리는 자연스럽게 그렇게 살아간다. 그런데 과연 이 모든 정보는 어디에 있었을까? 보통 업이라고 하는 삶의 흔적은 모두 어디에 있을까?

오늘날 자연과학의 영향으로 또 하나의 상식이 자리 잡고 있다. 뇌, 신경세포, DNA 등등. 마음이라는 것도 뇌의 활동이며 모든 정보는 뇌에 저장된다고 생각한다. 과연 그렇다고 장담할 수 있을까?

우선 전생과 내생 등 윤회를 믿는 경우라면 어떻게 될까? 뇌는 물질이기 때문에 사람이 죽으면 흙으로 되돌아간다. 흙이 되어버린 뇌에 저장된 삶의 흔적[업, 정보]은 다음 생으로 연결될 수 없고, 그 때문에 윤회를 결코 설명할 수 없다.

다음으로 윤회를 믿지 않는 경우를 생각해 보자. 이 경우 특히 뇌에 모든 정보가 저장된다고 강하게 믿는다. 아니 믿는 정도를 넘어 과학적 사실이라고 한다. 과연 이것을 장담할 수 있을까? 뇌에 정보가 있다고 보는 이유 가운데 하나가 실험으로 나타나기 때문이다. 예를 들어, 뇌의 어느 부위를 조작했을 때 언어 행위가 일어나지 않으면 그 부위가 언어 기능을 담당한다고 본다. 그런데 잘 생각해 보자. 그 부위가 언어 기능과 관련되어 있다는 것이지 그 부위에 언어와 관련된 정보가 반드시 있다고는 장담할 수 없다. 예를 들어, 컴퓨터에서 소리를 담당하는 프로그램이나 기계 장치에 이상이 생겨 소리가 나지 않는다고 해서 그 프로그램이나 기계 장치에 소리에 대한 정보가 있다고 말할 수 없다. 그 소리의 정보는 하드디스크에 있기 때문이다. 또 뇌를 자극했을 때 특정 기억이 떠올랐을 경우, 역시 마찬가지이다. 뇌의 자극을 통해서 특정 기억이 떠올랐다 하더라도 특정 기억과 관련은 있겠지만 그 뇌에 특정 기억에 대한 정보가 있었다고 장담할 수는 없다.

옛 사람들도 이와 비슷한 생각을 하였다. 그때는 뇌가 아니라 심장이었다. 심장이 멈추면 온 몸이 차가워지고 생명이 끝난다고 보았다. 따라서 심장에 영혼이나 마음이 있다고 여겼다. 이때 이렇게 반문할 수도 있다. 그 당시 현대 과학과 같은 기술이나 실험이 없었기 때문에 그렇게 생각하지 않았겠는가? 그렇다면 뇌사의 경우에 심장이 살아 움직이는 것은 어떻게 생각하는가? 오히려 옛 사람들은, 체온과 마음[식]과 수명이 함께한다고 보았다. 물론 이것은 부처님께서 『아함경』 등에서 설하신 내용이다. 오늘날, 심장이 멈췄다고 심장에 마음이 있었다고 보지 않듯이, 위와 같은 실험을 통해 뇌에 모든 정보가 있다고 장담할 수 없다.

현대 과학의 성과물을 무시하고자 하는 말이 아니다. 다만 생각할 수 있는 경우를 하나하나 살펴보자는 의도이다. 과학이라는 이름하에 다른 판단은 하지 못하고 지금의 지식을 그냥 단순하게 받아들이지 않았는지. 혹은 그리하여 과학을 또 다른 신(神)의 위치에 올려놓지 않았는지. 과학 역시 현재 우리에게 파악된 과학일 뿐이다. 앞으로 더

많은 변화가 있을 수 있다. 뉴턴의 만유인력 법칙이 적용되지 않는 부분에 아인슈타인의 상대성 원리가 적용되듯이.

그렇다면 우리의 삶을 지속하게 하는 그런 정보들은 어디에 저장되어 있을까? 앞에서 살펴보았던 전6식은 깊은 잠을 자거나 기절했을 때는 연속되지 않기 때문에 우리 삶의 흔적을 간직할 수 없다.

이에 대해 부파불교 당시 논사들도 고민하였다. '6식 이외에 무엇인가 있어야 하는데…' 그리하여 그들도 그 무엇인가를 상정하고 근본식이니, 유분식이니, 궁생사온이니 그렇게 이름하였다. 즉, 부파불교에서도 전6식 이외에 또 다른 무엇을 이야기하였다. 소박한 범부들이 영혼을 생각하듯이 말이다.

한편 유식 논사들은 경전에 근거하여 전6식이 감당할 수 없는 역할을 제8식에 부가하였다. 이쯤에서 제8식이 있어야 하는 이유에 대해 유식 논사의 논증을 살펴보아야 속이 시원한 분도 있을 것이다. 그런 논증에는 전문 용어가 많이 나오기 때문에 이해하기 쉽지 않다. 따라서 제8식의 특징을 먼저 살펴보는 편이 더 낫다고 본다.

02

제8식의
여러 가지 이름

**1.
첫 번째
능변식의
세 가지 모습**

유식사상이라고 하면 대부분 아뢰야식을 떠올린다. 그리고 제8식이라고 하면 아뢰야식이라고 여긴다. 그러나 제8식이 곧 아뢰야식은 아니다. 제8식의 여러 이름 중 하나가 아뢰야식일 뿐이다. 『유식삼십송』에서는 다음과 같이 제8식을 부르는 세 가지 이름을 설명한다.

첫 번째 능변식은 아뢰야식이며
이숙식, 일체종자식이라고 하네.
初阿賴耶識
異熟一切種

여기서 '초(初)'는 첫 번째라는 뜻이다. 첫 번째 능변식인 제8식의 특징을 나타내는 이름은 여럿 있지만, 게송에서는 세 가지만 언급하였다. 아뢰야식, 이숙식, 일체종자식을 제8식의 삼상(三相. 세 가지 모습(특징))이라고 한다. 각각 제8식의 자상(自相), 과상(果相), 인상(因相)이 된다.

아뢰야식은 제8식의 자상, 초능변식의 자체 모습을 지칭하는 이름이다. '아뢰야'라는 말은 범어 ālaya의 음역이다. 책마다 아리야(阿梨耶), 아려야(阿黎耶) 등으로 다르게 음사하기도 한다. 그리고 번역어마다 그 뜻에 다소 차이가 있는 경우도 있다. 여기서는 똑같은 번역어로 간주한다. '저장하다'는 뜻이 있기 때문에 아뢰야식을 장식(藏識)이라 번역한다. 제8식에는 능장(能藏)·소장(所藏)·집장(執藏)의 뜻이 함께 있다.

여기서 또 능·소 관계가 나왔다. 능(能)은 작용하는 쪽, 소(所)는 작용을 받는 쪽이라고 하였다. 따라서 능장이란, 제8식이 주체가 되어 모든 잡염법(雜染法) 즉, 선법·악법·무기법의 종자를 능히 간직한다는 점에 의거한다. 이때 제8식은 능장이 되고 종자는 소장이 된다. 소장이란, 모든 잡염법의 종자가 주체가 되어 제8식에 훈습하면 제8식은 훈습을 받는다는 점에 의거한다. 이때 모든 잡염법의 종자는 능장이 되고 제8식은 소장이 된다. 따라서 제8식은, 능히 종자를 저장한다는 측면에서 능장의 뜻이 있고, 훈습을 받는다는 측면에서 소장의 뜻이 있다.

또 중요한 내용 하나가 바로 집장이다. 집장이란 제8식이 아애(我愛)에 의해 집착된다는 뜻이다. 아애는 '아(我)라고 애착한다'는 의미이다. 곧 제7식은 아애 등의 작용으로 제8식을 나(我)라고 집착한다.

앞서 제8식의 삼상을 각각 자상, 과상, 인상이라고 했다. 그런데 제8식의 삼상과 별도로 아뢰야식 내에서 또한 능장은 인상, 소장은 과상, 집장은 자상이라고 한다. 집장을 자상이라고 하는 점에 주목하라. 주목해야 하는 이유를 곧 알게 된다.

이숙식(異熟識)은 제8식의 과상을 가리키는 이름이다. '이숙'이란 '다르게 숙성했다'는 뜻이다. 이는 업으로 인한 생사윤회와 관련되는 말이다. '생사윤회'라고 해서 전생, 내생으로만 생각하지 마시라. 마음 한번 일어난 것이 생(生)이요, 마음 한번 사라진 것이 사(死)라 하였다. 이 말을 하는 이유는, 생사윤회라고 하면 귀를 닫는 이들이 있기 때문이다. 굳이 전생, 내생을 언급하지 않고, 현생에만 국한해도 적용될 수 있다.

이숙 즉, '다르게 성숙했다'는 말은 그 성품이 바뀌었다는 것이다. 원인은 선 또는 악이었는데, 결과는 선도 아니고 악도 아닌 경우이다. 선이라고도 악이라고도 나타낼[기별할] 수 없기 때문에 무기(無記)라고 한다. 이전 생에 지은 선업 또는 악업은 선 또는 악이지만, 이로 인해 받은 과보인 즐거움[낙] 또는 괴로움[고]은 선 또는 악이 아니다. 단지 선업과 악업의 결과로 받은 과보이다. 만약 과보가 선 또는 악이라고 한다면, 그에 따른 결과를 별도로 받아야 한다. 예를 들면 지하철에서 생명을 구하여 표창장을 받았다고 하자. 생명을 구한 행위는 선이지만, 표창장을 받은 것은 선이 아니다. 단지 선한 행위로 받은 결과일 뿐이다. 만약 그 결과인 표창장을 받은 것이 선이라고 한다면 또 그 선에 따른 표창장을 받아야 하고, 또 그것이 선이 되어 또 그렇게 반복되어야 한다.

이처럼 원인은 선 또는 악이었는데 결과는 무기인 경우, 그 성품이 다르게 변하였다고 하여 이숙이라 이름한다. 전생에 선업을 지어 인간으로 태어났다면, 전생의 선업은 원인으로서 선성이지만, 인간으로 태어난 것 자체는 그 결과로서 무기성이다. 이전 생의 선업(善業)·불선업(不善業)에 따라 다음 생의 계(界)·취(趣)·생(生)이 정해진다. 이렇듯

업의 과보가 다르게 성숙된 결과[이숙과]가 제8식이다. 그래서 이숙(異熟)이라고 한다.

일체종자식은 제8식의 인상을 지칭하는 말이다. 종자란 씨앗이다. 종자에서 온갖 곡식이 생겨나듯이, 이 세상은 종자가 되어 마음에 저장되고, 그렇게 저장된 종자가 인연이 되어 다음 세상을 드러낸다. 즉, 제8식은 모든 법의 종자를 집지(執持)하여[잡아 간직하여] 잃어버리지 않게 하기 때문에 일체종자식이라 이름한다. 또한 종자란 씨앗이므로 원인에 해당한다. 따라서 일체종자식이라는 특징이 초능변식의 인상이라는 점을 알 수 있다.

정리해 보자. 제8식에는 세 가지 이름이 있다. 능히 모든 종자를 간직하고[능장], 모든 법에 의해 훈습되고[소장], 제7식에 의해 실다운 나로 애착된다[집장]. 이때는 아뢰야식이라 부르며 자체 모습[자상]에 해당한다. 또한 제8식은 전생의 선법, 불선법에 의해 포섭되어 새로운 생을 이끌어 내므로 이숙식이라고 하며, 이 명칭은 결과 모습[과상]에 해당한다. 제8식은 모든 종자를 포섭하므로 일체종자식이라고 하는데, 이 경우는 원인 모습[인상]에 해당한다.

앞에서 전6식을 설명하면서 무언가 부족한 부분이 있다고 하였다. 그렇듯 결여된 역할을 제8식이 담당한다. 우선 "생사윤회와 관련하여 연속성을 담보할 무엇인가 있어야 하지 않을까" 하는 부분은 이숙식이라는 이름에서 그 역할을 찾을 수 있다. "우리 삶의 흔적을 간직할 무엇인가 있어야 하지 않은가" 하는 부분은 아뢰야식, 또는 일체종자식이라는 이름에서 그 역할을 찾을 수 있다. 그리고 "무엇인가 '나'라는 놈이 있어야 하지 않을까" 하는 부분은 아뢰야식 가운데 '집장'의 의미에서, 그 역할을 찾을 수 있다. 그렇다고 제8식이 '나'는 아니다.

제7식이 제8식을 그렇게 집착할 뿐이다. 이는 나중에 제7식이 등장하는 이유 가운데 하나가 된다. 강조하지만, 제8식을 이야기한다고 해서 유식사상에서 '아'를 세웠다고 말하지 말라. 무조건 언어에 빠져 단정하지 말고 제8식이 왜 등장했을까 생각하고 또 생각하기를 바란다.

2. 위치에 따른 제8식의 여러 이름

여기서 제8식의 모습을 세 가지 이름으로 나타내었지만, 더 다양한 이름이 있다. 아뢰야식이 제8식을 지칭하는 이름이라고 해서 제8식을 항상 아뢰야식이라고만 하지는 않는다. 예를 들어 보자. 필자를 'ㅇ군' 또는 'ㅇㅇ학생'이라고 부를 수 있을까? 필자가 젊고 배우는 입장일 때, 가르치는 어른은 필자를 그렇게 부를 수 있다. 그렇지 않을 경우에 필자를 'ㅇ군', 'ㅇㅇ학생'이라고 부르면 실례이다. 이처럼 필자를 부르는 호칭이 각각 다른 의미를 가지고 있듯이, 제8식을 지칭하는 여러 이름도 각각 다른 뜻이 있다.

즉, 제8식은 모든 유정이 다 성취하고 있지만 뜻에 따라 여러 이름으로 부른다. 혹은 심(心, citta)이라고 이름한다. 이 이름은 여러 법을 연유하여 훈습된 종자가 모였다는 점을 강조한다. 혹은 아다나식(ādāna vijñāna)이라고 이름한다. 이는 종자와 모든 색근[안근 내지 신근]을 잡아 유지하여[집지하여] 흩어지거나 무너지지 않도록 하는 측면을 보여준다. 이때 아다나식을 집지식(執持識)이라고 의역한다. 종자와 모든 색근을 잡아 유지[집지]하는 식이라는 뜻이다. 쉽게 이야기하면 아다나식에 의하여 이 몸 등이 무너지지 않게 유지된다는 말이다. 혹은 종자식이라고 이름한다. 세간과 출세간의 모든 종자를 맡아 지닌다는 점을 나타낸다. 즉 모든 종자를 간직하고 있기 때문에 종자식이라 한다.

이와 같이 심, 아다나식, 종자식이라는 이름은 중생뿐만 아니라 부처님의 제8식에도 통하는 이름이다. 곧 이 이름들은 모든 중생과 부처님의 제8식에 붙일 수 있는 이름이다. 그러나 다음에 소개하는 이름, 즉 아뢰야 등은 모든 제8식에 함부로 붙일 수 없다.

우선 앞에서 살펴본 아뢰야식이라는 이름이다. 일체의 잡염법의 종자를 저장하여 결코 잃어버리지 않도록 하고, 아견애 등이 집장[집착]하여 자내아(自內我: 자신의 내적인 자아)라고 삼기 때문에 아뢰야식이라고 한다. 그런데 무학위(無學位, 아라한위)와 제8지 보살 이상 불퇴전보살, 더 나아가 부처님의 제8식을 아뢰야식이라고 부를 수 없다. 이들은 제8식을 '아'라고 집착하지 않는데 어찌 아뢰야라고 이름할 수 있겠는가. 결혼한 여자에게 처녀라 호칭할 수 없는 경우와 같다. 기분은 좋을 수 있겠지만.

아뢰야라는 이름에서 주목해야 할 부분이 바로 이 점, 제7식이 제8식을 나라고 집장[집착]한다는 특징이다. 나라는 집착이 사라지는 순간 아뢰야라는 이름도 함께 사라진다. 즉, 아뢰야라는 이름에는 능장, 소장, 집장의 뜻이 있지만 집장이 아뢰야의 자상[자체 모습]이 된다. 따라서 『유식삼십송』에서 '아라한 지위에서 버리네[阿羅漢位捨]'라고 하는데, 이는 제8식을 버린다는 뜻이 아니라 제8식 가운데 아뢰야라는 이름을 버린다는 뜻이다.

혹은 제8식을 이숙식이라 이름한다. 능히 생사를 이끄는 선업·불선업의 이숙과이기 때문이다. 이숙과라는 말은 과보와 관련된 말임을 앞에서 살펴보았다. 따라서 이 이름은 부처님에게는 해당되지 않는다. 즉, 부처님의 제8식에는 붙일 수 없는 이름이다. 부처님에게는 선업과 불선업에 의한 과보가 없기 때문이다. 원만구족하신 부처님께서 무슨 별도의 업을 짓고 과보를 받겠는가. 쉽게 이해한다면 부처님은 모든 생사윤회와 과보에서 벗어났기 때문이다. 참고로 제8지 보살 이상 등은 비록 번뇌장으로 인한 생사윤회는 없지만, 대원대비의 원과 소지장으로 인한 생사는 있다. 보통 전자를 업생(業生), 후자를 원생(願生)이라고 한다. 업생은 말 그대로 업에 의한 생사를 말하고, 원생은 중생에 대한 자비심과 위없는 깨달음[아뇩다라삼먁삼보리]을 얻기 위해 본인의 원에 의해 몸을 받는 생사를 말한다.

혹은 무구식(無垢識)이라 이름한다. '무구(無垢)'는 티끌·때가 없다는 뜻이다. 이를 청정무구식이라 이름하기도 한다. 가장 청정한 무루법[번뇌를 일으키지 않은 법]이 의지하기 때문이다. 이 이름은 오직 부처님에게만 해당된다. 보살·이승[성문승·연각승]·이생(異生)에게는 유루종(有漏種: 번뇌를 일으키는 법의 종자)을 지녀서 훈습을 받을 수 있기 때문에 매우 깨끗한 제8식을 아직 얻을 수 없다. 무구식은 범어로 amala vijñāna로, '아마라식'이라고 옮긴다. 부처님의 청정무구식, 아마라식을 제9식이라고 하기도 하지만, 『성유식론』 등에 의하면 제9식이 별도로 있는 것이 아니라 제8식의 모습을 나타내는 여러 이름 가운데 하나일 뿐이다.

이처럼 위계나 특징에 따라 제8식을 나타내는 이름이 여럿이다. 그리고 그 이름을 함부로 사용할 수 없다. 제8식을 아뢰야식으로 표현할 때, 이숙식으로 표현할 때, 일체종자식으로 표현할 때, 그때마다 미묘한 차이점이 있다. 이에 의거한다면, 예를 들어, '부처님의 아뢰야식'이라는 말은 성립이 되지 않는다. 물론 책마다 언어의 개념을 다르게 규정하여 구별 없이 사용하는 경우도 있을 수 있겠지만, 그 뜻을 잘 살펴야 한다.

03 종자와 훈습

1. 종자와 훈습, 그리고 현행

제8식을 일체종자식이라고 하였다. 제8식이 모든 종자를 간직한다고 하는데, 이때 무엇을 종자라고 하는가? 『성유식론』 권2에는 종자를 다음과 같이 정의한다.

"이른바 본식 가운데 친히 자과(自果)를 생겨나게 하는 공능의 차별이다."

여기서 '본식(本識)'이란 종자가 있는 곳을 말한다. 곧 제8식이다. 반복되는 말이지만, 근본식 또는 본식이 제8식 가운데 모든 종자가 간직되어 있다.

'친히 자과를 생겨나게 하는'이란 직접 자기의 결과를 생겨나게 한다는 말이다. 따라서 다른 간접적인 조건은 종자가 아니다. 예를 들면 콩 심은 데 콩이 나는 경우, 물이나 공기 등은 콩이 나는 데 도움이 되지만 종자는 아니다. 마찬가지로 '물을 먹어야지' 하고는 컵을 볼 때, '컵을 드러나게 하는 직접적인 힘'이 종자이지 '물을 먹어야지' 하는 생각이 컵을 떠오르게 한다고 해서 컵의 종자는 아니다. 즉 제8식 가운데 컵이라는 종자가 있어서 내 앞에 컵이 드러나는 직접적인 원인이 된다.

'공능(功能)'이란 잠재적인 힘을 말한다. '드러난 컵'은 종자가 아니다. 컵을 드러나게 하는 잠재적인 힘을 종자라 한다. 콩이라는 씨앗에는 콩이라는 열매를 맺게 하는 잠재적인 힘이 있다. 그와 마찬가지로 제8식에 있는 종자는 그것의 결과를 드러나게 하는 잠재적인 힘을 가지고 있다. 이를 공능이라고 한다. 가끔 업을 '에너지', '기(氣)' 등으로 표현하여 설명하는 경우가 있다. 가령, 눈에 보이지 않는 업이 다음 삶에 영향을 미친다는 측면에서, '영향을 미친다'는 말은 힘과 관련되기 때문에 간혹 업을 '에너지'니 '기'니 하는 개념으로 이해를 시키고자 한다. 여기서 업을 마음에 있는 지난 행위의 흔적이라는 의미로 사용하였다면, 그 업은 종자를 의미한다. 따라서 업을 '에너지'이라는 개념으로 이해하듯이 종자는 바로 자기의 결과를 드러내는 잠재적인 힘, 잠재적인 에너지이다. 이를 전문용어로 공능이라고 한다.

'차별'이란 종자로부터 드러난 법에 수많은 차별[구별]이 있듯이 종자인 공능에도 차별이 있다는 뜻이다. 이는 수많은 곡식이나 열매가 각각 다른 다양한 씨앗의 차별이 있는 것과 같다. 우리에게 펼쳐진 세상의 모습은 제8식 가운데 있는 각기 다른 다양한 종자로부터 드러난다. 컵을 드러내는 종자와 접시를 드러내는 종자는 각각 다르다. 이를 차별이라고 한다.

이와 같이 종자란 '제8식 가운데 직접적으로 자기의 결과를 생겨나게 하는 잠재적인 힘의 차별'을 말한다. 간단하게 말하면, 종자란 '자기 모습을 생겨나게 하는 잠재적인 힘'이고, 한 마디로 말하면 공능이라고 한다.

그렇다면 종자와 제8식은 어떤 관계인가? 종자와 제8식은 같지도 않고 다르지도 않다[非一非異].

제8식을 체(體)라고 한다면 종자는 용(用)이 된다. 예를 들면 강과 강물의 관계로 볼 수 있다. 강은 흐르는 수많은 강물의 모임이다. 강물이 곧 강은 아니다. 우리는 강물을 마셨다고 하지 강을 마셨다고 하지 않는다. 그러므로 강물과 강은 같지 않다. 그렇다고 강과 강물이 서로 떠나 있는 것은 아니다. 강에 속하는 물이 강물이고, 수많은 강물의 모임 전체를 강이라고 한다. 그러므로 강물과 강은 다르지 않다. 강물은 강을 따라 흐르면서 수많은 작용을 일으킨다. 절벽을 깎아내기도 하고 모래를 실어 나르기도 한다. 강과 강물의 비유처럼 종자와 제8식의 관계도 그러하다. 제8식은 강에, 종자는 강물에 비유된다.

혹은 종자를 일체종식(一切種識)이라고 표현하기도 한다. 종자는 식을 체로 삼기 때문에 식이라는 이름을 세워 일체종식이라고 한다. 이때 일체종식은 종자를 간직한 제8식을 말하는 것이 아니라 제8식에 간직된 종자를 말한다. 종자를 일체종식이라고 할 때에는 현행하는 식이나 곡식 등의 씨앗을 배제하는 말이다. 즉, 현행하는 식은 식이지만 종자는 아니다. 곡식 등의 씨앗은 종자이지만 식은 아니다.

또한 '종자'와 '종자로 생겨난 결과'는 서로 다르지도 않고 같지도 않다. 인·과의 법칙이 마땅히 그러하기 때문이다. 예를 들어, '씨앗인 콩'과 '씨앗으로부터 생겨난 콩'은 다르지도 않고 같지도 않다. 씨앗인 콩을 떠나서 새로 생겨난 콩이 있을 수 없으며, 그렇다고 씨앗인 콩이 바로 새로 생겨난 콩이라고 할 수 없다. 마찬가지로 제8식에 간직된 '컵의 종자'와 종자로부터 '드러난 컵'은 같지도 않고 다르지도 않다. 컵의 종자로부터 컵이 드러났지만 '드러난 컵'이 '컵의 종자'는 아니다. 그렇다고 '컵의 종자'를 떠나서 별도로 '컵'이 드러나는 것도 아니다.

그렇다면 어떻게 종자가 제8식 가운데 간직되는가? 이때 훈습(熏習)이라는 용어가 등장한다. 바로 이전까지 식에 의해 펼쳐진 모든 법이 다시 종자가 되어 마음에 저장된다. 이때 '저장되다'는 의미의 전문용어를 훈습이라고 한다. 예를 들어, 향을 싼 종이에 향냄새가 스며들 듯이, 훈습에 의해 종자가 생겨나거나 증장하게 된다. 생겨난다는 것은 새로운 종자가 생겨난다는 것이고 증장한다는 것은 기존 종자의 세력이 더욱 강해진다는 말이다. 이를 합쳐서 생장이라 한다. 이에 종자를 훈습된 기분(氣分)이라 하여 습기(習氣)라고도 한다. 기분이란 '기운'의 뜻으로 보면 쉽게 이해되지 않을까 한다. 보통 '어떤 기운이 느껴진다'라는 말은 '어떤 힘이 느껴진다'는 의미이다. 이때 기분, 기운, 힘 등은 비슷하게 이해된다. 앞서 종자는 공능[잠재적인 힘]이라고 하였다. 그 '잠재적인 힘'인 종자가 '훈습된 기분'인 습기의 다른 말이다.

참고로, 습기는 종자를 지칭하는 것 이외 다른 경우에도 사용한다. 제8식 내에서 종자로 인해 남은 기분도 습기라고 한다. 수행을 통해 번뇌 종자를 제거하지만 종자로 인해 남은 습기마저 제거해야 한다.

한편, 원인인 종자가 결과로서 드러난 모습을 현행(現行)이라고 한다. 현행된 법은 종자로부터 현행하자마자 바로 종자로 다시 훈습된다. 종자로부터 법이 현행하는 경우를 종자생현행(種子生現行)이라 표현하고, 현행한 법으로부터 종자로 훈습되는 경우를 현행훈종자(現行熏

種子)라고 표현한다. 물론 훈습할 때에는 종자보다는 습기라는 용어가 더 어울리고, 현행할 때는 습기보다는 종자라는 용어가 더 어울린다. 그리고 제8식 내에서도 종자는 그대로 저장되어 있는 것이 아니라 자기 모습을 유지하면서 끊임없이 흐른다. 이를 종자생종자(種子生種子)라고 한다. 따라서 제8식 속의 종자와 드러난 모습인 현행은 끊임없이 현행훈종자, 종자생종자, 종자생현행으로 연결된다.

이와 같이 세상은 제8식에 간직된 종자로부터 끊임없이 펼쳐지고[종자생현행], 펼쳐진 세상은 펼쳐지자마자 바로 다시 종자로 제8식 가운데 저장되고[현행훈종자], 저장된 종자는 제8식 가운데 끊임없이 이어진다[종자생종자]. 그리고 다시 조건이 갖춰지면 또 현행하고 또 훈습되고, 또 이어진다. 이렇게 하여 우리의 삶은 돌고 돌게 된다. 물론 조건이 갖춰지지 않으면 종자는 현행하지 않는다. 창고 속에 저장된 볍씨가 조건이 갖춰지지 않으면 싹틀 수 없는 것과 같다.

2. 본래 있는 종자, 새롭게 생긴 종자

그렇다면 종자는 본래부터 있었는가, 아니면 새롭게 생기는가. 전문용어로 본래 있는 종자를 본유종자(本有種子)라고 하고, 새롭게 생긴 종자를 시기종자(始起種子) 또는 신훈종자(新熏種子)라고 한다.

'훈습'의 정의에 대해 『성유식론』 권2에서는 '종자를 생장케 하므로 훈습이라 이름한다'고 풀이한다. 이때 생장이란 생성(生成)과 증장(增長)을 합친 말이다. 생성은 새로운 종자를 생겨나게 한다는 뜻이고, 증장이란 기존 종자의 세력을 증대시킨다는 뜻이다. 이 정의에 의하면, 종자는 새로 생겨나기도 하고 기존에 있던 종자의 세력이 커지기도 한다.

　그런데 모든 논사들이 그 정의에 동의하지는 않는다. 왜냐하면 어떤 논사는 결코 새로운 종자는 생겨날 수 없고 본유종자만 있다고 주장하기 때문이다. 따라서 이 논사에 의하면 훈습에 생성의 의미는 없게 된다. 그래서 떠오르는 말, "같은 말이라도 다른 뜻일 수 있고, 다른 말이라도 같은 뜻일 수 있다." 반면에 어떤 논사는 본유종자는 없고 오직 새롭게 훈습된 종자가 있다고 주장한다. 어떤 논사는 본유종자와 시기종자 모두 있다고 주장한다. 이처럼 논사마다 주장이 다르다. 과연 종자는 본래 있는 것인가, 아니면 새로 생기는 것인가?

　만약 본래 있는 종자[본유종자]만 있고 새로 생기는 종자[시기종자]가 없다면 어떻게 될까? 새롭게 생기는 종자가 없으니, 새로운 삶의 흔적은 어디에 있게 되는가? 이 흔적도 종자가 되어 제8식에 저장되어야 하지 않는가? 따라서 당연히 새로운 종자도 있어야 한다. 그런데 본유종자만 주장하는 이는 새로운 삶 또한 본래 있었던 종자가 드러난 것으로, 이 흔적은 다시 본유종자를 증장시킬 뿐이라고 본다. 다시 말하면 삶의 모든 것이 하나도 빠짐없이 원래 다 갖춰져 있었다는 말씀이 된다.

　그런데 시기종자를 인정하는 논사는 성인의 말씀을 통해 논리로써 설명해 나간다. 그 논사의 설명을 다음과 같이 정리해 본다. 설명은 다소 재미없고 어려울지도 모르겠다.

　『섭대승론』에서 '아뢰야식은 잡염법과 더불어 서로 인연이 된다. 심지가 불꽃과 더불어 전전하여 생겨나고 불타는 것과 같이, 또한 갈대 다발이 서로 의지하는 것과 같이'라고 한다. 여기서 아뢰야식은 종자를 말하고, 잡염법은 현행을 말한다.

여기서 중요한 용어가 인연이다. 이때 인연은 보통 우리가 '인연이 있으면 만나자' 하는 말에서 그 인연이 아니다. 사연(四緣: 인연·소연연·등무간연·증상연) 가운데 하나이다. 나중에 삼성의 의타기성에서 사연을 자세히 설명하겠다. 우선 간단하게 설명하면, 직접적으로 자기 결과[自果]를 일으키는 유위법을 인연이라 한다. 소연연, 등무간연, 증상연 등은 직접 결과를 일으키지 못하고 간접적으로 증장시킬[도와줄] 뿐이다. 그리고 인연을 포함하여 사연 모두 일어나는 법에 일단 도움이 되기 때문에 큰 의미에서 증상연이 된다. 여기서 직접은 생성의 역할이고, 간접은 증장의 역할이다. 따라서 인연은 직접 자기 결과를 생기게 하기 때문에 생성의 역할이 있고, 또한 인연은 큰 의미에서 증상연으로서 간접적으로 도와주기 때문에 증장의 역할도 있다. 즉, 인연은 생성과 증장의 역할이 있다. 하지만 소연연 등은 증장의 역할만 있다.

그런데 『섭대승론』에서 아뢰야식과 잡염법은 서로 인연이 된다고 하는데, 훈습으로 새로운 종자가 생겨나지 않으면 어떻게 잡염법이 아뢰야식에 인연이 되겠는가? 만약 새로운 종자를 만들지 않고 본유종자를 증장시키기만 한다면 이때 인연에는 생성의 역할은 없고 증장의 역할만 있게 된다. 인연에 증장의 역할만 있다면 나머지 소연연 등도 증장의 역할이 있으니 인연이 되어야 한다. 인연이라는 별도의 구분이 필요 없게 된다. 즉 사연의 구분이 없어진다. 따라서 인연에 생성의 역할이 있어야 하므로 인연인 잡염법은 아뢰야식에 새로운 종자를 생성해야 한다. 한편, 성인의 가르침에 "어떤 종자는 훈습으로 말미암아 생겨난다"고 하였다. 즉, 시기종자가 있어야 한다.

역시 전문용어를 통한 설명은 어렵다. 반면에 다음 내용은 재미있다.

만약 본유종자가 없다면 어떻게 될까? 콩 심은 데 콩 나고, 팥 심은 데 팥 난다. 반대로, 생겨난 콩이 콩의 종자가 되고, 생겨난 팥은 팥의 종자가 된다. 결코 다른 것이 될 수 없다. 마찬가지로 중생의 삶은 중생의 종자를 남기고, 그 종자는 다시 중생의 삶을 드러낸다. 만약 본유종자가 없다면, 중생은 결코 깨달은 성인이 될 수 없다. 중생은 결코 성인의 종자를 만들 수 없기 때문이다.

논서에서 유루종자라 한 것을 윗글에서 중생이라 표현하였고, 무루종자라고 한 것을 성인이라 표현하였다. 중생의 삶이 드러난 것은 유루법이다. 성인의 삶이 드러난 것은 무루법이다. 유루법은 유루종자를 훈습한다. 결코 무루종자를 훈습할 수 없다. 만약 무루종자가 본래 있지 않다면, 중생은 그 아무리 수행해도 중생을 벗어나지 못한다. 중생은 결국 중생의 삶이기 때문에 중생 종자[유루종자]만 훈습할 뿐 성인 종자[무루종자]를 훈습할 수 없고, 또한 본래부터 성인 종자도 없으니 무슨 인연[종자]으로 중생의 삶에서 벗어날 수 있겠는가. 그런데 중생도 수행을 통해 성인에 이르게 되니, 무루종자는 본래 있어야 한다. 즉 본유종자가 있어야 한다.

그렇다면 어떻게 중생의 삶에서 성인의 삶이 드러나게 되는가? 여기서 중요한 용어, 문훈습(聞熏習)이 등장한다. 예를 들어, 정법(正法)을 들었을 때 유루종자뿐만 아니라 본유무루종자를 증장시킨다. 말하자면 거듭되는 수행과 문훈습에 의해 유루종자를 훈습할 뿐만 아니라 본유무루종자도 자극하게 된다. 그 자극이 극대화되었을 때 본유무루종자는 현행하게 된다. 이때 현행한 무루법은 다시 새로운 무루종자를 훈습한다. 즉 성인의 삶이 드러나게 된다.

문사수(聞思修)라는 말이 있다. 들어서 얻는 지혜[聞慧], 생각해서 얻는 지혜[思慧], 닦아서 얻는 지혜[修慧]이다. 듣는 것이 참으로 중요하다. 좋은 법문 많이 듣고 많이 생각하고 많이 수행하여 본래 갖추어진 무루종자를 자극하여 현행시키자.

이와 같이 종자는 본유종자, 시기종자 두 가지가 있다.

3. 종자의 조건
[種子六義]

제8식 가운데 저장되는 종자는 나름대로 조건이 있다. 무조건 종자가 될 수는 없다. 종자는 여섯 조건을 갖춰야 한다. 이 조건은 종자의 특징이 된다. 따라서 종자의 조건을 살펴봄으로써 유식사상에서 말하는 종자가 무엇인지 좀 더 알 수 있게 된다.

첫째, 찰라멸(刹那滅: 찰라에 사라짐)이다. 생기자마자 간격 없이 반드시 소멸하고, 뛰어난 공능의 힘이 있어야 종자가 된다. 이 조건은 무위법과 외도의 자성 등 상주하는 법은 종자가 될 수 없음을 나타낸다. 상주하는 법은 전변이 없어서 생겨나게 하는 작용이 없기 때문이다. 따라서 종자는 찰라에 생겨나고 사라져야 한다.

둘째, 과구유(果俱有: 과와 함께 있음)이다. 생겨난 결과로서 현행인 법과 함께 동시에 나타나고 화합해야 종자가 된다. 이 조건은 인·과가 시간적으로 전후로 떨어져 있고, 공간적으로 서로 분리되어 있는 경우를 차단한다. 아직 생기지 않았거나 이미 없어져버린 법은 인(因)이 될 수 없다. 어떻게 인·과가 동시에 있을 수 있는가? 현행과 종자는 다른 형태이므로 서로 어긋나지 않아서 한 곳에 동시에 생겨나게 하는 작용이 있다. 예를 들어, 현행 색법은 질애(質碍: 걸림, 부피)가 있지만 색법 종자는 질애가 없다. 인과 과가 이처럼 성질이 다르기 때문에 한

곳에서 서로 어긋나지 않고 동시에 있을 수 있다.

셋째, 항수전(恒隨轉: 항상 상속함)이다. 구경위[부처님]에 이르기까지 오랫동안 동일한 종류로 상속하여야 종자가 된다. 이 조건은 전식(轉識)은 종자가 될 수 없음을 나타낸다. 전식이란 제8식에서 전전하였다는 뜻으로 7식을 말한다. 이를 7전식이라고도 한다. 현행 7식은 선·악·무기 등 성질이 바뀌거나 끊어지므로 종자가 아니다. 이 조건은 종자가 자기 종류로서 상속하여 생김을 드러낸다. 종자는 그 성질과 특징 등이 바뀌거나 끊어지지 않고 계속 이어져야 한다.

넷째, 성결정(性決定: 성품이 결정됨)이다. 인(因)의 힘에 따라 선·악등을 생겨나게 하는 공능 성품이 결정되어야 종자가 된다. 즉 선·악·무기 등 성품이 확고부동하게 결정되어 있어야 한다. 예를 들어, 선업의 종자는 선성을 유지하여 선성에 따른 결과를 생겨나게 해야 한다.

다섯째, 대중연(待衆緣: 여럿 연을 기다림)이다. 자기와 관련된 여러 연이 화합함을 반드시 기다려서 공능이 뛰어나게 되어야 종자가 된다. 이 조건은 '자연인(自然因)은 여러 연을 기다릴 필요도 없이 항시 결과를 몰록[頓, 갑자기] 낸다'라고 집착하는 외도의 견해를 차단한다. 혹은 '연은 항상하여 없어지지 않는다'라는 다른 부파의 주장을 차단한다. '기다리는 연'은 항상 있는 성품이 아님을 드러낸다. 그러므로 종자는 여러 연이 화합함을 반드시 기다려서 과를 생겨나게 하며, 과를 항상 생기게 하거나 몰록 생기게 하지 않는다.

여섯째, 인자과(引自果: 자기 결과를 이끔)이다. 색·심 등의 자기 결과를 각각 이끌어 생기게 해야 비로소 종자가 된다. 즉 색은 색대로 심은 심대로 각각 자기 결과를 이끌어 생기게 해야 한다. 이 조건은 '오직 하나의 인이 모든 과를 생겨나게 한다'고 집착하는 외도의 견해를 차단한다. 혹은 '색과 심이 상호 인연이 된다'고 집착하는 다른 부파의 주장을 차단한다.

이상 종자의 여섯 조건[의미]를 간단하게 요약해보면, 생겨나자마자 간격 없이 바로 사라져야 하고[찰라멸], 반드시 현행인 과법과 함께 있어야 하고[과구유], 완전히 없어질 때까지 동일한 종류로 항상 상속해야 하고[항수전], 선·악 등 성품이 결정되어야 하고[성결정], 여러 연을 기다려야 하고[대중연], 자기의 과법을 생겨나게 해야[인자과] 비로소 종자라 할 수 있다.

따라서 오직 본식[제8식] 가운데 있는 공능 차별만 이러한 여섯 조건을 갖춰 종자가 된다. 여타의 것은 종자가 아니다. 한편 바깥의 곡식·보리 등은 식이 나타냈기 때문에 종자라는 명칭을 빌려서 부를 뿐 진실한 종자는 아니다. 곡식 역시 본식 가운데 있는 종자가 일으킨 현행법이기 때문이다.

**4.
소훈과
능훈의 조건**

'종자를 생장케 하므로 훈습이라 이름한다'고 하였다. 훈습은 능히 훈습하는 주체가 있어야 하고 훈습되는 곳이 있어야 한다. 능히 훈습하는 주체를 능훈(能熏)이라 하고 훈습되는 곳을 소훈(所熏)이라고 한다. 그런데 모든 법이 능훈 또는 소훈이 되는 것은 아니다. 다음의 네 가지 조건을 각각 갖추어야 소훈, 능훈이라 한다.

소훈의 네 가지 조건 [所熏四義]

소훈은 훈습되는 곳이다. 다음과 같은 네 가지 조건을 갖춰야 소훈처가 될 수 있다.

첫째, 견주성(堅住性; 견고하게 머무는 성질)이다. 어떤 법이 처음부터 끝까지 견고하게 습기를 지닌다면 소훈이다. 예를 들어, 창고가 쉽게 무너지면 물건을 저장할 수 없다. 창고는 모름지기 무너지지 않고 끝까지 견고하게 물건을 저장할 수 있어야 한다. 마찬가지로 제8식은 끊임없이 상속하며 찰라 생멸하므로 소훈처가 될 수 있다. 전6식 등은 끊어짐이 있기 때문에 소훈처가 될 수 없다.

둘째, 무기성(無記性; 무기의 성품)이다. 어떤 법이 평등하여 거스르지 않고 습기를 포용한다면 소훈이다. 무기는 선(善)도 아니고 염(染; 불선, 유부무기)도 아닌 성품을 말한다. 예를 들어, 예전에 세탁세제를 담았던 빈 통에 담아두었던 쌀로 밥을 하면 세제 냄새가 난다. 이처럼 소훈처가 자기 성질을 가지고 있으면 종자는 오염이 된다. 따라서 소훈처는 자기 성질이 없이 무기성[특히 무부무기]이어야 한다. 무부무기의 제8식은 소훈처가 될 수 있다.

그렇다면 오직 선성인 부처님의 제8식은 어떻게 되는가? 단지 옛 종자만 지닐 뿐 훈습을 받지 않는다. 이때 훈습의 의미는 종자를 생성시키고 증장시키는 뜻을 지닌다. 만약 부처님의 제8식이 훈습을 받는다면 종자의 생성과 증장이 일어난다. 그렇게 되면 부처님마다 종자는 차이가 있게 되고, 따라서 부처님도 우열이 있게 되는 오류가 발생한다. 보통 부처님을 원만하신 분이라고 하는데, 어찌 더 이상의 생성과 증장이 있겠는가.

참고로, 법의 성품에 네 가지가 있다. 이른바 선·불선·유부무기

(有覆無記)·무부무기(無覆無記)이다. '부(覆)'란 오염된 법[염법(染法) 또는 염오법]을 말한다. 성도(聖道)를 장애하고, 또 능히 심을 덮어 깨끗하지 못하게 하기 때문이다. '기(記)'란 선·악을 말한다. 각각 애(愛)·비애(非愛)의 과(果)가 있고, 선·악을 기별할[나타낼] 수 있기 때문이다. 그런데 제8식인 이숙식은 염이 아니기 때문에 무부라고 한다. 또 이 식은 선도 악도 아니기 때문에 무기라고 한다. 따라서 제8식인 이숙식은 무부무기의 성품을 띤다.

셋째, 가훈성(可熏性: 훈습 받는 성품)이다. 어떤 법이 자재하여 성질이 견밀하지 않아 습기를 받아들인다면 소훈이다. '견밀하다'는 말은 받아들일 수 없게 견고하고 밀착된 성질을 뜻한다. 예를 들어, 견고하고 밀착된 유리에는 물이 스며들지 않는다. 여기서 견밀한 법이란 무위법을 말한다. 이에 의하면, 무위법인 진여는 훈습을 받을 수 없다. 진여가 훈습을 받는다면 변화가 있게 되므로 진여는 상주하지 않게 되고 무위법도 아니게 된다.

넷째, 화합성(和合性: 능훈과 함께 화합하는 성질)이다. 만약 어떤 법이 같은 시간, 같은 장소에서 능훈과 부즉불리(不卽不離)하여 함께 화합할 수 있다면 소훈이다. 시간을 달리하면 결코 훈습되지 않는다. 앞서 지은 업이 지금에 이르러 비로소 훈습되는 일은 없다. 반드시 동시에 훈습이 된다. 또한 공간을 달리해도 마찬가지이다. 예를 들어, 내가 지은 업이 다른 중생에게 결코 훈습될 수 없다. 오직 7전식과 제8식이 서로 같지도 않고 서로 떨어지지도 않고 함께 화합하여 제8식만이 현행 7전식의 훈습을 받을 수 있다. 즉 제8식만이 소훈처가 된다.

이상 소훈의 네 가지 조건을 볼 때, 오직 이숙식[제8식]만이 이러한 네 가지 의미를 가지며 소훈이라 할 수 있다.

이때 제8식을 이숙식이라고 표현한 이유는 부처님의 경우는 제외하기 때문이다. 부처님의 제8식은 선성으로서 무기성의 조건을 갖추지 못하였기 때문에 소훈처가 아니다. 제8식의 여러 이름에서 살펴보았듯이, 부처님의 제8식에는 이숙식이라는 이름을 붙일 수 없다. 소훈처를 제8식이라고 말해도 무방하지만, 좀 더 명확한 뜻을 전달하고자 논서에서는 이숙식이라고 하였다. 여기서 제8식의 여러 이름, 즉 아뢰야식, 이숙식 등을 언제 어디서나 사용할 수 있는 것이 아니라 여건에 맞게 사용해야함을 덤으로 알 수 있다.

능훈의 네 가지 조건 [能熏四義]

능훈은 능히 훈습하는 주체이다. 다음과 같은 네 가지 조건을 갖춰야 능훈이 될 수 있다.

첫째, 유생멸(有生滅; 생멸이 있음)이다. 어떤 법이 상주하지 않고 능히 작용이 있어 습기를 생성하거나 증장한다면 능훈이다. 무위법은 전후로 변화하지 않으므로 생성과 증장의 작용을 하지 못한다. 따라서 무위법은 능훈이 될 수 없다.

둘째, 유승용(有勝用; 뛰어난 작용이 있음)이다. 만약 생멸이 있고 세력이 뛰어나서 능히 습기를 이끌어낼 수 있다면 능훈이다. 이숙식[제8식]의 심왕과 그 심소 등은 세력이 약하기 때문에 능훈이 아니다.

셋째, 유증감(有增減; 증감이 있음)이다. 만약 뛰어난 작용이 있고 증가할 수 있고 감소할 수 있어 습기를 심는다면 능훈이다. 예를 들어, 부처님의 원만한 선법(善法)은 증가할 수 없고 감소할 수 없기 때문에 능훈이 아니다. 만약 부처님의 선법이 능훈이라면 곧 원만(圓滿)이 아니다. 그렇게 되면 부처님은 전후로 공덕이 많고 적음으로 인해 우열의 차별이 있게 된다.

넷째, 화합성(和合性; 소훈과 화합하여 전전함)이다. 만약 소훈과 동시·동처에 부즉불리하여 화합한다면 능훈이다. 소훈에서 설명한 내용처럼, 타신(他身)·찰라 전후는 화합의 뜻이 없으므로 능훈이 될 수 없다는 뜻이다.

이상의 내용으로 볼 때, 7전식, 그리고 그에 속하는 심소에는 이 네 가지 특징이 갖춰져 있다. 그래서 7전식과 그 심소는 능훈이다.

정리하면, 이숙식[제8식]은 소훈이 되고, 7전식과 아울러 그 심소는 능훈이 된다. 이와 같이 능훈식과 소훈식은 함께 생겨나고 함께 소멸하여 훈습의 뜻이 성립된다. 능훈은 소훈 가운데 능히 종자를 생겨나게 하고 자라게 한다. 그러므로 훈습이라 이름한다.

능훈식 등은 종자로부터 생겨날 때 곧 인이 되어 다시 훈습하여 종자를 이룬다. 세 법[종자·현행·종자]은 전전하여 인·과가 동시이다. 예를 들면, 심지는 불꽃을 생겨나게 하고 불꽃은 심지를 태우는 것과 같고, 갈대 다발이 서로 의지하는 것과 같다. 인·과의 동시는 이치가 한결같다.

능훈이 종자를 생기게 하고[現行熏種子] 종자는 현행을 일으킨다[種子生現行]. 종자는 전후 자기 종류로 서로 생겨난다[種子生種子]. 이 둘[종자, 현행]은 과에 대해 인연성이다. 이를 제외한 나머지 법은 모두 인연이 아니다. 설사 인연이라 불러도 인연이라는 말을 빌렸을 뿐이다. 우리가 보통 인연이라는 말을 사용하지만, 그것은 진정한 의미의 인연이 아니다. 예를 들면, '너를 만난 인연으로 좋은 일이 많다', '이 씨앗이 인연이 되어 꽃이 피었다' 등의 경우이다.

04

이숙식의 대상 [소연] 과
요별 작용 [행상]

모든 '식'에는 요별(了別)하는[분별하는] 작용이 있다. 이때 요별되는 대상을 소연(所緣)이라고 하고, 요별하는 주체를 능연(能緣)이라고 한다. 여기서 역시 능(能)과 소(所)가 나타난다. 능은 주체, 소는 대상이다. 이때 연(緣)은 '연려(緣慮)'의 뜻으로, 이는 '대상으로 삼아 생각하다[요별하다]' 정도로 풀이될 수 있다. 또 유식 논서에서는 요별 작용의 주체로서 행상(行相)을 언급한다. 이때 행상은 '대상[상]에 간다[행]'는 의미로 사용한다. 대상에 가는 것은 바로 능연이다. 그리고 대상은 소연이다.

제8식도 역시 식이기 때문에 소연과 능연이 있다. 제8식[이숙식]의 소연은 기세간(器世間), 종자, 유근신(有根身)이다. 능연인 행상은 견분과 연결된다. 혹 견분의 뜻을 잊어 버렸을지도 모르겠다. 식은 자체분에서 견분(見分)과 상분(相分)으로 나뉜다. 보는 쪽이 견분, 보이는 쪽이 상분이다. 견분과 상분을 놓고 볼 때, 견분은 능연이고 상분은 소연이다.

이러한 내용을 『유식삼십송』에서는 다음과 같이 간단하게 노래한다.

집수·처·료는
알 수 없네.
不可知執受
處了

미리 말하고 넘어 가자. 여기서 '알 수 없네'라는 말은 어렵다는 의미로 보아야 한다. 제8식의 요별 작용, 다시 말해 행상은 미세하기 때문에 알기 어렵다. 또한 종자와 유근신(有根身)도 너무도 미세하기 때문에 알기 어렵고, 기세간(器世間; 우리가 살고 있는 이 세상)은 너무도 광대하여 헤아리기 어렵다. 그것을 '알 수 없다'고 해서 제8식이 없다는 뜻은 아니다. 앞에서 상식으로 제8식이 있어야 되는 이유를 살펴보았고, 나중에 논사들의 증명도 살펴보리라. 이제 기세간, 유근신, 행상 등의 뜻을 하나하나 살펴보자.

1. 이숙식의 대상 [소연] : 기세간, 종자, 유근신

게송에서 '처(處)'는 이른바 처소이다. 이는 모든 유정이 의지하는 장소로서 기세간(器世間)이라고 한다. 이는 일체 중생이 살고 있는 세간이란 뜻이다. 중생이 살고 있는 국토라는 뜻으로 국토세간이라고도 한다. 곧 우리 앞에 펼쳐진 공간적 세계를 말한다. 이 공간적 세계는 너무도 광대하여 알기 어렵다.

'집수(執受)'는 우리의 몸과 종자와 관련된다. '집(執)'은 '가지다, 포함하다, 의지하다, 유지하다, 간직하다'의 뜻이다. '수(受)'는 '받는다[領], 느끼다[覺]'의 뜻이다. 이에 집수에는 두 가지 뜻이 있다. 첫째, 이른바 식이 의지하여 서로 안위[安危, 안전과 위급]의 운명을 함께한다는 뜻이다. 둘째, 잡아 간직하여 무너지지 않게 하여 능히 느낌[覺受]를 일으킨다는 뜻이다. 따라서 집수는, 제8식이 종자와 유근신(有根身)을 간직하여 서로 의지하고 운명을 함께 하며, 무너지지 않게 하여 느낌을 일으킨다는 뜻이다. 말하자면, 제8식은 종자와 우리의 몸을 무너지지 않게 유지하고 서로 의지한다.

따라서 게송에서 '집수'는 제8식에 의해 집수되는 대상을 뜻하며, 집수되는 대상은 바로 종자와 유근신을 말한다.

여기서 살펴보고 넘어가야 할 것이 있다. 바로 유근신이다. 유근신은 모든 색근[五色根]과 근의처(根依處)을 말한다. 유근신을 그냥 우리의 몸이라고 이해하면 쉽겠지만, 정확한 풀이는 아니다. 색근은 안근·이근·비근·설근·신근을 말한다. 이를 보통 눈·귀·코·혀·몸이라고 설명하지만, 육체적인 몸이 아니다. 그것은 안식 등을 생겨나게 하는 힘[공능]을 말한다. 근(根)이란, 훌륭한 작용이 있다는 뜻이다. 『잡아함』 제322경 「안내입처경」 등에서도 색근은 불가견(不可見)이라고 하였다. 단순하게 이해해서, 색근이 눈 등의 육체이면 분명히 눈에 보인다. 그런데 경전에서는 색근은 보이지 않는다고 하였다. 보통 안근 등을 눈 등으로 풀이하는 것은 이해를 돕기 위해서이고, 경전에서 말하는 안근 등은 육체인 눈 등이 아니다. 육체인 눈 등은 근의처가 된다. '근이 의지하는 곳'이라는 뜻이다. 안근이 의지하는 눈, 이근이 의지하는 귀 등이 바로 근의처이다

이에 안근 등 오색근을 승의근(勝義根)이라 하고, 눈 등 근의처를 부

진근(扶塵根)이라고 한다. 승의에는 진실이라는 뜻이 있으니, 승의근은 진실한 근이라는 뜻이 된다. 부진근은 승의근을 도와주는[扶] 단순한 물질적인[塵] 근이라는 뜻이다. 즉, 신체 기관인 부진근은 대상을 취하는 뛰어난 힘은 없지만 승의근을 도와서 식을 일으키게 한다.

이처럼 그동안 이해하고 사용했던 용어가 그렇게 단순하지 않다는 것을 느꼈으리라. 다시 한 번 강조한다. 자신의 생각으로 성인의 가르침을 함부로 단정하지 않기를 바란다.

이상 기세간, 종자, 유근신[오색근과 부진근]이 제8식의 대상[소연]이 된다.

그렇다면 그 가운데 기세간은 어떻게 나타나는가? 이 점이 중요하다. 기세간은 우리가 사는 이 세상을 말한다. 따라서 단순하게 말하면 '세상은 어떻게 만들어졌는가?'라는 질문이다.

제1장에서 '일체유심조'를 언급하면서 '마음이 세상을 만든다'는 의미에 대해 이야기하였다. 다시 간단하게 정리한다. 유식사상의 입장에서는 이 세상은 식[마음]이 만든다. 인식의 측면에서만 그렇게 본다는 것이 아니라 존재의 측면에서도 식이 세상을 만든다. 꿈속에서 세상이 펼쳐지듯이, 영화 〈매트릭스〉에서 컴퓨터 프로그램에 의해 사람들이 살고 있는 공간이 만들어졌듯이. 그리고 제2장까지 '왜 세상은 실재하는 것이 아니고 식[마음]이 만든 것인가'를 설명하기 위해 많은 시간을 할애하였다. 그때 그 마음은 '의지'를 말하는 것이 아니다. '마음'이라고 하면 우리는 '마음먹기 나름', '마음먹은 대로'라는 측면에서 이해한다. 그리하여 '마음이 세상을 만들었다'라고 하면 '그러면 마음대로 세상을 만들 수 있겠네'라고 비난해 버린다. 그러나 그렇게 단순하지 않다는 것을 나타내기 위해 제1장과 제2장에서 차

근차근 이야기하였다.

'모든 것은 식이 만든다'는 말에서 근본이 되는 식이 바로 제8식이다. 제8식 가운데 있는 종자가 현행한 것이 우리가 살고 있는 세상이다. 기세간(器世間)이라고 한다. 즉 이숙식[제8식]이 종자[共相種子]의 성숙한 힘으로 말미암아 기세간의 모습을 변화하여 비슷하게 나타낸다. 그런데 이 기세간은 나 혼자 펼친 세상이 아니다. 이 부분 또한 중요하다. 이 땅에 있는 모든 유정이 나타낸 세상이다. 비록 모든 유정이 나타낸 세상은 각각 다르지만 모습이 서로 비슷하여 기세간이 다르지 않다. 예를 들어, 많은 촛불이 모여서 방안을 밝힐 때 밝은 공간이 하나로 드러나는 것과 같다. 따라서 내가 이 땅에서 사라지더라도 다른 유정들에 의해 기세간은 그대로 유지된다. 비유하면, 수많은 촛불이 큰 방안을 밝히고 있다가 촛불 하나가 꺼지더라도 그 방은 여전히 밝은 것과 같다.

이때 모두 함께 수용하는 기세간을 나타내는 종자를 공상종자[또는 공종자]라고 분류한다. 공통되는 대상을 나타내는 종자라는 것이다. 모두 함께 수용하지 않고 별도로 수용하는 경우도 있다. 예를 들어, 인간에게는 물로 보이지만 아귀·천신·물고기 등에는 각각 피고름·보석·길 또는 집 등으로 다르게 나타난다. 이때는 공통되지 않는다는 의미에서 공상 가운데 불공상(종자)이라고 한다.

상대적으로 기세간을 외경(外境)이라고 하는 반면에 유근신은 내경이라고 한다. 내경인 유근신 역시 제8식 가운데 종자가 현행한 것이다. 이른바 이숙식이 불공상종자의 힘으로 색근 및 근의처를 변화하여 비슷하게 나타낸다. 즉, 종자의 힘으로 우리 몸을 나타낸다는 말이다. 그런데 내 앞에 보이는 다른 사람의 몸[근의체]은 어떻게 된 것일까? 기세간에는 다른 사람의 몸은 포함되지 않는다. 내 몸은 내가 나타내고 세상은 함께 나타낸다고 하였다. 다른 사람 몸은?

다른 사람 몸 또한 나도 만들어낸다. 이 말은 부모가 자식을 낳듯이 그렇게 만든다는 뜻이 아니다. 순간순간 제8식 속 종자가 현행하여 드러낸다는 뜻이다. 예를 들어, 내 꿈속에 나타난 당신은 누가 만들었나? 영화 〈인셉션〉처럼 만약 나와 당신이 같은 꿈을 꾼다면, 당신은 누가 만들었나? 나의 이숙식 가운데 공상종자로써 다른 사람의 몸도 나타낸다. 내 몸은 다른 사람의 이숙식 가운데 공상종자로도 만들어낸다. 물론 나뿐만 아니라 주위의 모든 중생이 함께 만든다. 따라서 내 몸 가운데 다른 이와 공통되는 부분은 나와 다른 이의 공상종자에 연유한다. 한편 내 몸 가운데 나에게만 해당되는 부분은 내게만 있는 불공상종자에서 드러난다. 몸[근의체]은 그렇지만, 색근은 논사마다 견해가 다르다. 자기 색근만 나타낸다는 견해, 자기 색근과 타인의 색근도 나타낸다는 견해가 있다. 이처럼 몸이 나와 남의 공상종자로도 나타나기 때문에, 어느 누가 죽더라도 남겨진 주검은 다른 이들에게 여전히 남아 있게 된다.

이와 같이 제8식에 의해 변현한[변하여 나타낸] 기세간과 유근신은 대개 항시 상속한다. 그러나 변하는 소리나 빛 등은 대개 임시이다. 소리나 빛 등은 순간 일어났다가 사라진다. 이는 현재 원인과 조건의 힘이 일으킴에 따라서 일어나기 때문이다.

2.
이숙식의
요별 작용 [행상] :
견분

게송에서 '료(了)'라는 말은 이숙식이 자기 소연을 요별하는 작용이 있다는 뜻이다. 이 요별 작용은 견분에 속한다. 앞에서 설명한 소연은 상분에 해당된다. 요별은 대상[상]에 가는[행] 것이므로 행상(行相)이라고도 한다. 또한 대상에 갈 능력이 있다면 그것은 능연이다.

앞에서 보았던 상분과 견분이 다시 나왔다. 이제 유식사상 용어 가운데 중요한 상분, 견분, 자증분, 증자증분에 대해 알아보자. 일명 사분설(四分說)이라고 한다. 이 사분설에 대해서도 유식 논사마다 견해가 다양하다. 여기서는 여러 견해에 대한 설명은 생략하고 『성유식론』에 의거하여 용어만 간단하게 알아보자.

우리는 보통 보는 주체가 있고 보이는 대상이 있다고 한다. 보는 주체를 능연이라 하고, 보이는 대상을 소연이라고 한다. 즉 능연은 요별하는 주체이고 소연은 요별되는 대상이다. 그런데 제8식뿐만 아니라 모든 식은 식 자체가 생겨날 때 언제나 보는 쪽과 보이는 쪽으로 나뉘어 나타난다. 전문용어로써 엄밀히 말하면, 식 자체가 생겨날 때 소연·능연을 닮은 모습이 나타난다. 이때 소연을 닮은 모습을 상분(相分)이라고 하고, 능연을 닮은 모습을 견분(見分)이라고 한다.

참고로 여기서 '능연'과 '능연을 닮은 모습', '소연'과 '소연을 닮은 모습'을 구분한 이유가 있다. 앞에서 '사(似; 비슷하다, 닮다)'라는 말이 유식사상에서 중요하다고 하였다. '능연'과 '소연'은 집착된 것을 나타내고, '능연을 닮은 모습'과 '소연을 닮은 모습'은 집착되기 전을 말한다. 전자를 변계소집된 능연·소연이라고 하고, 후자를 의타기한 능연·소연이라고 한다. 여기서는 '변계소집', '의타기'라는 용어가 있구나 하고 가볍게 넘어가자. 우선 글자 그대로 풀이하면 '변계소집(遍計所執)'이란 '두루 헤아려 집착함'이라는 뜻이고, '의타기(依他起)'란 '다른 것에 의지하여 일어남'이라는 뜻이다. 뒤에 삼성에서 중요한 용어로 다시 등장한다.

여하튼 여기서 상분은 보이는 쪽이 되고, 견분은 보는 쪽이 된다. 즉, 상분은 소연이 되고 견분은 능연 즉, 행상이 된다. 이때 상분과 견분이 의지하는 자체분이 있어야 하는데, 이를 자증분(自證分)이라고 한다. 말 그대로 스스로 증명하는 부분이라는 뜻이다. 이 자체분이 없으면 식은 스스로 기억할 수 없게 된다. 또 모든 식이 대상을 헤아리면[量] 그 결과가 있게 마련이다. 이를 또 소량(所量), 능량(能量), 양과(量果)라고 한다. 소량이 상분이고, 능량이 견분이고, 양과가 바로 자증분에 연결된다. 예를 들어, 소의 뿔이 상분과 견분에 해당되고 소머리는 자증분에 해당된다.

그렇다면 자증분은 무엇이 증명하겠는가? 이때 증자증분(證自證分)이 등장한다. 이때는 견분이 소량이 되고 자증분은 능량이 되고, 증자증분이 양과에 연결된다. 그렇다면 증자증분은 무엇이 증명하겠는가? 그것은 자증분이 증명한다고 한다. 즉, 자증분과 증자증분은 서로 증명하기 때문에 다른 무엇이 필요 없게 된다.

사분(四分)으로 볼 때, 상분은 언제나 소연이다. 견분은 상분에 대해서는 능연이고, 자증분에 대해서는 소연이다. 자증분은 견분에 대해서는 능연이고, 증자증분에 대해서는 소여도 되고 능연도 된다. 사분이지만, 제4분인 증자증분을 제3분인 자증분에 포함시켜 삼분이라고도 할 수 있다. 또는 견분, 자증분, 증자증분이 모두 능연이므로 통틀어 견분이라고 부를 수도 있다. 이때는 상분과 견분만으로 이루어진

이분이 된다. 여기서 견(見)은 능연의 뜻이다. 마지막으로, 사분은 모두 심(心)으로서 체가 다르지 않은 점에 착안하여 넷을 모두 포함하여 일분(一分)이라고 할 수도 있다. 따라서 경전에서는 유일심(唯一心)이라고 말씀하셨다.

　혹 어렵다고 느껴지면, 여기서는 '아! 식이 일어날 때 상분과 견분으로 나타나구나' 정도로 이해하고 넘어가자.

05 아뢰야식은 폭류처럼 흐른다

아뢰야식은 단절하는가? 상주하는가? 오늘날 유식사상을 비판하는 이들이 있다. 유식사상에서는 아뢰야식을 중시하는데, 그들은 아뢰야식이 아트만과 동일하다고 생각한다. 그래서 유식사상은 힌두잡론이라고 말하는 이도 있다. 『유식삼십송』에서는 이 물음과 관련하여 다음과 같이 노래한다.

> 항상 굴러 흘러감은 폭류와 같아라.
> 아라한 지위에서 (그 이름을) 버리네.
> 恒轉如瀑流
> 阿羅漢位捨

즉, 아뢰야식은 단절하지도 않고 상주하지도 않는다. 항시 전전[恒轉]한다.

게송에서 '항(恒)'이란, 아뢰야식은 무시시래(無始時來, 시작 없는 때로부터) 무기성(無記性)인 한 성품으로 상속하여 항상 간단(間斷, 끊어짐)이 없다. 아뢰야식은 삼계(三界; 욕계·색계·무색계)·오취(五趣; 지옥·아귀·축생·인·천)· 사생(四生; 태생·난생·습생·화생)을 드러내는 윤회의 근본이고, 성품이 견고하여 종자를 지녀서 잃어버리지 않게 하기 때문이다. '전(轉)'이란, 이 식은 시작 없는 때로부터 찰라찰라 생멸하고 전후 변이한다. 인(因)은 사라지고 과(果)는 생김으로써 상주하지도[常] 않고 한결같지도[一] 않고, 종자를 훈습받을 수 있기 때문이다.

따라서 '항'이란 아뢰야식이 단절하지 않는다는 뜻을 나타내고, '전'이란 상주하지 않는다는 뜻을 나타낸다. 마치 폭류처럼, 인과법이 그러하다. 간혹, 게송의 '폭류'를 폭포수로 번역하는 경우가 있는데 잘못된 번역이다. 폭포수는 위에서 아래를 떨어지지만, 글 내용을 보면 거센 강물을 말한다.

마치 폭류수가 끊어지지도 않고 항상하지도 않으면서 상속하여 오랫동안 떠오르다 가라앉다 하는 것과 같이, 이 식도 그러하다. 즉 아뢰야식은 무시시래로 생멸·상속하여 항상하지도 끊어지지도 않아 유정을 떠오르게[인·천에 태어남] 하고 가라앉게[악취(惡趣)에 태어남] 하여 윤회를 벗어날 수 없게 한다. 또한 바람이 불어 물결이 일더라도 폭류의 흐름이 끊어지지 않는 것처럼, 이 식도 그러하다. 즉 비록 여러 연을 만나서 안식 등이 일어나지만 아뢰야식은 항시 상속한다. 또한 폭류가 수면 위아래에 있는 고기와 풀 등을 품고 흐르듯, 이 식도 그러하다. 즉 아뢰야식은 식 안에 있는 습기와 밖에 있는 여러 법과 항시 서로 수반하며 전전한다.

이와 같이 주장과 비유의 내용은, 아뢰야식은 무시시래로 인과가 끊어지지도 않고 상주하지도 않는다는 뜻을 나타낸다. 이 식은 무시 이래로 찰라찰라 과가 생기고 인이 사라진다. 과가 생겨나므로 끊어지지 않고, 인이 사라지므로 상주하지 않는다. 끊어지지도 않고 상주하지도 않는 모습이 연기의 이치이다. 그러므로 이 식은 항시 전전하여 흐르는 물과 같다고 말씀하셨다.

그렇다면, 이 식을 언제쯤 버리게 되는가? 주의하자. 버린다는 말은 제8식 자체를 버린다는 말이 아니다. 아뢰야라는 이름을 버린다는 말이다. 이에 대해서는 앞에서 언급한 제8식의 여러 이름 부분을 다시 살펴보기 바란다.

아라한의 지위에서 비로소 제8식 가운데 아뢰야라는 이름을 버린다. 수행자가 번뇌장을 끊었을 때를 아라한이라 이름한다. 아라한의 지위에서 번뇌를 영원히 멀리 떠나기 때문에 '나'에 대한 집착이 없다. 이때 제8식을 '나'라고 집착하지 않기 때문에 '나에 대한 집착'의 뜻을 가진 아뢰야라는 이름을 '버린다[捨]'고 한다.

이 가운데 '아라한'이란 삼승(三乘)의 무학과위(無學果位)를 모두 말한다. 삼승이란 성문·연각·보살을 말한다. 혹 이승(二乘; 성문·연각)의 무학이 대승에 전향하여 나아가면 초발심으로부터 아직 성불하지 못한 지위에 이르기까지 비록 실제로 보살임에도 역시 아라한이라고 한다. 그리고 여기서는 제8지 이상 보살도 아라한에 해당된다. 다시 말해 이 아라한 지위에 오른 수행자 모두가 이미 영원히 번뇌라는 도적을 없앴고[殺賊], 응당 세간의 묘한 공양을 받을 수 있고[應供], 영원히 분단생을 다시 받지 않기[無生] 때문이다. 지금 설명한 살적, 응공, 무생을 아라한의 세 가지 특징[三義]이라고 한다.

참고로, 생사에는 분단생사(分段生死)와 변역생사(變易生死)가 있다. 분

분단생사는 육도에 윤회하는 중생의 생사를 말한다. 육도에 윤회하는 신체는 각각 그 업인에 따라 수명에 분한(分限, 한정)이 있고, 형체에 단별(段別, 구분)이 있기 때문에 분단이라고 한다. 이에 대해 변역생사(變易生死)는 부사의변역생사(不思議變易生死)라고도 하며, 무루의 대원대비(大願大悲)의 업이 소지장의 도움에 의해 얻게 되는 묘한 신체로서, 그 신체와 수명에 제한이 없고 그 묘한 작용은 측량하기 어렵다. 우리가 흔히 말하는 생사는 번뇌장에 따르기 때문에 분단생사이다. 한편, 부사의변역생사는 보살이 열반에 들지 않고 스스로 선택하는 생사를 말한다. 보살은 중생에 대한 자비심과 무상정등정각[아뇩다라삼먁삼보리]을 증득하려는 보리심을 지녔기에 부사의변역생사의 길을 걷는다. 분단생사는 번뇌장과 관계되고, 변역생사는 소지장과 관계된다. 따라서 아라한의 지위에서는 번뇌장을 끊었기 때문에 분단생사를 받지 않지만, 소지장은 여전히 남아 있기 때문에 대원대비에 의해 변역생사는 계속될 수 있다.

다시 정리하면, 여기서 아라한은 이미 번뇌를 끊었기 때문에 아뢰야식을 '나'라고 집착하지 않는다는 점이 중요하다. 즉 '나'라고 집착하지 않기 때문에 제8식에서 '나에 대한 집착(執藏)'의 뜻인 아뢰야라는 의미가 사라지게 된다. 이 점에서 영원히 아뢰야라는 이름을 잃는다는 이유로 '버린다'라고 했을 뿐, 제8식 자체를 버린다는 뜻은 아니다. 만약 제8식 자체를 버린다면 아라한에게는 종자를 지니는 식이 없게 된다.

06
제8식이 있는 이유, 증명하기

앞에서는 상식으로 출발하여 제8식이 있어야 하는 이유에 대해 알아보았다. 지금부터는 유식 논사의 증명을 통해 제8식이 있어야 하는 이유를 살펴보고자 한다.

제8식은 전6식과 달리 우리 눈앞에 드러나지 않는다. '이것이다'라고 볼 수도 없고 보여줄 수도 없다. 전6식을 통해 직접적으로 파악할 수 없다. 따라서 제8식의 존재 여부는 성인의 말씀이나 추리를 통해서 알 수 있다. 성인의 말씀에 의한 증명을 교증이라고 하고, 추리를 통한 증명을 이증이라고 한다. 『성유식론』 권3·권4에서는 다섯 가지 가르침[五教證]과 열 가지 이치[十理證]를 들어 제8식의 존재를 증명한다.

참고 사항으로, 앞서 상식으로 살펴보았을 때, 제8식이 있어야 하는 이유는 전6식으로는 해결될 수 없는 일들이 있기 때문이었다. 여기서도 마찬가지이다. 증명의 밑바탕에는, 전6식은 끊어지는 경우가 있고 선·악·무기의 성질 가운데 한 성질로 계속되지 않고 수시로 바뀐다는 사실이 깔려 있다.

1. 경전 말씀에 의한 증명 [教證]

교증은 경전에 의거해서 제8식을 증명한다는 뜻이다. 다섯 가지 가르침에 근거하여 증명하므로 오교증(五教證)이다. 이 가운데 넷은 대승경전의 가르침이고, 나머지 하나는 대승불교와 부파불교[소승불교]가 모두 인정하는 『아함경』 등의 가르침이다. 대승경전의 경우 부파불교에서는 인정하지 않기 때문에 유식 논사들은 대승경전이 불설(佛說)이라는 증명이 필요했다. 그 내용은 다음과 같다. 『성유식론』 권3에 나오는 원문을 거의 그대로 번역한다. 오늘날 대승 불설 논쟁에 관심 있는 이에게 참고가 될 수 있으리라.

대승(大乘) 불설(佛說)

대승경전은 모두 무아(無我)를 긍정하고 삭취취(數取趣; 보특가라, 인아(人我))를 부정하고, (고를 일으키는) 유전(流轉)을 버리고 (고를 소멸시키는) 환멸(還滅)로 나아가고, 불·법·승을 찬탄하고 외도를 비판하고, 온(蘊) 등의 법을 표방하고 외도가 말하는 여러 법을 부정하고, 대승을 좋아하는 이들이 전도되지 않은 이치를 드러내 보이는 경전에 속한다고 인정한다. 따라서 대승경전은 『증일아함경』 등처럼 지극한 가르침의 척도[至教量]에 들어간다.

또 성인이신 자씨보살[미륵 보살]께서 일곱 가지 이유를 들어서 대승경전이 진짜 불설임을 증명하셨다.

첫째, (부처님이) 미리 기별하시지 않았다. 만일 부처님 멸도 후 다른 사람이 정법을 파괴하고자 대승경전을 말했다면, 부처님은 장차 일어나게 될 가공할 만한 일을 미리 기별하셨는데 왜 이 일은 기별하지 않으셨는가?

둘째, (대소승이) 본래 동시에 행해졌다. 대승·소승의 가르침은 본래 동시에 행해졌다. 그런데 대승만 유독 불설이 아님을 어찌 아는가?

셋째, 나머지 사람들이[외도 등이] 알 수 있는 경계가 아니다. 대승경에서 설하는 내용은 매우 넓고 깊어서 외도 등이 헤아릴 경계가 아니다. 저들의 경론에서는 일찍이 설해본 적도 없고, 설사 그들을 위해 설한다 하더라도 또한 믿고 받아들이지 않을 것이다. 그러므로 대승경을 불설이 아니라고 할 수 없다.

넷째, 완전하게 증명될 수 있다. 만일 대승이 (가섭불 등) 여타 부처님의 설이지 현세 부처님의 설은 아니라고 한다면, 대승이 불설이라는 주장은 그야말로 이치상 맞는 말이 된다(굳이 가섭불 등이 말씀하셨다고 한다면 가섭불 등의 말씀이므로 이 또한 불설이다).

다섯째, (대승의 체가) 있다는 주장, 없다는 주장을 따져보면 증명된다. 만일 대승이 있다면 이 여러 대승의 가르침이 불설임을 믿어야 한다. 부처님 말씀을 떠나서는 대승 자체가 성립할 수 없기 때문이다. 만일 대승이 없다면 성문승도 있을 수 없다. 대승을 떠나서는 성불한다는 이치가 있을 수 없다. 그렇다면 세상에 나와서 성문승의 가르침을 설할 사람도 없기 때문이다. 그러므로 성문승만이 불설이고 대승교는 불설이 아니라고 하는 주장은 바른 이치에 맞지 않는다(여기서 '대승'이라는 말은 역사적 의미나 교단적 의미가 아니라 진여, 여래장, 불성 등의 개념이다. 원효스님의 『대승기신론소』에 실린 대승에 대한 풀이를 참고하길 바란다).

여섯째, 번뇌를 다스린다. 대승경에 의지해서 부지런히 수행하는 자는 누구나 무분별지를 체득해서 모든 번뇌를 정면으로 맞서 다스려내므로 이 (대승이) 부처님 말씀임을 믿어야 한다(참고로, 일체분별이 사라진 지혜를 무분별지라고 하고, 무분별지 이후에 다시 여러 모습을 살피기 위해 무분별후득지가 일어난다. 무분별지를 근본지 또는 실지(實智)라고 하고, 무분별후득지를 방편지 또는 권지(權智)라고도 한다. 곧 모든 법의 실상을 체달함을 여래의 실지라 하고, 모든 법의 차별을 체달함을 여래의 권지라고 한다).

일곱째, 대승의 이치가 경문과 똑같지는 않다. 대승에서 말하는 내용은, 그 의미와 맛이 매우 깊으므로 글자 그대로 뜻을 취하지 말아야 한다. (글자 그대로 해석하다 보면) 곧 비방심이 생겨 불설이 아니라고 하게 된다.

그러므로 대승은 진실로 부처님의 말씀이다.

대승경전 불설 여부는 오늘날의 문제 제기가 아니라 그 당시에도 논점이 되었다는 사실을 알 수 있다. 물론 오늘날 위의 주장을 그대로 받아들이지 않는 이들도 있다.

이제 본론으로 들어가서 경전의 말씀에서 제8식이 있어야 하는 근거를 알아보자.

1) 제1 교증 : 윤회와 열반의 원인과 의지

다음은 『대승아비달마경』의 말씀이다. 이 경전은 현재 전해지지 않는다.

무시시래 계이며
일체법에게 동등하게 의지처이네.
이것이 있음으로 모든 윤회세계와
아울러 열반증득이 있네.
無始時來界
一切法等依
由此有諸趣
及涅槃證得

제8식은 자성(自性, 체(體))이 미세하여 알기 어렵다. 그러므로 이 게송에서는 작용으로 이를 나타내 보인다.

경전의 게송 가운데 처음 반은 제8식이 인·연이 되는 작용을 나타낸다. 게송에서 '계(界)'는 인(因)의 뜻이다. 불교에서 인(因)은 직접적인 원인으로서 유식사상에서 볼 때 종자에 해당된다. 따라서 이때 이 계는 곧 제8식을 나타내는 이름 가운데 일체종자식에 해당된다. 일체종자식은 무시시래 전전 상속하여 친히 제법을 생겨나게 하므로 원인인 인이 된다. 게송에서 '의(依)'는 연(緣)의 뜻이다. 불교에서 연(緣)이라는 용어는 두 가지 뜻으로 사용된다. 하나는 능연(能緣)·소연(所緣)처럼 '인식하다, 헤아리다(緣慮)'는 뜻이고, 또 하나는 십이연기처럼 '의지하다, 의탁하다'는 뜻이다. 여기서는 후자의 뜻이다. 따라서 무시시래 일체법의 의지가 되는 것, 제8식을 나타내는 이름 가운데 집지식[아다나식]에 해당된다. 집지식은 능히 모든 종자를 집지하고, 현행한 모든 법에게 의지처가 되기 때문이다. 그러므로 게송에서 원인의 뜻으로서 계(界)와 의지의 뜻으로서 의(依)에 해당하는 식이 바로 제8식이다.

이때 게송 후반의 풀이는 다음과 같다. 제8식이 있음으로 유전을 일으키는 종자를 집지하여 모든 유정으로 하여금 생사 유전하게 한다. 그리고 제8식이 있음으로 일체 환멸을 일으키는 무루종자를 집지하여 수행자로 하여금 열반을 증득하게 한다.

그러므로 『대승아비달마경』의 이 게송에서 말한 모든 뜻은 제8식을 떠나서 말할 수 없다.

2) 제2 교증 : '아뢰야'라는 이름과 뜻

또 『대승아비달마경』 가운데 다시 이같이 말씀하셨다.

제법을 섭장하는
일체종자식이므로
아뢰야라고 이름하니
뛰어난 자에게 나는 열어 보이노라.
由攝藏諸法
一切種子識
故名阿賴耶
勝者我開示

『대승아비달마경』의 게송에서 명확하게 아뢰야라는 이름과 그 뜻이 등장한다. 즉, 이 본식은 모든 종자를 갖추기 때문에 능히 모든 잡염법을 모아서 저장한다. 이에 의거하여 아뢰야라는 이름을 세운다. 또한 유정에 의해 아(我)라고 집착된다. 그러므로 이 식을 말하여 아뢰야라고 이름한다. 그런데 6식은 이러한 뜻이 없고 제8식만 이러한 뜻이 있다.

3) 제3 교증 : '아다나식'이라는 이름과 특성

『해심밀경』에 또 이 같은 말씀을 하셨다.

아다나식은 매우 깊고 미세하고
일체종자는 폭류와 같네.
나는 범부와 어리석은 이에게는 열어 말하지 않으니
그들이 분별하고 집착하여 '아'라 할까 두렵네.
阿陀那識甚深細
一切種子如暴流
我於凡愚不開演
恐彼分別執爲我

『해심밀경』은 지금도 남아 있는 유식불교의 중요한 경전이다. 게송에서 말하는 아다나식(ādāna-vijñāna)은 집지식이라고 의역한다. 아다나식에는 집지(執持)·집수(執受)·집취(執取)의 세 가지 뜻이 있다. 즉, 능히 모든 법의 종자를 잡아서 유지하고[執持], 아울러 색근과 근의처를

121

능히 흩어지지 않게 잡아서 느낌을 일으키게 하고[執受], 또한 능히 다음 생을 일으키는 미혹과 상속하는 괴로움의 결과를 취한다. 이러한 특징은 오직 제8식에게만 있고 6식에는 없다. 앞에서 언급한 바와 같이 결국 아다나식은 제8식의 다른 이름이다.

4) 제4 교증 : '장식'이라는 이름과 특성

『입능가경』에서도 이 같은 말씀을 하셨다.

바다가 바람이라는 연을 만나면
갖가지 물결을 일으켜
현전에 작용하여 전전하며
끊일 틈 없듯이
如海遇風緣
起種種波浪
現前作用轉
無有間斷時

장식이라는 바다도 그러하여
경이라는 바람에 부딪치면
항상 갖가지 물결을 일으켜
현전에 작용하여 전전하네.
藏識海亦然
境等風所擊

恒起諸識浪

現前作用轉

『입능가경』은 지금도 전하는 유식불교의 중요한 경전일 뿐만 아니라, 선종의 중요한 경전이기도 하다.

여기서 장식은 아뢰야식의 의역이다. 안식 등에는, 큰 바다처럼 항시 상속 전전하면서 갖가지 식이라는 물결을 일으키는 특성이 없다. 그러므로 제8식의 성품이 별도로 있음을 안다.

5) 제5 교증 : 부파불교 교리에 의한 증명

앞의 넷은 대승경전에 의거한 것이고, 다섯 번째는 부파불교의 가르침 및 『증일아함경』의 가르침을 통해 제8식이 있는 이유를 증명한다.

우선 다른 부파에서는 아뢰야식이라는 이름은 사용하지 않지만, 역시 그 식에 해당되는 여러 가지 법을 이야기하고 있다. 즉, 부파불교에서도 6식만으로는 설명할 수 없는 부분이 있기 때문에 6식과 별도로 근본식(根本識)·유분식(有分識)·궁생사온(窮生死蘊) 등 특정한 법을 이야기한다.

우선 대중부에서는 이 법을 근본식(根本識)이라 이름한다. 모든 것의 근본이 된다는 의미에서 근본식을 언급하였다고 볼 수 있다. 따라서 근본식은 안식 등이 의지하는 바이다. 비유하면 나무 뿌리가 줄기 등의 근본인 것과 같다. 그런데 안식 등에는 의지가 되는 근본이라는 의미가 없다. 즉, 근본식은 6식으로는 설명이 되지 않는다. 이 근본식이 바로 유식사상에서 말하는 제8식에 해당된다.

상좌부 분별론자도 이 법을 유분식(有分識)이라 이름한다. '유(有)'란 이른바 삼유(三有: 욕유. 색유. 무색유)이다. 쉽게 말하면, 삼계에 윤회하는 중생의 모습이다. '분(分)'이란 이른바 인(因)의 뜻이다. 즉, 유분식은 바로 삼계 윤회의 원인과 근거가 되는 식이다. 오직 이 제8식만이 항시 두루하여 삼유의 인이 된다. 곧 이 유분식이 바로 유식사상에서 말하는 제8식에 해당된다.

화지부에서 이 법을 궁생사온(窮生死蘊)이라 이름한다. 생사의 끝까지 끊어질 때가 없는 온(蘊)이라는 뜻이다. 그런데 제8식을 떠나서 생사의 끝까지 끊어질 때가 없는 별도의 법은 없다. 이른바 무색계에는 모든 색이 끊어지고 무상천(無想天) 등에서는 나머지 심 등도 소멸하고, 불상응행법은 색·심 등을 떠나서 별도의 실체가 없다. 이와 같이 제8식을 인정하지 않는 부파에서는 색법·심법·심소법·불상응행법 등은 모두 끊어질 때가 있기 때문에 궁생사온에 해당하는 법을 찾을 수 없다. 오직 제8식이 궁생사온에 해당된다.

설일체유부의 『증일아함경』 가운데 아뢰야라는 용어가 등장한다. 이른바 '아뢰야를 애착하고 아뢰야를 즐기고 아뢰야를 기뻐하고 아뢰야를 좋아한다[愛阿賴耶 樂阿賴耶 欣阿賴耶 喜阿賴耶]'는 구절이다. 경전에서 말하는 아뢰야는 무엇인가? 유식사상에서는 제8식 아뢰야식이라고 본다. 아뢰야식은 탐욕의 전체[總]와 별도[別] 삼세[과거·현재·미래] 경계이기 때문에 이 넷 이름을 세운다. 즉 애아뢰야는 전체에 해당되고, 락아뢰야·흔아뢰야·희아뢰야는 각각 현재·과거·미래에 해당된다. 유정은 이를 집착하여 자아로 삼아 항시 애착을 일으키기 때문이다. 오취온 등은 항시 애착하는 대상이 아니다. 가령 지옥 등 고통스러운 세상에 태어난 경우, '나는 언제 이 목숨, 이 중생의 모습, 이 고통스러운 몸과 마음을 버리고 자재하게 쾌락을 받을 수 있으리요'라고 생각한다. 즐거움이 있는 선정에서도 마찬가지이다. 더 높은 선정 단계로 나아가기 위해 그 단계의 즐거움을 버린다. 또 지금 우리의 모습에서 무엇에 대해 애착을 하더라도 상황이 바뀌면 애착이 사라진다. 즉 오취온 등은 중단 없이 항상 애착할 대상이 되지 못한다. 따라서 항시 애착할 대상은 제8식인 아뢰야식을 떠나서 생각할 수 없다. 경전에서 말하는 아뢰야가 바로 제8식 아뢰야식이다. 이때 제8식[아뢰야식]을 애착하는 놈은 무엇인가? 바로 제7식이다. 다음 장에서 제7식에 대해 자세하게 살펴보자.

2. 이치에 의한 증명[理證]

지금부터는 대승불교와 부파불교가 다 같이 인정하는 경전의 내용을 인용하고 경전에 의거하여 이치로써 제8식이 있음을 증명한다. 이치로써 증명하므로 이증(理證)이라고 하고, 모두 열 가지 이치를 들어 증명하므로 십리증(十理證)이라고 한다.

1) 제1 이증 : 종자를 간직함 [持種證]

경전에서 '잡염·청정 제법의 종자가 모여서 일어났기 때문에 심(心)이라 한다'라고 말씀하셨다.

경전에 의하면 일체 제법은 종자에 의해 일어난다. 그렇다면 종자를 간직할 장소나 그 무엇이 있어야 한다. 앞의 종자와 습기 부분에서 살펴본 바와 같이, 만일 제8식이 없다면 이 경전에서 말한 종자를 간직하는 심도 있을 수 없다. 이른바 전6식 등은 깊은 잠에 빠졌을 때나 혼절했을 때, 혹은 멸진정 등 선정에 들어갔을 때에는 끊어지기 때문에 종자를 간직할 수 없다. 그리고 전6식은 상황에 따라 선·악·무기 등의 성품이 바뀌어 일어나니, 한 종류로 견고하고 유지되지 않기 때문에 종자를 간직할 창고가 되지 못한다.

제8식은 동일한 성품[무부무기성]이고, 항시 끊어짐이 없고, 견고하게 머물고, 훈습 받을 수 있다. 따라서 경전에서 말한 심의 뜻에 정확하게 해당한다. 그러므로 만일 종자를 간직할 능력을 가진 심이 있음을 인정하지 않는다면 경전에 위배될 뿐만 아니라 바른 이치에도 어긋난다.

2) 제2 이증 : 업에 의해 과보를 받음 [異熟證]

경전에서 '이숙의 심이 있는데 선업·악업에 의해 초래된 것이다'라고 말씀하셨다.

선업과 악업에 의해 초래되는 식은 앞에서 이숙식이라고 살펴보았다. 즉 이숙심은 앞의 선업과 악법에 의해 초래되는 과보심으로서, 진정한 이숙심은 끊어지지 않아야 한다. 그런데 안식 등은 끊어지기 때문에 모든 때에 업의 과가 아니다. 따라서 안식 등은 경전에서 말하는 이숙의 심이 될 수 없다. 진정한 이숙심만 업에 의해 삼계에 두루하고 끊어지지 않고 이 몸과 이 세상을 변화하여 유정의 의지처를 짓는다고 인정해야 한다. 그러므로 항상 진정한 이숙심이 있어야 한다. 이 심이 바로 제8식이다.

3) 제3 이증 : 윤회를 담당함 [趣生體證]

경전에서 '유정이 오취(五趣)·사생(四生)을 유전한다'라고 말씀하셨다.

오취는 지옥취·아귀취·중생취·인취·천취로서 중생 세계를 말한다. 여기에 아수라를 포함하여 육취 또는 육도라고 한다. 이러한 중생 세계를 돌고 도는 것이 바로 윤회이다. 사생은 태어나는 방법에 따라 태생·난생·습생·화생으로 나눈 중생 세계를 말한다.

이처럼 유정은 오취·사생을 윤회하는데, 그 윤회를 담당할 주체가 있어야 하지 않는가? 이해하기 쉽게 주체라고 풀이했는데, 그렇다고 이를 또 다른 아트만으로 오해하지 않기를 바란다. 앞에서 제8식을 흐르는 폭류로 비유한 것을 상기하길 바란다. 보통 윤회와 무아를 언급할 때 '아'는 바로 상주 불변하는 것을 상정한다. 그러나 제8식은 그렇지 않고, 폭류와 같이 늘 변화하여 이어진다. 생사유전을 담당하려면 최소한 한 생 동안 끊어지지 않고 항시 상속하여야 하는데 전6식은 끊어진다. 그리고 전5식은 색계 2선 이상에는 없기 때문에 삼계에 두루하지도 않는다. 따라서 앞에서 말한 제8식이 없다면 유정의 생사유전을 세울 수 없다.

4) 제4 이증 : 능히 유근신을 유지시킴 [有執受證]

경전에서 '유색근신(有色根身)은 유집수(有執受)'라 말씀하셨다.
앞에서 제8식의 소연을 설명할 때 '집수'를 풀이하였다. 다시 간단히 살펴보자. 집수에는 두 가지 의미가 있다. 첫째, 이른바 식이 의지하여 서로 안위[安危, 안전과 위급]의 운명을 함께한다는 뜻이다. 둘째, 잡아 간직하여 무너지지 않게 하여 능히 느낌[覺受]을 일으킨다는 뜻이다. 즉, 제8식이 종자와 유근신을 간직하고 서로 의지하여 운명을 함께하며 무너지지 않게 하여 느낌을 일으키기 때문에 '집수'라고 한다. 쉽게 말하면 제8식은 종자와 우리의 몸을 무너지지 않게 유지하고 의지한다.

위 '유색근신'은 유근신으로서 오색근(五色根)과 그 의처(依處)를 말한다. 쉽게 말하면 우리 몸이다. '유색근신은 유집수'라는 말은, 유색근신에게 '능히 집수하는 주체'인 능집수가 있다는 말이다. 여기서 능집수는 바로 능히 유색근을 집수한다는 뜻이 된다. 말하자면 능집수는 이 몸을 잡아 유지하여 무너지지 않게 하여 능히 느낌을 일으키게 한다. 이 몸은 한 생 동안 무너지지 않기 때문에 능집수는 항상 상속하여 이 몸을 잡아 유지할 수 있어야 한다. 반복해서 말하지만, 전6식은 끊어질 때가 있다. 깊이 잠들었을 때, 혼절했을 때, 멸진정 등 선정에 들었을 때 전6식은 일어나지 않는데도 이 몸은 썩지 않고 유지된다. 색 등이 능집수가 된다고 말해서는 안 된다. 집수라는 말에는 느낌[覺受]을 일으킨다는 뜻도 포함되니, 능집수는 인식할 대상[所緣]이 있는 식이어야 한다. 따라서 별도의 능집수의 심이 있어야 하는데, 그 심이 바로 제8식이다.

5) 제5 이증 : 수명 · 체온 · 식이 서로 의지함 [壽煖識證]

경전에서 '수명[壽] · 체온[煖] · 식(識) 세 가지는 서로가 서로에게 의지함으로써 상속해 머물 수 있게 된다'라고 말씀하셨다.

이 경전에서 식은 어떤 식을 말하는가? 수명과 체온과 식, 세 가지는 서로가 서로에게 의지함으로써 이어진다고 했다. 그런데 현실에서 따뜻한 체온이 없어지는 경우는 죽기 전까지는 없다. 그래서 체온과 수명은 서로 의지하는 것이다. 그렇다면 식은? 만약 여기서 말하는 식이 전6식이라면 경전의 말씀과 어긋난다. 왜냐하면 전6식은 끊어질 때가 있다. 예를 들어, 깊은 잠에 들었을 때이다. 그런데 깊은 잠에 들었을 때도 역시 체온은 유지되고 우리의 생명도 이어지고 있다. 따라서 수명과 체온과 더불어 서로 의지하여 상속하는 식이 있어야 한다. 제8식을 제외하고는 다른 식을 찾을 수 없다.

참고로 불교에서는 정자와 난자가 결합하여 수정란이 되는 순간 식이 함께한다고 한다. 위의 경전에 의하면, 수정란에 식이 함께한다는 말은 식과 함께하는 체온과 수명이 또한 함께한다는 말이다. 이 입장에서 볼 때 수정란 때부터 생명이 시작된다. 뇌사의 경우에도 체온이 유지된다. 따라서 이때에도 식과 생명이 함께한다. 이 입장에서 볼 때 뇌사는 생명의 끝이 아니다. 심장이 멈출 때 온 몸이 차가워지고 따라서 생명도 끝이 난다. 심장사가 생명의 끝이다. 또한 이때 식도 몸을 떠난다. 이러한 이유 때문에 옛날 어떤 이는 식[마음]은 심장에 있다고 보았다. 오늘날 뇌에 모든 것이 있다고 하는 경우와 비슷하다. 한편 오늘날 수정란에 의한 생명 복제나 뇌사자의 장기 기증은 생명의 유무로 단순하게 보지 말고 복합적인 견해에서 생각해야 한다.

6) 제6 이증 : 나고 죽는 순간의 마음 [生死證]

경전에서 '모든 유정류는 생을 받고 명이 끝날 때, 반드시 산위(散位) 및 유심위(有心位)에 머무른다. 무심위(無心位)나 정에 머물지는 않는다'라고 말씀하셨다.

나고 죽을 때는 신심(身心)이 혼미하므로, 마치 꿈 없는 잠과 같고 기절했을 때와 같아서, 명료한 전6식은 결코 일어날 수 없다. 그런데 경전에서는 무심위나 선정에 머물지 않고, 산위 및 유심위에 머문다고 하셨다. 나고 죽는 순간에는 전6식이 일어나지 않는데 무슨 식[마음]이 있어서 산위 및 유심위라고 하겠는가. 따라서 이때 생사심이 있어야 하는데 바로 제8식이다.

다른 부파에서도 '나고 죽는 때, 한 종류로 미세한 의식이 별도로 있는데 그 작용[행상]과 대상[소연]은 모두 알 수 없다'라고 하였다. 전6식이 일어날 때는 전6식의 작용[행상]과 대상[소연]은 반드시 알 수 있다. 따라서 여기서 말하는 '미세한 의식'은 다름 아닌 제8식을 말한다. 앞에서 제8식의 행상과 소연은 미세하여 알 수 없다[不可知]고 하였다.

7) 제7 이증 : 식 · 명색이 서로 의지 [識名色互爲緣證]

경전에서 '식(識)은 명색(名色)을 연으로 하고 명색은 식을 연으로 한다. 이와 같이 두 법이 전전하며 서로 의지하니, 비유하자면 갈대 다발이 함께 전전하는 것과 같다'라고 말씀하셨다.

또한 같은 경전에서 '명은 색이 아닌 사온(四蘊: 수온·상온·행온·식온)을 가리키고 색은 갈라람 등을 가리킨다'라고 해석하였다. 명색과 식은 서로 의지하여 머무는데 두 갈대 다발이 서로 연이 되어 항상 함께 전전하여 서로 떨어지지 않는 것과 같다. 갈라람(羯邏藍, kalala)이란 수정한 후 1주일까지의 수정란을 말한다. 여기에서 연(緣)은 '의지[의탁]'라는 뜻이다.

만약 제8식이 없다면 경전에서 말하는 그 식 자체는 설명하기 쉽지 않다. 안식 등의 전6식은 식온에 해당되어 명색에서 명 가운데 속한다. 그렇다면 무엇이 식에 해당되는가? 서로 의지한다고 말하였으니 명색에 속하는 전6식은 그 식이 될 수 없다. 만약 전6식이 그 식에 해당된다면 명색에도 전6식이 속하고 식에도 전6식이 속하게 된다. 따라서 명색과 식이 서로 의지한다고 하였으니, 결국 하나의 전6식이 서로 의지한다는 말이 되어버린다. 서로 의지한다면 다른 둘 이상이 서로 의지한다는 말이지 하나가 서로 의지한다는 말은 성립하지 않는다.

또한 명색의 명 가운데 식온은 5식이고 식은 제6식을 가리킨다고 말할 수 없다. 앞에서 언급한 경전 해석에 의하면 명색은 갈라람[수정란] 상태 때를 말한다. 그런데 갈라람 상태에는 5식과 제6식이 없다. 설사 전6식 등이 있다 하더라도 전6식은 끊어지고 변화가 있기 때문에 명색을 항상 잡아 유지할 힘이 없다. 어떻게 그러한 전6식이 항상 명색과 연이 되어 서로 의지할 수 있겠는가.

따라서 경전에서 말하는 식은 바로 제8식이다. 그리고 유식사상에서는 갈라람 때 명색의 명은 제7식이라고 본다. 그때는 전6식이 일어나지 않기 때문이다. 그리하여 식[제8식]과 명[제7식]·색[갈라람]은 서로 연이 되어 의지한다.

8) 제8 이증 : 몸과 수명을 유지하는 식사 [四食證]

경전에서 '일체의 유정은 모두 식(食)에 의지하여 머문다'라고 말씀하셨다.

이른바 경전에서 식(食)에는 네 가지가 있다고 말씀하셨다. 이때 식은 단순히 우리가 먹고 마시는 음식이라는 뜻이 아니다. 여기서 식사는 마음 작용을 일으키고 몸과 수명을 유지시키는 특징을 지닌다. 네 가지 식사(食事)를 통해 살펴보자. 여기서 사(事)는 체(體)라는 뜻이다.

첫째, 단식(段食)이니, 변괴(變壞: 변화하여 부서짐)를 특징으로 한다. 보통 우리가 말하는 음식으로 보면 된다. '단'이란 분단(分段)의 뜻으로 음식은 조각으로 나누어져 섭취되기 때문에 단식이라고 한다. 그런데 단식에 대한 설명 가운데 '향·미·촉의 셋은 변괴할 때에 식사(食事)가 된다. 따라서 색처는 단식에 속하지 않는다. 변괴시에는 색은 작용이 없기 때문이다'라고 한다. 여기서 생각해 볼 것은, 단지 음식이라면 색처도 포함되어야 하는데, 입에 들어갔기 때문에 안근의 상대가 되는 색처는 포함시키지 않았다. 따라서 여기서 단식은 단순히 음식을 말하는 것이 아니라 식(識)을 일으킨다는 의미에서 식(食)이다. 이 점에서 단식은 비식·설식·신식을 일으킨다.

둘째, 촉식(觸食)이니, 부딪침[촉]을 특징으로 한다. 이때 촉은 단식에서 촉과 다른 뜻을 지닌다. 단식에서 촉은 촉경(觸境)으로서 신근의 대상을 말하고, 촉식에서 촉은 근·경·식 세 가지를 화합하게 하는 부수적인 마음[심소법]을 말한다.

참고로, 전6식, 제7식, 제8식을 심법 또는 심왕이라고 하고, 이 심왕과 함께하는 부수적인 마음을 심소법, 심소유법이라고 한다. 심소법이란 심왕이 소유한 법이라는 뜻이다. 그렇지만, 심왕은 심소법을 그냥 소유한 것이 아니라 상응관계로 소유한다. 상응이란 쉽게 말하면 평등하게 화합한다는 뜻이다. 심왕과 심소법은 같은 순간 일어나고, 의지처[안근 등]가 같고, 인식의 대상 등이 비슷하기 때문에 '상응'이라 말한다.

자세한 내용은 나중에 다시 살펴보자. 본론으로 돌아와서, 예를 들어, 안근과 색경과 안식이 함께 화합할 때 촉이 잠깐 대상을 취하여 희(喜)·락(樂) 등을 받아들이기 때문에 능히 식사가 된다. 즉, 촉은 희·락 등을 일으키는 식사가 된다는 말이다. 촉은 비록 모든 식[8식 모두]과 상응하지만 6식에 속할 경우 식사의 뜻이 더 뛰어나다. 6식의 촉은 두드러진 대상에 접촉하고 희·락 등을 받아들이는 역할이 뛰어나기 때문이다.

셋째, 의사식(意思食. 思食)이니, 희망(希望)을 특징으로 한다. 사(思)는 욕(欲)과 함께 전전하여 사랑할 만한 대상을 희구하니 식사가 된다. 참고로 사는 심왕과 심소법으로 하여금 대상을 받아들여 선악 등을 짓게 하는 작용을 가진 심소법이고, 욕은 대상을 희망하는 작용을 가진 심소법이다. 사(思)는 비록 모든 식과 상응하지만 의식[제6식]에 속할 경우 식(食)의 뜻이 더 뛰어나다. 의식은 대상을 희망하는 작용이 뛰어나기 때문이다.

넷째, 식식(識食)이니, 신(身)·명(命)을 집지함을 특징으로 한다. 심왕인 식(識)은 단식·촉식·의사식의 세력으로 말미암아 증장되어 능히 식사가 된다. 이 식식이 신·명을 잡아서 유지하기 때문이다.

정리해 보자. 우리가 먹는 음식으로 인한 향·미·촉이 단식이고, 심소법 가운데 촉이 촉식이고, 심소법 가운데 사가 사식[의사식]이고,

심왕인 식이 식식이다.

그런데 이때 제8식이 없다면 식식은 있을 수 없다. 식식이란 '신(身)· 명(命)을 집지한다'라고 하였다. 우리 몸과 생명은 한 생 동안 계속 이어진다. 그런데 전6식은 결코 항상 상속하지 않는다. 그러므로 항상 상속하여 집지하는 제8식이 있어야 한다. 즉, 식식(識食)에서의 식(識)은 비록 모든 식(識) 자체에 통하지만 제8식이 식사(食)의 뜻이 더 뛰어나다.

만약 제8식이 없다고 집착한다면 무심정(無心定) 등에 들 때에는 어떤 식(食)에 의거하여 경전에서 '모든 유정은 식(食)에 의지하여 머문다'라고 말씀하셨는가? 무심정에는 전6식과 그와 상응하는 촉·사 등 모든 심소가 일어나지 않는다. 따라서 제8식이 없다면 무심정에는 단식뿐만 아니라 촉식, 의사식, 식식 모두 없게 된다. 그런데 경전에서는 모든 유정은 식(食)에 의지하여 머문다고 했으니, 무심정에서도 최소한 하나의 식(食)은 있어야 하지 않는가? 따라서 반드시 식식에 해당되는 제8식이 있어야 한다.

9) 제9 이증 : 멸진정 가운데 식[滅定證]

경전에서 '멸진정에 머무는 이는 신행(身行)·어행(語行)·심행(心行)이 모두 사라지지만 수명이 사라지지 않고 체온을 떠나지 않으며 근이 변하거나 파괴되는 일이 없고 식이 신(身)을 떠나지 않는다'라고 말씀하셨다.

성자는 지혜로워서 안식 등이 대상을 요별하여 분주히 일어나는 것을 싫어하기 때문에 안식 등이 일어나지 않도록 하다가 마침내 완전히 없어진 지위에 이르게 된다. 그러므로 멸진정에 들어서면 염오 제7식을 포함하여 전6식이 없어진다.

만약 제8식이 없다면, 멸진정에는 이미 전6식이 없는데 몸을 떠나지 않는 식은 무엇인가? 경전에서 멸진정에 머무는 자의 몸을 떠나지 않는 식이 있다고 하였으니, 그 식이 바로 제8식이다.

만약 멸진정에 제6식이 있다고 한다면, 역시 이치에 맞지 않는다. 멸진정을 또한 무심정(無心定)이라고 이름하기 때문이다. 무심정이라는 이름은 제6식이 없기 때문에 붙여진 이름이다. 만약 멸진정에 제6식이 아니라 5식이 없기 때문에 무심이라 이름한다고 하면, 모든 선정에는 5식이 없으므로 모두 무심이라 해야 한다. 그러나 그렇지 않다. 모든 선정을 무심이라 부르지는 않는다.

또 멸진정을 멸수상정이라고 한다. 이 명칭 때문에 혹 심소법인 수·상은 사라졌지만, 심왕인 제6식이 있다고 주장한다면 이 또한 이치가 아니다. 수·상은 늘 심왕과 함께 일어나는 심소법[변행심소]이다. 변행심소인 수·상이 일어나지 않는다는 말은 심왕도 일어나지 않는다는 말이다.

따라서 경전에서 말하는, 멸진정 가운데 몸을 떠나지 않는 식은 바로 제8식이다.

10) 제10 이증 : 더럽고 깨끗한 마음 [染淨證]

경전에서 '마음[心]이 잡염하므로 유정이 잡염하고, 마음이 청정하므로 유정이 청정하다'라고 말씀하셨다.

더럽고 깨끗한 것은 마음[心]을 근본으로 한다. 그것은 더럽고 깨끗한 법은 마음에 인하여 생겨나고 마음에 의하여 머물기 때문이다. 따라서 경전에서 '마음이 잡염하므로 유정이 잡염하고, 마음이 청정하므로 유정이 청정하다'라고 하였다. 그런데 그 마음이 순간순간 멋대로 일어나는 마음은 아니다. 만약 멋대로 일어나는 마음이라면 중생도 수행 없이 성자가 되어야 하고, 성자도 다시 중생이 되어야 한다. 유정이 잡염되거나 청정하게 드러나는 근거는 마음에 있는데, 그 근거를 종자라고 이름한다. 즉 마음은 훈습을 받고 종자를 집지할 수 있기 때문에 잡염법과 청정법의 근본이 된다.

만약 제8식이 없다면 훈습하거나 종자를 집지할 수 있는 마음은 없다. 경전에서 말하는 마음[心]이 바로 제8식이다. 앞에서 살펴본 바와 같이, 전6식은 끊어질 때가 있어 종자를 간직할 창고의 역할을 할 수 없다. 시도 때도 없이 무너지는 창고에 누가 물건을 쌓아놓겠는가.

제4장

두 번째 능변식, 제7식

01
제7식이 등장하는 이유,
상식으로 생각하기

첫 번째 능변식인 제8식을 살펴볼 때, 첫 시작은 상식으로 생각해 보자는 것이었다. 우리의 상식으로 왜 제8식이 있어야 하는지 한 번 생각하는 것으로 시작하였다. 마찬가지로 두 번째 능변식인 제7식 역시 우리의 상식으로 시작해 보자.

지금까지 공부하면서 도중에 제7식의 존재를 밝히지 않았다면, '제7식은 어디 가고 제8식이라고 하지? 아마 제7식이라는 것이 있나 보다. 그것은 무엇이지?'라고 생각했을 수도 있다. 물론 사전에 유식사상 용어를 접해 본 사람은 그냥 넘어갔을 것이다.

선입견을 모두 버리고 다시 시작해 보자. 앞서 살펴보았던 제8식, 우리가 상식으로 알고 있는 전6식, 그리고 나를 집착하면 중생이고 집착이 없으면 성인[아라한]이라는 점만 기억하며 출발하자. 역시 여기에는 우리가 아는 상식, 전6식은 일어나지 않을 때가 있다는 점이 중요하다. 깊은 잠을 잘 때나 혼절했을 때 등의 경우 전6식은 끊어지기도 한다.

　나를 집착하면 중생이고 집착이 없으면 성인이다. 그런데 집착은 마음이 한다. 상식으로는 마음이란 전6식 정도이다. 만약 마음이 일어나지 않으면 당연히 집착도 없다. 앞에서 집착이 없으면 성인이라고 하였다. 그런데 깊은 잠을 잘 때나 혼절했을 때 등등, 그때는 전6식은 일어나지 않는다. 전6식만이 일어나지 않으니 집착도 일어나지 않는다. 따라서 깊은 잠을 잘 때나 혼절했을 때는 집착이 없으니 성인이 된다.

　단순히 궤변이라고 말하지 말라. 불자라면 어느 정도 공감하는 지점, 즉 '나를 집착하면 중생이고 집착이 없으면 성인이다', '집착은 마음이 한다'라는 상식에서 시작하였다. 그런데 논리를 따라가 보니 영 이상하다. 아무리 생각해도 깊은 잠을 자는 사람이나 기절한 사람을 성인이라고 보지 않는다. 깨어 있을 때처럼 여전히 중생이다. 그런데 전제에서 출발한 결론은 성인이 된다.

　다시 생각해 보자. 여하튼 우리는 깊은 잠을 자는 사람이나 기절한 사람을 성인으로 보지 않는다. 그런데 그에게는 집착하는 마음인 전6식은 일어나지 않는다. 그때 집착하는 마음인 전6식은 없지만 그냥 그를 중생이라고 본다. 집착하는 마음이 일어나지 않아서 집착이 없는데 왜 중생으로 보는가? 고민스럽다. 혹 무의식이라는 단어를 떠올릴지 모른다. 맞다. 중생과 집착이 연결 단어라면, 집착과 연결되는 마음과 관련된 단어가 있어야 한다. 그래서 이전 상식으로 우리는 무의식이라는 단어를 떠올린다. 집착하는 무엇인가가 있어야 깊은 잠에 든 사람이 성인이 아니라 중생이라는 것이 풀린다. 그것도 의식 밑바탕에서 말이다.

혹 제8식을 배웠다고 제8식을 생각할지 모르겠다. 제8식은 집착하지 못한다. 집착은 번뇌에 해당된다. 앞에서 제8식은 종자를 저장하는 창고라고 하였다. 제8식이 집착을 한다면 창고인 제8식이 번뇌로 오염되었다는 말이 된다. 창고가 오염이 되면 창고로 사용할 수 없다.

이때 유식사상에서는 제7식을 등장시킨다. 그렇다고 심리학에서 말하는 무의식을 단순하게 제7식으로 연결시키지 말라. 차원이 다른 용어이다. 단지 여기에서는 여러분의 생각을 끌어내기 위해 무의식이라는 용어를 언급하였을 뿐이다.

앞에서 제8식이라는 말을 듣는 순간, 아니 지금도 제8식이 윤회의 주체라는 이미지가 부각되면서 우리는 제8식을 나[我]라고 집착하기도 한다. 그런데 이때 집착은 분별로 인한 집착이다. 즉 제8식을 배운 뒤 그릇된 분별로 인한 제6식[의식]의 집착이다. 제8식이라는 용어를 듣기 이전에 무시이래(無始時來, 시작 없는 때로부터) 끊어지지 않고 제8식을 나라고 집착하는 놈이 있으니, 바로 제7식이다. 전6식이 일어나든 일어나지 않든, 제7식은 성인[아라한]이 되기 전까지 끊어지지 않고 제8식을 나라고 집착한다. 따라서 깊은 잠을 자거나 기절했을 때에도 제7식이 제8식을 나라고 집착하고 있기 때문에 성인이 아니라 중생인 것이다. 제7식이 없다면 앞에서 궤변처럼 들린 것이 결코 설명되지 않는다.

제7식이 있음을 인정한다면 이해되는 내용이 많아진다. 그 중에 하나가 착한 일에 대한 본전 생각이다. 불교에서 사용하는 용어 가운데 유루선(有漏善)이 있다. 루는 '새어 나오다'는 뜻이다. 새어 나오는 것이 무엇이냐? 바로 번뇌이다. 이때 유루는 루[번뇌]와 함께한다는 뜻이다. 착하기는 하나 번뇌와 함께하기에 유루선이라고 한다. 불교 교리에 의하면 착한 마음[선심소]과 착하지 않은 마음[번뇌심소]은 동시에 함께 할 수 없다. 그런데 유루선이라는 말은 번뇌[유루]와 선이 합쳐진 말이다. 이 말이 어떻게 동시에 사용될 수 있는가? 바로 제7식 때문이다.

예를 들어, 지금 아무런 조건 없이 누구를 도와주는 것은 착한 마음이다. 그러나 그 마음 저변에는 계산이 깔려 있다. 뒷날 도움을 받은 사람이 무시할 때 우리는 이런 말을 한다. "내가 너에게 얼마나 잘해줬는데, 어떻게 나에게 이럴 수 있어." 드러난 마음[제6식]은 조건 없이 착했지만, 그 저변에 있는 마음[제7식]은 도와주는 그 순간에도 계산을 하고 있었던 것이다. 이렇게 100퍼센트 착한 마음이 아니기에 나중에 번뇌로 새어 나온 것이다. 이때 착하기는 하나 번뇌와 함께하기에 유루선이라고 한다. 부모가 자식에게 바라는 게 없다고 하지만, 어느 순간에 이렇게 말한다. "내가 너를 어떻게 키웠는데, 네가 이럴 수 있어." 범부는 유루심으로 살고 있기 때문이다.

우아하게 물 위를 떠 있는 백조가 물밑에서 끊임없이 다리를 움직이는 것처럼, 바른 생활 불자도 역시 저 밑에서 제7식이 제8식을 끊임없이 나라고 집착하기 때문에 본전 생각을 순간순간 하게 된다.

02 제7식이 제8식을 나[我]라고 헤아리다

그렇다면 유식 논서에서는 제7식을 어떻게 설명하고 있는가? 우선 『유식삼십송』 게송을 살펴보자.

다음 두 번째 능변식이니
이 식은 말나라 이름하네.
그것[아뢰야식 자체분]에 의지하여 일어나고,
그것[아뢰야식 견분]을 반연하네.
사량함을 성품[自性]과 모습[行相]으로 삼네.

次第二能變
是識名末那
依彼轉緣彼
思量爲性相

1. 제7식의 이름

초능변식인 제8식 다음에 두 번째 능변식이 제7식이다. 이 식은 말나라고 이름하는데, 의(意)라고 의역하며 사량[헤아림]이라는 뜻이다. 범어로는 마나스(manas)인데, 말나(末那)로 음역한다. 오늘날 책에는 간혹 제7식을 마나식이라고 표기하기도 한다.

'아뢰야'가 장(藏)의 뜻이기 때문에 제8식인 아뢰야식을 장식(藏識)이라고 하듯이, '말나'가 의(意)의 뜻이기 때문에 제7식인 말나식은 의식(意識)이 된다. 그렇다면 제7식도 의식이라고 부르는데, 우리가 알고 있는 제6식인 의식(意識)과 그 이름이 어떻게 다른가?

이 문제는 범어(梵語)의 문법과 관련된다. 즉 둘 이상의 단어로 만들어진 복합어를 어떤 관계로 해석하는가에 따라 그 뜻이 달라진다. 머리 아픈 문법 설명은 여기서는 생략하고 간단한 사례로 살펴보자. 예를 들어, '의사 남편'이라는 말이 있다. 그것은 '의사가 (누군가의) 남편'이라는 뜻일 수 있고, '의사(인 부인의) 남편'이라는 뜻일 수 있다. 전자는 의사가 바로 남편으로 '의사인 남편'이 되고, 후자는 의사가 남편이 아니라 '의사의 남편'이라는 뜻이 된다.

마찬가지로, 제7식인 의식은 '의인 식'으로 의가 바로 식이라는 뜻이다. 반면에 안식이 안근의 식인 것처럼, 제6식인 의식은 '의(根)의 식'이라는 뜻이다. 『아함경』 등 근본 교리에서 안식이 안근에 의지하듯이, 의식은 의근에 의지한다. 이때 의근이 무엇인가 하는 문제가 대두된다. 유식 논서에서는 의근을 제7식으로 본다. 따라서 제6식인 의식은 '제7식인 의(根)'의 식이라는 뜻이다. 그런데 서로 혼동이 되기 때문에 제7식을 그냥 의라 표현하고, 제6식을 의식이라 표현한다.

또 제7식을 의(意)라고 하는 표현은 경전에서 '심·의·식'이라고 자주 나타난다. 심은 적집(積集, 모음)의 뜻이고, 의는 사량(思量, 헤아림)의 뜻이고, 식은 요별(了別, 분별)의 뜻이다. 각각 순서대로 다른 식에 비해 제8식은 적집의 뜻이 뛰어나고, 제7식은 사량의 뜻이 뛰어나고, 전6식은 요별의 뜻이 뛰어나다. 곧 제8식인 심, 전6식인 식과 구별하고자 제7식을 의(意)라고 이름한다. 제7식은 사량의 뜻은 뛰어나지만 적집과 요별에 있어서는 다른 식보다 약하다. 그리고 제7식은 의근으로서 제6의식에게 가까운 소의(所依, 의지)가 됨을 나타내고자 단지 의(意)라 이름한다.

제7식은 제8식과 달리 이름이 여럿이 아니다. 말나식이라는 이름만 있을 뿐이다. 표기하는 방법에 따라 마나식, 의[또는 의식], 사량식이라고 할 뿐 모두 같은 의미이다. 뒤에 제7식이 일어나고 사라지는 경우에 설명하겠지만, 제7식은 아라한이 되어도 여전히 말나식이다. 단지 그때는 염오 말나식이 아니라 청정 말나식이 된다. 그래서 가끔 염오 말나식 또는 청정 말나식으로 구분하여 부른다. 그러나 보통 제7식 또는 말나식이라고 할 때에는 염오 말나식을 말한다. 염오 말나식, 염오 제7식을 염오의(染汚意)라고도 한다.

2. 제7식의 특징은 헤아림 [사량]

게송에서 '사량함을 성품[自性]과 모습[行相]으로 삼네'라고 하였다. 제7식은 사량으로써 자성을 삼고 다시 사량으로써 행상을 삼는다. 여기서 자성은 제7식의 자체 특징을 말하고, 행상은 제7식의 작용 모습을 말한다. 따라서 그냥 쉽게 제7식은 사량을 특징으로 한다는 정도로 이해하고 넘어가자. 사량은 '헤아리다'는 뜻이다. 제

7식은 제8식을 끊임없이 자세하게[審] 헤아리기 때문에 사량식이라고도 한다.

'심(審)'을 '집요하게'로 풀이하는 이도 있다. 그런데 '집요하게'라는 말은 다소 집착의 뜻이 느껴진다. 제7식이 제8식을 아라고 집착할 때는 '집요하게'라는 말이 더 잘 이해된다. 그러나 아라한의 제7식이 제8식 등을 사량할 때는 집착은 아닐 뿐만 아니라 제6식 또한 심(審) 사량이 있지만 반드시 집착은 아니기 때문에 이 글에서는 '집요하게'보다는 '자세하게'로 풀이한다.

그렇다면 제8식과 전6식은 사량의 뜻이 없는가? 나머지 식도 사량의 뜻이 있다. 앞에서 심·의·식을 각각 적집·사량·요별이라고 했을 때, 제8식만 적집의 뜻을, 제7식만 사량의 뜻을, 전6식만 요별의 뜻이 있다는 말은 아니다. 모든 식에 적집·사량·요별의 뜻이 있지만, 제8식·제7식·전6식은 각각 그 뜻이 다른 식보다 뛰어나다는 말이다. 따라서 모든 식은 다 대상을 '헤아리기' 때문에 사량의 뜻이 있다.

제8식은 항상 헤아리기는 하지만 자세하게 헤아리지는 못한다. 제6식은 자세하게 헤아리기는 하지만 끊어질 때가 있기 때문에 항상 헤아리지는 못한다. 전5식은 끊어질 때가 더 많기 때문에 항상 헤아리지도 못하고 자세하게 헤아리지도 못한다. 오직 제7식만이 항상 자세하게 헤아린다.

	항시 헤아림[항(恒)사량]	자세하게 헤아림[심(審)사량]
제8식	O	×
제7식	O	O
제6식	×	O
전5식	×	×

따라서 지혜[평등성지]와 함께하지 않는 제7식은 집착한 아상(我相)을 항시 자세하게 사량하고, 지혜와 함께하는 제7식은 역시 무아상(無我相)을 자세하게 사량한다.

참고로, 유식사상에서 수행의 궁극적 경지를 표현하는 말 가운데 '전식득지(轉識得智)'가 있다. 이를 전의(轉依)라고도 한다. 전식득지란 '식을 전환하여 지혜를 얻는다'는 뜻이다. 식 자체가 없어진다는 말이 아니다. 여기서 식은 분별을 말하고 지는 결단을 말한다. 분별망상이 없어지고 명확한 결단이 생긴다는 말이다. 제7식이 전의하면 평등성지가 일어난다. 평등성지와 함께하는 제7식은 모든 법과 유정이 평등함을 관하여 대자비 등을 나타낸다. 이후 수행 단계[유식위]에서 자세하게 살펴보자.

3. 제8식에 의지하고 제8식을 헤아리다

그렇다면 제7식이 헤아리는 대상은 무엇인가? 바로 제8식이다. 제7식은 제8식을 끊임없이 자세하게 헤아린다. 그런데 제7식은 제8식[일체종자식]에 있는 제7식의 종자로부터 일어난다. 또 현행한 제7식은 현행한 제8식을 의지한다. 모든 식은 홀로 있지 않고 서로 의지하기 때문에 현행 제7식과 현행 제8식은 또한 서로 의지한다. 그리고 제8식에 의지하여 일어난 제7식은 제8식을 대상으로 삼아 헤아린다. 이에 게송에서 '그것[아뢰야식 자체분]에 의지하여 일어나고 그것[아뢰야식 견분]을 반연하네'라고 하였다.

앞에서 설명한 바와 같이 모든 식은 상분과 견분으로 나뉜다. 제8식 역시 상분과 견분으로 나뉜다. 제8식의 상분은 종자와 유근신 그리고 기세간이고, 제8식의 견분은 행상으로서 요별[了]이다. 제8식의 견분·상분이라는 말을 듣게 되면, 상분인 소연보다도 견분인 능연을 주체인 나라고 보통 생각하게 된다. 이때 생각은 제6식의 작용이다. 마찬가지로 제7식은 끊임없이 제8식의 견분을 헤아려 자내아(自內我, 자기 내적인 자아)라고 집착한다. 쉽게 말하면 제7식은 '제8식 이놈이 바로 나구나'라고 집착한다.

게송에서 '일어나며'라는 말은, 제7식이 종자에서 일어난 뒤 그 모습 그대로 계속 작용한다는 말이 아니다. 유식사상에서는 일체 유위법은 현행훈종자(現行熏種子), 종자생종자(種子生種子), 종자생현행(種子生現行)을 반복한다. 따라서 '일어나며'라는 말은 유전(流轉)의 뜻이다. 유(流)는 상속의 뜻이고, 전(轉)은 일어남[起]의 뜻이다. 제7식은 끊임없이 현행하자마자 바로 종자가 되고, 또 현행하고 바로 종자가 되고, 그렇게 한 순간도 끊어지지 않고 일어남과 사라짐을 반복한다.

한편, 연(緣)을 '반연'으로 번역하였는데, 앞에서 말했듯이 사전에는 '원인을 도와서 결과를 맺게 하는 작용'이라고 풀이하지만, 여기서는 'OO을 대상으로 삼아 인식하다'는 뜻이다.

이처럼 제7식은 제8식의 견분을 대상으로 삼는다. 그런데 이후 수행을 통해 제7식이 평등성지와 함께한다면, 그때 제7식은 제8식뿐만 아니라 진여와 나머지 유위법도 반연한다. 따라서 평등성지와 함께하는 제7식은 모든 법과 유정이 평등함을 관하여 대자비 등을 나타낸다. 이때에는 아상을 헤아리는 것이 아니라 무아상(無我相)을 헤아리게 된다. 전의함으로써 제7식의 대상은 제8식 견분에서 모든 법으로 확대된다.

03

제7식은
번뇌와 함께한다

전의가 일어나기 전에는, 제7식은 제8식을 항시 자세하게 헤아려 아(我)라고 집착한다. 집착이라는 말은 제7식이 번뇌와 함께한다는 말이다. 『유식삼십송』에서 말씀하신다.

> 네 가지 번뇌와 항상 함께하니
> 이른바 아치와 아견과
> 아울러 아만과 아애이네.
> 그리고 나머지 촉 등과 함께하네.
> 四煩惱常俱
> 謂我癡我見
> 幷我慢我愛
> 及餘觸等俱

유부무기에 속하며
有覆無記攝

즉, 제7식은 네 가지 번뇌와 항상 함께 한다. 그 넷은 아치(我癡), 아견(我見), 아만(我慢), 아애(我愛)이다.

아치란 무명(無明)을 말한다. 명(明)은 지혜이다. 지혜가 없으니 어리석다는 뜻이다. 치(癡) 또한 어리석다는 뜻이다. 즉, 무아의 이치에 미혹하기 때문에 아치라 이름한다. 아견이란 아집(我執)을 말한다. 아(我)가 아닌 법을 아라고 헛되이 헤아리기 때문에 아견(我見)이라 이름한다. 아만이란 거만을 말한다. 집착된 아를 믿어서 높이 치켜 올리기 때문에 아만이라 이름한다. 아애란 아탐(我貪)을 말한다. 집착된 아에 깊이 탐착을 일으키기 때문에 아애라 이름한다.

참고로 근본번뇌에는 열 가지가 있다. 즉, 탐(貪)·진(瞋)·치(癡)·만(慢)·의(疑)·악견(惡見)이다. 그런데 이 악견에는 다섯 가지 차별이 있다. 살가야견(薩迦耶見)·변견(邊見)·사견(邪見)·견취견(見取見)·계금취견(戒禁取見)이다. 그래서 모두 열 가지이다. 살가야견[아견]은 오취온을 아(我)·아소(我所)라고 그릇되게 집착하는 견해이다. 변견[또는 변집견]은 아견의 대상에 따라 끊어진다거나[斷] 항상한다거나[常] 집착하는 견해이다. 사견은 말 그대로 그릇된 견해이다. 어찌 보면 다섯 가지 악견 모두 그릇된 견해이다. 그러나 각각 특징이 있는 살가야견·변견·견취견·계금취견을 제외한 나머지 그릇되게 집착하는 견해를 사견이라 한다. 견취견은 자기가 가지고 있는 여러 가지 악견 등이 가장 뛰어나서 이를 통해 능히 청정[열반]을 얻을 수 있다고 집착하는 견해이다. 계금취견은 어떤 계율이나 규칙 등이 가장 뛰어나서 이를 통해 능히 청정법[열반]을 얻을 수 있다고 집착하는 견해이다. 계(戒)는 경계, 금(禁)은 금지를 말한다. 따라서 계금이란 어떤 행위를 경계하거나 금지하는 계율 등을 말한다.

그렇다면 열 가지 근본번뇌 가운데 왜 제7식에는 네 가지 번뇌만 항상 함께하는가?

제7식에는 항상 아견이 있기 때문에 나머지 견은 생길 수 없다. 한마음에 여러 다양한 견해가 동시에 있을 수 없다. 같은 시간에 이런 견해, 저런 견해가 함께 있을 수 없다. 이는 한 손으로 가위와 보를 동시에 낼 수 없는 것과 같다. 제7식은 항상 안으로 아가 있다고 집착한다. 그러므로 모름지기 다른 악견은 있을 수 없고 아견만이 있다.

아견을 통해 판단하여 결정하기 때문에 의(疑)는 일어날 수 없다. 의심이 있으면 주저하여 머뭇거리기[猶豫] 때문이다. 제7식은 제8식을 당연히 아라고 여기는데, 어찌 주저하여 머뭇거리겠는가.

애(愛)는 탐착이고, 진(瞋)은 성내고 미워함을 특징으로 한다. 그런데 사랑함[애]과 성내고 미워함[진]이 동시에 있을 수 없다. 제7식은 제8식을 아로 탐착하기 때문에 애와 함께한다. 따라서 제7식에 애가 있는 한 진은 함께하지 않는다.

이와 같이 제7식은 아치·아견·아만·아애 네 가지 근본번뇌와 함께하고 나머지 근본번뇌는 함께하지 않는다. 그리고 근본번뇌를 따라 일어나는 여러 수번뇌도 제7식과 함께하지만 여기서는 설명을 생략하겠다.

한편, 제7식 말나와 그 심소법은 선·악·무기 가운데 어디에 속하는가? 게송에서 '유부무기에 속하며'라고 말씀하신다.

선·악·무기 등 용어는 제8식 가운데 설명하였다. 다시 설명하면,

법의 성품에 네 가지가 있다. 이른바 선·불선·유부무기(有覆無記)·무부무기(無覆無記)이다. '부(覆)'란 염법(染法)을 말한다. 염법은 성도(聖道)를 장애하고, 또 심을 덮어 깨끗하지 못하게 한다. 즉 성도를 장애하고 덮기 때문에 '부'라고 한다. '기(記)'란 선·악이다. 각각 애(愛)·비애(非愛)의 결과가 있고, 선·악을 기별할 수 있기 때문이다.

제7식과 상응하는 4번뇌 등은 염법이다. 따라서 제7식 심왕과 심소법은 함께 성도를 장애하고, 상응하는 번뇌는 자심(自心)을 은폐하기 때문에 유부(有覆)의 성품을 가진다. 그런데 제7식은 그 힘이 미세하고 임의로 일어나기 때문에 선·불선을 기별할 수 없으므로 무기에 속한다. 따라서 번뇌와 함께하는 제7식은 유부무기에 속한다.

그런데 만약 전의하였다면, 오직 선성(善性)이다. 여기서 '전의'란, 제7식이 평등성지와 함께하는 경우이다. 이때에는 제7식은 제8식을 집착하지 않고 자타를 평등하게 살펴 항상 자비와 함께하기 때문에 오직 착한 성품이다. 게송에서는 번뇌와 함께하는 제7식[염오의]를 중심으로 언급하였기에 유부무기라고 하였다.

04

집착하는 제7식이 사라지는 단계

**1.
염오 말나식의
단멸과 조복**

나에 대한 집착을 내려놓는 것이 수행 목적 가운데 하나라면, 제8식을 나라고 집착하는 제7식의 단멸 여부가 무엇보다도 중요하다. 그렇다면 과연 염오 제7식[염오의]은 어느 단계[지위]에서 일어나지 않게 되는가? 『유식삼십송』에서 말씀하신다.

아라한과 멸진정(滅盡定)과
출세도에서는 (염오)말나식은 없네.
阿羅漢滅定
出世道無有

즉, 염오의는 무시시래[시작 없는 때로부터] 상속하여 일어나다가 아라한과위에 이르거나 멸진정에 들거나 출세도와 함께할 때는 일어나지 않는다.

아라한이란 삼승(三乘: 성문승·연각승·보살승)의 무학과(無學果) 지위를 통틀어 나타낸다. 이승(二乘: 성문승·연각승) 무학이 대승에 전향하여 수행한다면, 초발심으로부터 아직 성불하지 못한 지위에 이르기까지 비록 수행을 하는 보살이지만 역시 아라한이라고 한다. 그리고 불퇴전보살인 제8지 보살 이상도 아라한에 해당된다. 그런데 이 아라한의 지위에서는 염오의[염오 제7식]의 종자와 현행이 모두 영원히 단멸된다. 그러므로 염오 말나식은 없다고 한다. 이때 동시에 제7식은 제8식에 대해 나라고 집착하지 않기 때문에 제8식은 아뢰야라는 이름을 버리게 된다.

반면에 유학(有學)의 지위에서 일어나는 멸진정과 출세간도에서는 염오의는 일어나지 않지만 염오의의 종자는 끊어지지 않았다. 따라서 이때에는 염오의가 영원히 사라진 것이 아니라 잠시 조복되어[눌려 있어] 일어나지 않을 뿐이다. 이에 종자마저 끊어져 영원히 사라진 경우를 '단멸'이라 하고, 현행하지 않지만 종자가 끊어지지 않은 경우를 '조복'이라 한다. '조복'이란 마치 돌로 풀을 누른 것과 같다. 돌을 치우면 풀이 다시 일어나듯이, 조건이 갖춰지면 다시 현행한다.

또 염오의는 삼승의 성도(聖道)에 의해서 조복되거나 단멸된다. 무아의 진리를 꿰뚫은 지혜인 무분별지(無分別智)가 함께하면 아집은 결코 일어나지 않는다. 또한 무분별지 뒤에 얻는 지혜[무분별후득지]가 나타날 때도 아집은 없다. 이 두 지혜는 모두 무루이기 때문에 출세도(出世道)라 이름한다.

멸진정은 이미 성도와 동등하고 지극히 고요하기 때문에, 여기에서도 역시 염오 말나식은 일어나지 않는다. 그러나 여기서는 그 종자를 영원히 끊지 못했기 때문에 멸진정과 성도로부터 나오면, 이 염오의가 다시 현행한다. 멸진정에서 염오 말나식의 유무 문제는 이후 제7식의 존재 증명에서 다시 언급한다.

2. 수행 단계에 따른 제7식의 여러 모습

제8식은 지위에 따라 그 이름을 달리한다. 그 이름을 달리하는 이유는 지위마다 제8식의 성격이 다른 모습을 가지기 때문이다. 그러나 제7식은 지위에 따라 여러 모습이 있지만 언제나 말나식으로 이름은 바뀌지 않는다. 이에 제7식 말나식은 대략 세 종류가 있다.

첫째, 인아견(人我見)과 상응한다. 둘째, 법아견(法我見)과 상응한다. 셋째, 평등성지(平等性智)와 상응한다.

그런데 이를 이해하기 위해서는 이전에 배운 것을 좀 정리해 보자. 수행 단계에 따라 식이 다른 모습을 보이는 까닭은 수행에 의해 다스려지는 여러 장애[번뇌]와 관계된다.

장애는 크게 번뇌장과 소지장으로 구분된다. 번뇌장은 실아라고 집착하는 잘못된 견해를 중심으로 한 여러 번뇌를 말한다. 이것은 모두 유정의 신(身)·심(心)을 어지럽게 괴롭혀 능히 열반을 장애하여 번뇌장이라 이름한다. 소지장은 실법이라고 집착하는 잘못된 견해를 중심으로 한 여러 번뇌를 말한다. 이것은 알아야 할 대상[所知境]·전도 없는 성품[無顚倒性, 眞如]을 덮어서 보리[깨달음]을 장애하여 소지장이라 이름한다. 여기서 번뇌장은 '번뇌가 곧 장애'이기 때문에 번뇌장이라 한다. 하지만 소지장은 소지경(所知境)을 장애하기 때문에, 즉 '소지를 장애'하기 때문에 소지장이라고 한다.

아집을 중심으로 한 번뇌장은 해탈을 장애하고, 법집을 중심으로 한 소지장은 보리를 장애한다. 따라서 아공을 증득하면 번뇌장을 끊어 참다운 해탈을 얻고, 법공을 증득하면 소지장을 끊어 대보리를 얻는다.

번뇌장·소지장의 중심이 되는 아집과 법집은 각각 구생과 분별로 나뉜다. 구생아집(구생법집)은 가르침이나 분별에 의하지 않고 태어나기 전부터 선천적으로 함께하며 스스로 일어나지만, 분별아집(분별법집)은 살아가면서 누군가의 그릇된 가르침이나 분별에 의해 비로소 일어난다. 이러한 특성 때문에 분별아집(분별법집)은 구생아집(구생법집)에 비하여 상대적으로 끊기 쉽다. 상대적이라는 뜻이지 분별아집(분별법집) 자체를 끊기 쉽다는 말은 아니다. 분별아집(분별법집) 또한 긴 수행을 통해 견도[보살초지]에 이르러야 비로소 제거하여 없앨 수 있다.

또한 이러한 장애는 어느 단계에서 끊어지는가에 따라 견소단(見所斷)·수소단(修所斷)이라고 한다. 견소단은 견도(見道)에서 끊어지는 번뇌를 말한다. 견도는 이승(二乘)의 경우에는 수다원과를 증득하는 순간에 해당되고, 대승 보살의 경우에는 초지[제1지]보살에 들어가는 순간에 해당된다. 이때 끊어지는 번뇌를 견소단, 견도소단, 견혹(見惑)이라고 한다. 견도위 이후 성불하기 전까지를 수도위라고 한다. 이때 끊어지는 번뇌를 수소단, 수도소단, 수혹(修惑)이라고 한다.

그리고 일체 유위법이 현행과 종자로 나눠지듯이, 두 가지 장애 역시 두 종류로 구분된다.

이와 같이 번뇌장·소지장, 분별·구생, 현행·종자가 조복되거나 단멸되는 단계를 유식 논서에 근거하여 정리하면 다음과 같다.

< 이장의 단멸과 수행단계 >

			견도(초지)	제8지	금강유정
번뇌장(아집)	분별기	현행	지전 조복	없음	
		종자	견도단	없음	
		습기			
	구생기	현행	제7지에 이르러 조복하여 없앰		없음
		종자	금강유정에서 한 번에 단멸		없음
		습기	있음	지지마다 단멸	없음
소지장(법집)	분별기	현행	지전 조복	없음	
		종자	견도단	없음	
		습기			
	구생기	현행	있음	지지마다 점차로 조복	없음
		종자	있음	지지마다 점차로 단멸	없음
		습기			

참고로 습기에는 두 종류가 있다. 하나는 훈습(熏習)의 기분(氣分)이라는 뜻으로 종자에 사용된다. 하나는 관습(慣習)의 기분이라는 뜻으로 번뇌 자체가 이미 다한 이후에 그 습관성이 남아 있는 것을 말한다. 위 표에서 습기는 후자의 뜻이다.

번뇌장의 분별기 가운데 현행은 견도 이전에 조복되고, 종자는 견도에서 단멸된다. 표에서 지전(地前)이란 초지보살 이전을 말한다. 번뇌장의 구생기의 경우, 분별기보다 더욱 끊기 어렵다. 현행은 제7지에 이르러 조복하여 완전히 일어나지 않게 한다. 그러나 종자는 금강유정이 나타날 때 한꺼번에 단멸한다.

소지장의 분별기 가운데 현행은 견도 이전에 조복되고, 종자는 견도에서 단멸된다. 소지장의 구생기 경우, 역시 분별기보다 끊기 어렵다. 구생기의 현행과 종자는 초지보살부터 제10지 보살까지 각 지지

마다 점차로 조복하거나 단멸한다.

제8지 보살을 기준으로 제8지 이전에는 번뇌장이 현행하여 아집이 있고, 그 이후에는 종자는 있지만 결코 아집은 일어나지 않는다. 그러나 제8지 이후에도 여전히 소지장이 있기 때문에 법집은 계속 일어난다. 제8지 이후 법집은 제7식으로 인한 법집이다. 제6식에 의한 법집은 일어나지 않는다. 제10지 마지막 단계에서 금강유정이 나타날 때 구생의 미세한 소지장과 번뇌장의 종자를 일순간 끊고서 여래지에 들어간다. 이때 법집 또한 사라진다.

금강유정(金剛喩定)이란 금강에 비유되는 정(定)이라는 뜻이다. 금강이 견고하여 모든 번뇌를 깨뜨리는 것에 비유하여 금강이라고 한다. 소승의 수행자인 성문이나 대승의 수행자인 보살이 수행이 완성될 무렵 최후로 번뇌를 끊을 때 생기는 정을 말한다. 이를 통해 성문은 아라한과를 얻고, 보살은 불과를 얻는다. 그런데 이때 성문이 완전히 끊은 장애는 번뇌장만 해당되고 소지장은 아니다. 보살은 금강유정을 통해 번뇌장·소지장을 모두 영원히 끊는다.

이제 수행 단계에 따른 제7식의 여러 모습이 자연스럽게 이해되지 않을까 싶다.

첫째, 제7식은 인아견(人我見)과 상응한다. 모든 범부·이승 유학(二乘有學)·제7지 보살까지의 유루심 지위에 해당된다. 이때 제7식은 '아뢰야식'을 반연하여 인아견을 일으킨다.

둘째, 제7식은 법아견(法我見)과 상응한다. 모든 범부·성문·독각과 모든 보살 가운데 법공지(法空智)와 법공지의 과(果)가 나타나지 않는 지위에 해당된다. 이때 제7식은 '이숙식'을 반연하여 법아견을 일으킨다. 여기서 법공지는 무분별지로 근본지에 해당되고, 법공지의 과는 법공지로 인한 무분별후득지와 멸진정을 말한다. 법공지와 법공지의 과는 모두 평등성지를 일으킨다. 이러한 평등성지가 일어나지 않을 때는 제7식은 법아견과 함께한다.

셋째, 제7식은 평등성지(平等性智)와 상응한다. 모든 여래와 보살의 견도와 수도 가운데 법공지와 법공지의 과(果)가 나타난 지위에 해당된다. 이때 제7식은 '무구식(無垢識)'·'이숙식' 등을 반연하여 평등성지를 일으킨다.

위 설명에서 살펴보고 넘어가야 할 주요한 부분이 있다. 제7식이 반연하는 제8식의 이름을 다 다르게 표현하였다. 즉, 인아견을 일으키는 경우에는 아뢰야식, 법아견을 일으키는 경우에는 이숙식, 그리고 평등성지를 일으키는 경우에는 무구식·이숙식이라고 이름하였다. 그 이유는 제8식은 지위에 따라 그 이름을 달리하기 때문이다. 그리고 평등성지를 일으키는 경우에는 무구식·이숙식을 동시에 사용하였다. 이는 부처님의 경우에는 무구식에 해당되고, 부처님을 제외한 경우에는 이숙식에 해당된다. 여래지에 들어가기[성불하기] 전 보살 지위에서 법공지와 법공지의 과가 나타나기도 한다. 부처님의 무구식과 구분하기 위해 이숙식이라고 하였다. 부처님은 생사윤회를 벗어났기 때문에 과보식에 해당되는 이숙식이라는 이름을 사용할 수 없다.

한편, 인아견을 일으킬 경우 반드시 법아견도 일어난다. 아집은 반드시 법집에 의거한다. 예를 들어, 그루터기 등을 잘못 알아서[법집] 사람[아집] 등이라고 여긴다. 즉, 아집이 있으면 반드시 법집이 있다. 그러나 법집이 있다고 해서 반드시 아집이 있지는 않다. 아라한에게는 법집은 있지만 아집은 없다.

표를 참조하여 대승의 보살 지위로 보자면, 제8지 보살 이전까지는 제7식은 아집과 법집이 거의 항상 함께하고, 제8지 보살에서 성불하기 전까지는 제7식은 아집과 함께하지 않지만, 법집과 거의 항상 함께한다. '거의'라고 표현한 이유는 성불하기 전이라도 견도나 수도 가운데 제7식이 평등성지와 함께하는 순간에는 제7식은 아집·법집과 함께하지 않는다. 여래가 되면 당연히 제7식은 항상 평등성지와 함께한다.

05 제7식이 있는 이유, 증명하기

앞에서는 상식으로 출발하여 제7식이 있어야 하는 이유에 대해 알아보았다. 지금부터는 유식 논사의 증명을 통해 제7식이 있어야 하는 이유를 살펴보자.

『성유식론』 권5에서는 두 가지 가르침[二敎證]과 여섯 가지 이치[六理證]를 들어 제7식의 존재를 증명한다. 물론 여기에서도 전6식은 끊어지거나 선·악·무기의 성품으로 자주 바뀐다는 점을 부각시키면서 제7식이 있어야 함을 증명한다.

1. 경전 말씀에 의한 증명 [敎證]

교증 부분에서는 경전 가운데 제7식에 관한 설명이 명확하게 드러난 것을 통해 증명한다. 제7식을 설명한 경전이 많지만, 여기에서는 세 곳의 경전 말씀을 인용하여 두 가지 내용으로 증명한다.

보통 이를 이교증(二敎證)이라고 한다.

1) 제1 교증 : 심·의·식에서 의(意)는 제7식

부처님께서 『아함경』뿐만 아니라 곳곳의 경전에서 심(心)·의(意)·식(識)에 대해 세 가지 별도의 뜻을 말씀하셨다. 집기(集起)를 심이라 이름하고 사량(思量)을 의라 이름하며, 요별(了別)을 식이라 이름한다. 집기는 '모아서 일으키다'는 뜻이고, 사량은 '헤아리다'는 뜻이고, 요별은 '분별하다'는 뜻이다. 앞에서 틈틈이 그 뜻을 풀이하였다.

물론 소승은 심·의·식을 동일한 식에 대한 다른 이름일 뿐이라는 주장이다. 즉 심·의·식은 순서대로 동일한 하나의 식을 미래·과거·현재에 따라 일컫는 이름이라고 본다.

그러나 유식 논사는 심·의·식을 별도의 식으로 본다. 집기·사량·요별의 세 가지 뜻은 비록 8식에 통하지만, 집기의 뜻은 제8식이 뛰어나고, 사량의 뜻은 제7식이 뛰어나고, 요별의 뜻은 전6식이 뛰어나다. 즉, 제8식은 제법의 종자를 모아 제법을 일으키기 때문에 심이라 이름하고, 제7식은 제8식을 반연하여 항시 자세하게 사량하여[헤아려서] 아(我) 등으로 여기기 때문에 의라 이름하고, 나머지 여섯은 여섯 가지 별도의 대상[境]을 요별하기 때문에 식이라 이름한다.

대승경전인 『능가경』에는 심·의·식의 구분이 명확하게 드러난다.

장식을 말하여 심이라 이름하며,
사량의 체성을 의라 이름하고

능히 모든 경의 모습을 요별하니
이를 말하여 식이라 이름하네.
藏識說名心
思量性名意
能了諸境相
是說名爲識

따라서 경전에서 말하는 의(意)가 바로 제7식이다.

2) 제2 교증 : 염오의가 바로 제7식

다음은 대승과 소승이 모두 믿는 『해탈경』을 인용한다. 이는 4아함경에 속하는 경전이 아니다. 아함경에서 벗어났기[해탈] 때문에 해탈이라 이름한다.

염오의는 항시
제법과 함께 생멸하네.
만약 모든 혹(惑)을 벗어나면
이전에도 있지 않았고 앞으로 있지 않네.
染汚意恒時
諸惑俱生滅
若解脫諸惑
非曾非當有

그 경전에서 스스로 이 게송의 뜻을 풀이하여 말씀하셨다.

염오의가 있어 무시로부터 4번뇌와 항시 함께 생멸한다. 이른바 아견, 아애와 아만, 아치이다. 다스리는 도[對治道]가 생겨 번뇌를 끊으면 이 의(意)는 그것을 따라 곧 해탈을 얻는다. 이때 이 의(意)와 상응하는 번뇌는 현재뿐만 아니라 과거·미래에도 없다.

항시 4번뇌와 함께 하는 식은 제7식을 제외하고 생각할 수 없다. 따라서 이 『해탈경』에서 말하는 염오의가 바로 제7식을 나타낸다. 또한 이 경전의 내용은 앞에서 설명한 제7식의 특징과 같다.

2. 이치에 의한 증명 [理證]

위 교증의 경우, 경전에서 제7식에 대한 설명이 명확히 드러난 경우이다. 지금 이증의 경우에는, 은밀하게 드러난 경전 말씀을 근거로 이치를 따져 제7식이 있음을 증명한다. 여섯 가지 이치를 통해 논증하기 때문에 육리증(六理證)이라고 한다.

1) 제1 이증 : 항상 불공무명과 함께 하는 식[不共無明證]

경전(『연기경』)에서 '불공무명이 미세하게 항상 행하면서 진실을 덮어 가린다'라고 말씀하신다.

즉, 모든 범부는 선·악·무기 모든 경우에서 무아에 대한 도리를 미혹케 하는 불공무명을 항상 일으켜 진여실상의 이치를 덮고 성지(聖智)의 혜안을 가린다는 말씀이다.

인용한 경전에서는 제7식에 해당되는 용어는 직접적으로 드러나 있지 않다. 그런데도 이 경전을 인용한 이유는 '불공무명' 때문이다. 무명은 어리석음[癡]으로 심소법에 해당된다. 심소법은 홀로 일어날 수 없다. 반드시 심왕인 식과 함께 일어난다. 또 불공이란 자신에게만 있는 것을 말한다. 즉 불공무명은 불공무명과 상응하는 그 식에게만 있고 다른 식에는 없다. 그렇다면 이 불공무명과 함께하는 심왕인 식은 무엇인가?

'항상'이라는 말이 또 핵심이 된다. 무명은 번뇌심소로 악[不善]의 성품이다. 전6식은 선·악·무기로 성품이 수시로 바뀐다. 그리고 하나의 식에서 선이 일어날 때는 악은 일어나지 않고 악이 일어날 때는 선이 일어나지 않는다. 선은 악과 함께하지 못한다. 그런데 범부는 선·악·무기 모든 경우에서 항상 불공무명을 일으킨다. 전6식이 선성일 경우에는 악성인 불공무명은 함께할 수 없다. 따라서 불공무명이 항상 일어나려면 전6식과는 별도로 언제나 불공무명과 함께하는 식이 있어야 한다. 그 식이 바로 제7식이다. 제7식은 항상 아치·아견·아만·아애 등과 함께하며 제8식을 아라고 집착한다. 이때 아치(我癡)가 바로 불공무명이다. 여기서는 자신에게만 속하고 상대방에 속하지 않기 때문에 불공이라는 의미만은 아니다. 이때 무명은 뛰어나서 선·악·무기심에 두루하기 때문에 불공이라고 이름한다. 따라서 제7식이 없다면 결코 그 불공무명은 있을 수 없다

경전에서 범부는 항상 긴 밤에 처하여 무명에 눈멀고 어두움에 마음이 얽매이면서 한 번도 각성한 적이 없다고 말씀하신다. 만약 범부에게 무명이 일어날 때가 있고 일어나지 않을 때가 있다고 말하게 되면 곧 경전의 뜻과 어긋난다. 따라서 불공무명이 6식에 의지한다는 주장도 성립될 수 없다. 그렇게 되려면 6식이 선성일 경우에는 이 불

공무명은 끊어지게 되고, 아니면 6식이 불공무명과 항상 함께하기 위해서는 그 6식은 항상 염오이어야 한다. 그런데 그렇지 않다.

그러므로 말나식[제7식]이 있다고 인정하면 곧 이러한 오류는 없다.

2) 제2 이증 : 의근은 무엇인가 [二緣證]

경전에서 '안과 색이 연이 되어 안식을 생기게 한다. … 의와 법이 연이 되어 의식을 생기게 한다'라고 말씀하신다.

이는 불교의 근본 교리 가운데 하나인 십팔계와 관련된다. 안근·색경·안식이 하나의 조합이 된다면, 의근·법경·의식이 하나의 조합이 된다. 즉 안식 등에게 안근과 색경 등 두 가지 연이 있는 것과 마찬가지로 의식에게 의근·법경의 두 가지 연이 있다. 이때 의근은 무엇인가?

어떤 부파 논사는, 가슴[胸] 가운데 색물(色物)이 의근이 된다고 말한다. 그러나 의는 색이 아니기 때문에 색물이 의식의 소의(所依, 의지)가 된다고 말할 수 없다.

어떤 부파 논사는, 앞 찰나에 일어난 의식이 다음 찰나의 의근이 된다고 말한다. 그러나 식과 근은 함께 동시에 전전한다. 식과 근은 이미 같은 대상을 가지고 있으니 반드시 동시이다. 그리고 과거는 이미 없으므로 앞 찰나에 일어난 의식이 현재 식의 의지가 될 수 없다.

그러므로 안식 등과 같이 의식은, 반드시 다른 식과 공유하지 않고 의식이라는 이름의 근거를 드러내고 과거의 법이 아니고 의식을 생기게 하는 소의가 있어야 한다. 그 소의인 의(意)가 바로 제7식이다.

앞에서 제7식의 이름을 설명할 때를 생각해보자. 제7식도 의식이라 하고 제6식도 의식이라 이름한다. 그런데 제7식 의식은 '의(意)가 곧 식'이라는 뜻이었고, 제6식 의식은 '의(意)의 식'이라고 하였다. 곧 안식이 안(根)의 식인 것처럼, 제6식 의식은 '의(根)의 의식'이다. 이때 의(根)이 바로 제7식이다.

3) 제3 이증 : 사량을 의라 이름함 [意名證]

경전에서 '사량을 의(意)라 이름한다'고 말씀하신다.
만약 이 제7식이 없으면 그 사량은 없다. 어떤 부파[살바다부 등]에서는 과거의 의를 사량의라고 한다. 그렇지 않다. 그것은 이미 과거로서 현재에는 사량의 작용이 없는데 과거의 심을 어떻게 의라 이름하겠는가? 제7 말나식이 따로 있어서 항시 자세하게 사량하니 바로 의라 이름한다. '사량과 '의'에 대해서는 앞에서 자주 설명하였다. 여기서는 이 정도로 간단하게 살펴보고 넘어간다.

4) 제4 이증 : 무상정과 멸진정의 차별 [二定差別證]

경전에서 '무상정(無想定)'과 '멸진정(滅盡定)'을 말씀하신다.
결론부터 말하자면, 만약 염오의(染汚意, 제7식)가 없다면 그 두 가지 정(定)은 차별이 없다. 그 두 가지 정에는 모두 6식과 그 심소가 사라졌다. 6식과 그 심소가 사라졌다는 점에서는 차별이 없다. 따라서 염오의가 있어서, 멸진정에는 없고 무상정에는 있다고 한다면 그 두 가지 정은 차별이 있게 된다. 유식사상에서는 두 가지 정을 다음과 같이 설명한다.

두 가지 무심정(無心定)은 의식의 활동이 정지되는 선정으로서 무상정과 멸진정을 말한다. 무상정은 외도 수행자도 도달할 수 있지만, 멸진정은 불교에서 말하는 뛰어난 선정이다. 무상정에서는 아직 말나식이 작용하고, 멸진정에서는 소멸된다. 멸진정은 멸수상정이라고도 하며, 성자가 모든 심상을 없애고 적정하기를 원하여 닦는 선정이다. 그리고 6식의 심·심소와 제7식 유루 일부가 일어나지 않는 단계로서 무색계의 제4 유정천(有頂天)에 해당한다. 소승에서 불환과와 아라한과의 성자가 닦는 멸진정은 유루정으로서 말나식의 아집작용까지 소멸된다. 대승의 보살이 닦는 멸진정은 무루정으로서, 말나식의 법집작용까지 소멸된다.

5) 제5 이증 : 무상천 유정도 염오가 있음 [無想有染證]

경전에서 '무상천(無想天)의 유정은 평생 동안 심·심소가 사라진다'라고 말씀하신다.

무상정을 닦아 전6식을 싫어하는 힘에 의해 광과천(廣果天) 가운데 태어난다. 이 천에서는 전6식과 심소가 모두 사라지지만 심소 가운데 상(想)이 사라짐을 으뜸으로 하니, 무상천이라 이름한다.

이 경전에서 중요한 용어는 '평생 동안 심·심소가 사라지다'는 말이다. 만약 제7식이 없다면 무상천의 유정은 어떻게 되겠는가? 만약 이 제7식이 없으면 무상천에는 전6식과 그와 상응하는 모든 심소가 사라졌으니 무상천의 유정은 염오가 없다. 전6식이 일어나야 염오가 있든지 없든지 하지 않겠는가. 따라서 무상천에서는 아집도 평생 당연히 없게 된다. 아집이 없다면 열반과 다름없다. 열반과 다름이 없다면, 성현들이 무상천의 유정을 굳이 한결같이 꾸짖거나 싫어할 이유가 없다. 그런데 그렇지 않다.

그러므로 염오 말나[염오의, 염오 제7식]가 별도로 있어 무상천에서 항상 아집을 일으킨다. 이것 때문에 성현께서 무상천의 유정을 똑같이 꾸짖거나 싫어하신다.

6) 제6 이증 : 아집이 성립하지 않게 됨 [我執不成證]

경전에서 '이생(異生, 범부)은 선·염·무기심 때 항상 아집을 끼고 다닌다'라고 말씀하신다.

이 증명은 앞에서 '상식으로 생각하기'와 같은 내용이다. 범부는 그 마음이 선이거나 악으로 오염되거나 이것도 저것도 아닌 무기심일 때나 항상 나를 집착한다. 그런데 제7식이 없으면 아집이 항상 있는 것은 아니다. 제7식이 없다면, 전6식이 일어나지 않을 때는 당연히 아집은 없게 되고 전6식이 선성일 때도 아집은 일어나지 않게 된다.

따라서 제7식이 있어야 한다. 그리하여 범부는 선·악·무기의 마음일 때 비록 제6식이 밖으로 모든 업을 일으키지만 제7식이 안으로 항상 아를 집착한다. 제7식이 아를 항상 집착하기 때문에 6식 가운데 일어난 보시 등에 대해 분별상을 없애버릴 수 없다.

이렇게 하여 제8식과 제7식에 대한 설명이 끝났다. 용기 있게 마지막 반문을 해본다. 그렇다면 무슨 까닭으로 『아함경』 등에서는 6식까지만 말씀하시는가? 이에 유식 논사들은 답한다. '경전에서 6식까지만 말씀하신 이유는 잘 알아야 한다. 수전리문(隨轉理門)이거나 혹은 소의(所依)인 6근을 따라 여섯을 말씀하셨다. 하지만 식의 종류는 별도로 실로 각각 여덟 종류가 있다.' 수전리문이란, 때에 따라 다른 이의 뜻에 따라서 말한 법문을 말한다. 그렇기 때문에 『아함경』 등을 인용하면서 이치에 따라 하나하나 증명하였다. 단순하게 단정하지 말고 차분히 생각하고 생각하자. 자신의 논리에 대한 한계를 극복하기 위해 서로 탁마했으면 한다.

제5장

세 번째 능변식, 전6식

01

전6식,
요별경식의 모습

이제부터는 어느 누구나 이야기하는 전6식에 대해 간단하게 살펴보자. 유식 논서에서는 전6식을 세 번째 능변식으로 요별경식 또는 요별경계식이라고 이름한다. 다음은 『유식삼십송』에서 노래한 제3능변식에 대한 첫 게송이다.

    다음 세 번째 능변식이니
    구별하면 여섯 가지가 있네.
    대상을 요별함으로써 성품과 모습을 삼고
    선과 불선과 둘 다 아닌 것이네.
    次第三能變
    差別有六種
    了境爲性相
    善不善俱非

1. 전6식의 이름

이처럼 『유식삼십송』에서는 제6식과 전5식을 함께 언급하고 있다. 세 번째 능변식인 제6식과 전5식은 대상을 요별함에 제8식·제7식보다 뛰어나고, 선·악·무기 삼성에 통한다는 등의 공통점이 있기 때문에 함께 언급한다. 그런데 세 번째 능변식인 요별경식은 6근과 6경에 따라 종류가 다르기 때문에 6식의 차별이 있다. 6근은 안근·이근·비근·설근·신근·의근이고, 6경은 색경·성경·향경·미경·촉경·법경이다.

잠시 쉬었다 가자. 6식의 순서에 대한 설명이 재미있다. 이는 『구사론』 등에 설명된 내용이다. 옛 논사들은 부처님 가르침은 모두 나름대로 규칙이 있다고 보았다. 그래서 '왜 6식의 순서가 안식에서 시작할까?' 하고 생각하셨다. 그 결과 두 가지 결론에 이르렀다. 하나는 신체 특징을 기준으로 한 것이다. 얼굴에서 눈이 가장 높은 곳에 있고, 그 다음으로 귀, 코, 혀 등의 순서이다. 몸은 전체이고 의식은 전5식을 모두 포함하여 살핀다. 다른 하나는, 대상의 멀고 가까움을 기준으로 하였다. 눈에 보이는 색깔과 형태는 저 멀리 있어도 보인다. 그 다음으로 인식할 수 있는 거리의 한계 순서로 소리, 향기[냄새], 맛 등의 순서이다. 접촉은 몸 안팎으로 전체에 해당되고, 의식의 대상인 법경은 모든 법을 포함한다.

우선 전6식을 안식 내지는 의식이라 하는 것은 근을 따라 부르는 이름으로 여기에는 다섯 가지 뜻을 갖추고 있다. 다섯 가지 뜻이란, 식은 근에 의지하고, 근이 일으키며, 근에 따르고, 근을 도우며, 근과 같다는 말이다. '근에 의지한다'는 말은, 안근 등에 의지한 안식 등이기 때문이다. '근이 일으킨다'는 말은, 근이 변이하면 식도 변이하기 때문이다. 예를 들어, 눈에 병이 나면 대상이 이상하게 보이지만, 대상이 무너진다고 해서 식이 무너지는 것은 아니다. '근에 따른다'는 말은, 식 종자는 근을 따라 현행할 수 있기 때문이다. 예를 들어, 제6식 종자는 제7식[의근] 종자를 따른다. 제7식 종자가 현행할 때 제6식 종자가 비로소 일어나 현행한다. '근을 돕는다'는 말은, 근과 식이 함께 작용하여 근으로 하여금 손익이 있게 한다. 예를 들어, 제6식 무루가 제7식의 유루를 없애고 제7식의 무루를 이룬다. '근과 같다'는 말은, 근·식 모두 유정의 범위에 있지만 색법은 기세간에도 해당되어 반드시 유정은 아니기 때문이다. 가령 안근이나 안식은 유정에게 속한다. 그러나 색경 가운데 손이나 얼굴 등은 유정에 해당되지만, 색경 가운데 산이나 바다 등은 기세간에 해당된다.

참고로 '제6식 무루가 제7식의 유루를 없애고 제7식의 무루를 이룬다'라는 말은 수행과 관련하여 중요한 부분이다. 앞에서 유루의 제7식이 항시 아집과 함께한다고 하였다. 그런데 그 제7식은 우리에게 보이지 않는다. 보이지 않는 제7식을 어떻게 청정하게 하는가? 따라서 보이는 제6식을 청정하게 함으로써 제6식의 근거인 제7식을 청정하게 한다는 말이다.

또한 전6식을 혹은 색식 내지는 법식이라고도 한다. 이는 요별경식이라는 뜻에 따라서 경[대상]을 따라 이름하기 때문이다. 6경을 요별하여 식이라 이름한다. 색 등의 5식은 오직 색 등만을 요별하고, 법식은 통틀어 일체법을 요별하기도 한다. 혹은 제6식은 전5식과 공유하지 않는[不共] 별도 법만을 요별하기도 하므로 홀로 법식이라는 이름을 얻는다.

그런데 '경을 따라 6식의 이름을 세운 것'은 5색근이 자재하지 못한 경우에 의거한다. 어떤 경지에 이르면 눈으로 색깔을 구별하고 소리를 듣고 냄새를 맡는 것 등이 자재하다. 이처럼 자재하게 되면, 하나의 근이 식을 일으키면 일어난 식은 일체의 대상을 반연한다. 따라서 다만 근을 따라 안식·이식·비식 등의 이름을 세워야 서로 혼란이 없게 된다. 예를 들어, 안식을 통한 요별, 이식을 통한 요별 등으로 구분이 된다.

2. 전6식은 대상을 요별한다

게송에서 '대상을 요별함으로써 성품과 모습을 삼고[了境爲性相]'라고 말씀하신 것은 6식의 자성과 행상을 쌍으로 나타낸다. 식은 대상[境]을 요별하는 것으로 자성을 삼고, 곧 다시 그것으로 행상을 삼았기 때문이다. 여기서 자성은 6식의 자체 특징을 말하고, 행상은 6식의 작용 모습을 말한다. 여기서도 마찬가지로 그냥 쉽게 6식은 대상을 요별함을 특징으로 한다는 정도로 이해하고 넘어가자. 따라서 제3능변식을 요별경식이라 이름한다. 별도 대상을 능히 요별하기 때문이다.

경전에서 '안식이란 무엇인가? 안근을 의지하여 갖가지 색을 요별하는 것이다. … 의식이란 무엇인가? 의근을 의지하여 갖가지 법을 요별하는 것이다'라고 말씀하신 것과 같다.

3. 전6식과 선·악·무기의 성품

전6식은 선·악·무기 가운데 무슨 성품에 속하는가? 이른바 선·불선·구비(俱非)에 모두 해당된다.

구비(俱非)는 무기이다. 선·불선 모두 아니

기 때문에 구비라 이름한다. 능히 이 세계와 다른 세계에 이익이 되게[順益] 하므로 선이라 이름한다. 인(人)·천(天)의 즐거운 과보[樂果]는 비록 이 세계에 이익이 되지만, 다른 세계에 이익이 되지 않는다. 이 말을 쉽게 풀이해 보자. 이 세상의 선한 행동은 이 세상에서 이익이 될 뿐만 아니라 다음 세상에도 즐거운 과보를 일으키는 이익이 된다. 그러나 이 세상의 즐거운 과보는 단지 이 세상의 즐거운 과보일 뿐이지, 즐거운 과보 그 자체가 다른 세계에 또 다른 즐거운 과보를 일으키는 원인이 되지는 않는다. 그러므로 낙과는 선이라 이름할 수 없다. 이 세계와 다른 세계에 손해가 되게[違損] 하므로 불선이라 이름한다. 악취[지옥 등]의 괴로운 과보[苦果]는 비록 이 세계에 손해가 되지만, 다른 세계에 손해가 되지 않는다. 그러므로 고과는 불선이 아니다. 낙과와 고과는 선·불선의 이익·손해 가운데 기별할 수 없으니 그러므로 무기라 이름한다.

  6식이 만약 신(信) 등의 선심소와 상응한다면, 이는 선성에 속한다. 무참(無慚) 등의 번뇌심소와 상응한다면 불선성에 속한다. 모두 다 상응하지 않으면 무기성에 속한다. 그러나 하나의 식이 동시에 선성과 불선성과 무기성이 될 수는 없다. 가령 6식이 신(信) 등의 선심소와 상응할 때는 무참 등의 번뇌심소는 동시에 상응할 수 없다. 반대로 무참 등의 번뇌심소와 상응할 때는 선 등의 선심소는 동시에 상응할 수 없다. 그리고 각각 선성 또는 불선성과 상응할 때는 당연히 무기성은 아니다.

  한편 부처님처럼 자재를 얻은 지위에서는 6식은 오직 선성에 속한다. 부처님에게 번뇌심소가 없기 때문에 불선성은 아니고, 항상 선심소와 함께하여 선성이므로 당연히 무기성은 아니다.

02 전6식의 일어남과 사라짐

앞에서 전6식은 일어나지 않을 때, 즉 끊어질 때가 있다고 자주 말하였다. 그것은 그냥 당연히 아는 사실이다. 그렇지만 이왕 말이 나온 김에 유식사상에 입각하여 한번 살펴보자. 그렇다면 전6식은 언제 일어나고 언제 일어나지 않는가?『유식삼십송』게송에서 말씀하신다.

> 근본식에 의지하나니
> 5식은 연에 따라 나타나되
> 어떤 때 함께하고 어떤 때 함께하지 않으니
> 파도가 물에 의지하는 것과 같네.
> 依止根本識
> 五識隨緣現
> 或俱或不俱
> 如濤波依水

의식은 항상 일어나지만
무상천에 태어날 때,
아울러 무심의 두 가지 정,
수면과 민절은 제외하네.
意識常現起
除生無想天
及無心二定
睡眠與悶絕

1. 전6식이 일어날 때

계송에서 '근본식'이란 제8식을 말한다. 6전식은 제8식에 의지하여 연에 따라 일어나기도 하고 일어나지 않기도 한다.

5식이란 전5식인 안식·이식·비식·설식·신식을 말한다. 색근에 의지하여 바깥 대상을 요별하는 모습이 비슷하므로 총괄하여 그렇게 말한다. '연에 따라 나타난다'라는 말은 항상 일어나는 것은 아니라는 뜻이다. 이때 '연'은 의지, 의탁의 뜻이다. 보통 '조건'이라 풀이하기도 한다. 근·경 등을 말한다. 이른바 5식은 안으로 본식에 의지하고 밖으로 5근·5경 등 여러 연의 화합에 따라서 비로소 나타나게 된다. 따라서 안식 등 전5식은 혹은 함께 일어나기도 하고 혹은 함께 일어나지 않기도 한다. 예를 들어, 음식을 먹으면서 영화를 볼 때, 안식·이식·비식·설식·신식이 함께 일어날 수 있다. 눈을 감고 음악을 들을 때는 안식은 일어나지 않는다. 마치 물결이 조건에 따라 많이 일기도 하고 적게 일기도 하는 것과 같다.

이처럼 5전식은 오직 바깥 대상에 나아가고 많은 연에 의지한다. 그런데 의지하는 여러 연이 갖추어지지 않을 때가 많다. 따라서 5전식은 일어날 때는 적고 일어나지 않을 때는 많다. 제6식 의식은 안팎에 전전하고 많은 연에 의지하지 않는다. 그리고 의지하는 연이 갖추어지지 않을 때는 거의 없다. 오직 다섯 경우[五位]만 연이 갖춰지지 않는다. 따라서 제6식은 끊길 때는 적고, 일어날 때는 많다.

또, 5식은 반드시 제6식과 함께해야만 드러난다. 전5식이 일어나게 하는 경각심은 제6식과 밀접한 관련이 있기 때문이다. 그리고 전5식과 함께 일어나는 제6식이 있어야 그 대상을 명확하게 인식할 수 있다. 즉, 제6식은 전5식을 도와서 일어나게 하며, 그 대상을 능히 명료하게 취하는 것이 전5식과 다르기 때문에, 전5식이 일어날 때는 반드시 제6식이 필요하다. 한편, 제6식은 오로지 전5식의 대상만 요별하는 것이 아니라 독자적인 대상을 요별하기도 한다.

이에 제6식은 다음과 같이 분류된다.

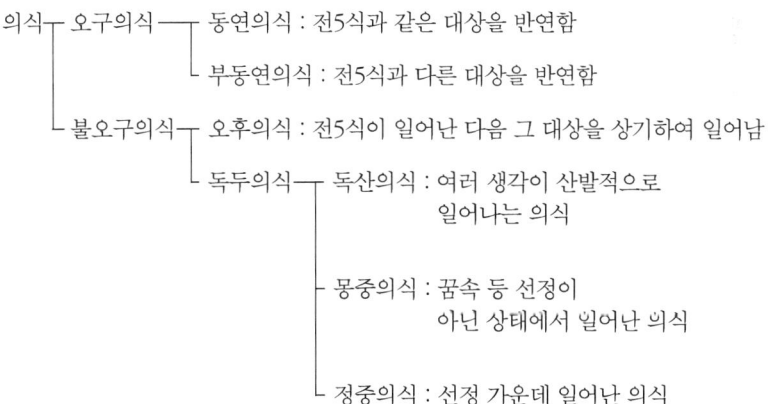

첫째, 오구의식(五俱意識)이다. 이는 전5식과 함께 동시에 일어나는 의식을 말한다. 이 경우에는 전5식과 같은 대상을 반연하여 일어나는 동연의식과 다른 대상을 반연하여 일어나는 부동연의식이 있다. 부동연의식이란 가령 딴 생각을 하면서 길을 가는 경우 나중에 지나간 풍경이나 사건은 전혀 떠오르지 않는 경우와 같다.

둘째, 불오구의식이다. 이는 5전식과 동시에 일어나지 않고 홀로 일어나는 의식을 말한다. 여기에는 오후의식(五後意識)과 독두의식(獨頭意識)이 있다. 오후의식은 전5식이 일어난 다음에 그 대상을 상기하여 일어나는 의식이다. 독두의식에는 독산의식, 몽중의식, 정중의식이 있다. 독산의식(獨散意識)은 여러 생각이 산발적으로 일어나는 의식을 말한다. 몽중의식(夢中意識)은 꿈속에서 홀로 일어난 의식을 말한다. 정중의식(定中意識)은 말 그대로 선정 가운데 일어난 의식이다. 선정 중에 체험한 경우가 이에 해당된다.

2. 전6식이 일어나지 않을 때

앞서 제6식이 일어나지 않는 다섯 경우가 있다고 하였다. 이를 오위무심(五位無心)이라고 표현한다. 제6식이 일어나지 않으면 당연히 전5식도 일어나지 않는다. 그렇다면 다섯 경우는 어떻게 되는가? 게송에서 '무상천에 태어날 때, 아울러 무심의 두 가지 정, 수면과 민절'이라고 하였다. 여기서 무심의 두 가지 정은 무상정(無想定)과 멸진정(滅盡定)이다. 모두 6식이 없으므로 무심이라 이름한다.

무상천

: 무상정을 닦아 전6식을 싫어하는 힘에 의해 색계 제4선 중 하나인 광과천(廣果天) 가운데 태어난다. 이때 전6식과 심소가 일어나지 않는데 상(想)이 사라짐을 으뜸으로 하니, 무상천이라 이름한다. 그러므로 6전식은 무상천에서 모두 끊어진다.

무상정

: 어떤 범부가 변정천(遍淨天, 제3선)의 탐을 눌렀으나 제4선정 이상의 염법은 누르지 못하였다. 이를 벗어나고자 하는 마음[出離想]이 일어나서 전6식과 심소를 사라지게 한다. 이때 상(想)이 사라짐을 으뜸으로 하니 무상(無想)이라는 이름을 세운다. 그리고 심소가 모두 사라졌으므로 정(定)이라는 심소는 없지만, 유심정(有心定)처럼 몸을 편안하고 조화롭게 하니 정(定)이라 이름한다. 무상정은 상(想)을 싫어 떠나고 그것의 과보[무상천]에 들기를 즐거이 구하기 때문에 오직 유루이다. 성인은 이러한 정을 일으키지 않는다.

멸진정

: 어떤 무학 혹은 유학의 성인은 무소유처의 탐을 조복했거나 여의었지만 그 위의 탐은 해결하지 못하였다. 그리하여 상(想)을 멈추게 함을 최우선으로 하여 전6식과 염오 제7식의 심·심소를 사라지게 하므로 멸진(滅盡)이라는 이름을 세운다. 몸을 편안하고 조화롭게 하기 때문에 또한 정(定)이라 이름한다. 수와 상을 가장 싫어 떠나기 때문에 역시 멸수상정(滅受想定)이라 이름한다.

혹 제8식의 가르침을 믿지 못하는 사람은 비록 무색계에 태어나도

이 정을 일으키지 못한다. 이 정에는 색과 심이 없어서 단멸하게 될까 두려워하기 때문이다. 반면에 제8식의 가르침을 이미 믿는 사람은 무색계에 태어나면 멸진정에 들어가니 제8식이 단멸하지 않음을 알기 때문이다.

참고로, 보살은 크게 두 부류로 나뉜다. 하나는 성문이나 연각 등 이승의 수행 과정을 거친 후 회심하여 대승의 보살도를 닦는 경우이다. 이를 점오보살(漸悟菩薩)이라고 한다. 또 하나는 이승의 수행 단계를 거치지 않고 바로 대승의 보살도를 닦는 경우이다. 이를 돈오보살(頓悟菩薩)이라고 한다. 만약 먼저 이승의 위에서 이미 멸진정을 얻고 뒤에 회심하는 자[점오보살]라면 언제나 멸진정을 일으킬 수 있다. 만약 돈오보살인 경우에는, 제7지 만심(滿心; 제7지의 구경, 제8지 바로 직전)에 이르러서야 비로소 일체의 번뇌를 영원히 조복할 수 있고, 이 멸진정을 일으킬 수 있다.

극중수면 [무심수면]

: 극심한 피로 등으로 깊은 잠에 들었을 때 전6식은 일어나지 않는다. 이때를 극중수면이라고 한다.

극중민절 [무심민절]

: 풍·열 등으로 인해 기절했을 때, 전6식은 일어나지 않는다. 이때를 극중민절이라고 한다. 한편, 태어나는 순간과 죽는 순간은 최고의 기절 상태[최극민절위]로 역시 전6식은 일어나지 않는다.

이 다섯 경우를 제외하고서는 의식은 항상 일어난다. 그런데 범부에게는 멸진정은 제외되고 네 가지가 있다. 성인에게는 뒤의 셋[멸진정·극중수면·극중민절]만 있다. 여래와 자재 보살에게는 오직 하나[멸진정]만 있는데 그 이유는 수면·민절이 없기 때문이다.

3. 8식이 동시에 일어남의 여부

이처럼 전6식이 일어나는 여부를 살펴본 김에, 제8식·제7식과 아울러 전6식, 즉 8식이 동시에 함께 일어나는 여부를 알아보자. 식이 함께 일어나는 것을 구전(俱轉)이라고 하며 또한 구기(俱起) 또는 구생(俱生)이라고 한다.

모든 논사가 식이 동시에 일어난다고 주장하는 것은 아니다. 어떤 부파불교의 논사는 하나의 식이 일어나고 나서 그 다음 순간에 다른 식이 일어난다고 주장한다. 이 논사에 따르면 6식은 별도의 식이 아니라 하나의 식으로서 식의 작용에 따라 안식·이식 등 여섯으로 구분하였을 뿐이다. 따라서 하나의 식에서 동시에 두 가지 이상의 작용이 일어날 수 없기 때문에 6식은 동시에 함께 일어나지 않고 시간을 달리하며 차례로 일어난다. 예를 들면, 한 손으로 동시에 가위와 보를 낼 수 없는 것과 같다.

그러나 만약 모든 식이 각각 별도의 식이라면 모든 식은 여건에 따라 동시에 일어날 수 있게 된다. 예를 들어, 한 손으로 동시에 가위와 보를 낼 수 없지만, 두 손인 경우 가위와 보를 동시에 낼 수 있다. 유식 논서(『성유식론』 권7)에서는 모든 식을 8식으로 나누고 여건에 따라 2식 또는 8식이 동시에 일어난다고 본다.

모든 유정에게 제8식과 제7식 둘은 반드시 항상 함께 전전한다. 따라서 제6식이 일어나지 않는 경우, 즉 오위무심[무상천·무상정·멸진정·극중수면·극중민절]의 경우에는 오직 제8식과 제7식만이 일어난다. 제6식이 일어나지 않으면 전5식 또한 함께하지 않기 때문이다. 만약 제6식이 일어나면 곧 셋이 함께 전전한다. 나머지 전5식은 여건에 따라 하나에서 다섯에 이르기까지 일어난다. 곧 전5식 가운데 하나가 일어나면 제8식·제7식·제6식을 포함하여 넷이 함께 일어나거나, 나아가 전5식이 모두 일어나면 여덟이 함께한다.

그렇다면 이런 질문이 가능하다.

문 만약 한 유정(有情)에 많은 식이 구전한다고 한다면 어찌 그것을 한 유정이라고 말할 수 있는가? 정(情)은 식(識)이기 때문이다.

그럼, 이렇게 답한다.

답 만약 유정을 설정함에 식의 많고 적음에 의거한다면 무심위에서는 응당 유정이 아니라고 해야 한다. 그런데 유정을 설정하는 근거는 목숨[命根] 혹은 이숙식에 의거한다. 그것은 모두 항상 오직 하나만 있기 때문이다.

즉, 유정은 식의 많고 적음에 의거하는 것이 아니라 목숨줄과 제8식에 의거한다. 목숨이 두 개인 유정은 없기 때문이고, 모두 하나의 제8식만 있기 때문이다.

03 심소법의 의미와 분류

앞에서 계속 심소법이라는 용어는 나왔지만, 설명은 뒤로 미루고 자세하게 언급하지는 않았다. 사실 심소법의 종류 하나하나까지 언급하면 용어에 질릴 수도 있다. 이렇기 때문에 아비달마불교는 현학적이라는 말이 나온다. 그러나 아비달마불교는 교리를 체계화시켰다는 긍정적인 측면도 있다. 유식사상을 대승아비달마라고도 한다. 중관사상의 경우, 공의 측면에서 기존 사상을 논파하는 측면이 강하였기 때문에 별도의 용어를 세울 필요가 거의 없었다. 그러나 유식사상의 경우, 식(識)의 측면에서 기존 사상을 논파하기 때문에 기존 부파불교의 아비달마 용어뿐만 아니라 새로운 용어를 통해 올바르게 부처님 가르침을 나타내고자 하였다. 따라서 유식사상을 받아들이기에는 사고의 전환도 힘들지만, 용어를 습득하는 것도 만만치 않다. 그런데 곧 언급하는 심소법에 대한 이해는 『아함경』에서 설명된 근본교리를 이해하는 데도 도움이 된다. 예를 들어, 오온에서 수온과 상온이 바로 심소법에 해당된다.

심왕인 식은 반드시 심소법과 함께 일어난다. 즉, 제8식·제7식·전6식 모두 심왕으로서 심소법과 함께 일어난다. 유식 논서(『성유식론』)에서도 제8식·제7식을 설명하는 가운데 상응하는 심소법을 언급하지만, 전6식을 설명하는 부분에서 전체적으로 심소법을 설명한다. 그것은 제8식·제7식은 특정 심소법과 상응하지만, 전6식은 모든 심소법과 상응하기 때문이다. 마찬가지로 이 글에서도 전6식을 설명하는 마지막 부분에 심소법을 간단하게 살펴보기로 한다.

1. 심소법의 의미

착한 마음이 일어날 때는 마음이 어떻게 되어 있고, 못된 마음이 일어날 때는 마음이 어떻게 되어 있을까? 착한 마음이 따로 있고, 못된 마음이 따로 있을까? 아니면 똑같은 마음인데 일어날 때마다 다른 모습을 보일까?

이러한 마음 상태에 대한 가르침이 '심왕과 심소법'이다. 불교에서 마음 법[심법]은 크게 심왕(心王)과 심소법(心所法)으로 나뉜다. 심왕은 또한 심법, 심이라고 한다. 따라서 좁은 의미에서 심법은 심왕을 말한다. 앞에서 언급한 제8식·제7식·전6식을 말한다. 심소법(心所法)은 심왕과 함께하며 심왕에 의지하여 일어나는 마음법이다. 심왕이라 함은 심법의 주체요, 심소법이라고 함은 심왕에 따라서 함께하는 것으로 '심왕이 소유한 법'이라는 뜻이다. 곧 신하가 국왕에 종속되어 있는 것과 같다.

왕 혼자 나라를 다스리는 것은 결코 아니다. 왕 주위에 수많은 신하들이 함께한다. 왕과 늘 함께하는 신하도 있고, 특정한 일에 대해서만 왕과 함께하는 신하도 있다. 좋은 일을 도모하는 신하도 있고, 나쁜 일을 도모하는 신하도 있다. 결국 신하들의 조언과 더불어 왕은 나랏일을 해나간다.

왕에게 다양한 부류의 신하가 있듯이, '주된 마음[심왕]'이 일어날 때는 그때그때 여러 부류의 다양한 '부수적인 마음[심소법]'이 함께한다. 심왕은 주된 마음이며, 심소법은 부수적인 마음이다. 이에 심왕을 심법 또는 심이라고도 하며, 심소법은 심소유법(心所有法) 또는 심소라고도 한다.

이러한 내용을 유식 논서에서는 어떻게 설명하는가.

『성유식론』 권5에는 '심소는 무슨 뜻인가?'라는 물음에 대하여 '늘 심에 의지하여 일어나고, 심과 상응하고, 심에 얽매이기 때문에 심소라고 이름한다. 마치 나에게 속하는 물건을 나의 것이라는 이름을 세우는 것처럼'이라고 설하고 있다.

첫째, 심이 만약 없다면 심소는 일어나지 않는다. 모름지기 심이 의지가 되기 때문에 비로소 심소는 일어날 수 있다. 둘째, 심과 심소는 동시에 같은 근에 의지하고 같은 대상을 반연하고 오직 각각 하나의 체로서 상응한다. 셋째, 심이 주(主)가 되고 심소는 그것에 얽매여 있다. 심은 자재(自在)가 있고 심소는 자재가 없으니 심에 얽매인다. 이러한 세 가지 뜻이 있으므로 심소라 이름한다

이에 '심은 수연에 대하여 다만 전체 모습[總相]을 취하고, 심소는 그것에 대하여 전체 모습을 취하면서 또한 별도의 모습[別相]을 취한다. 이는 심(心)의 일[事]을 도와서 이루게 하므로 심소라는 이름을 얻는다. 마치 화가가 제자와 더불어 일을 할 때 화가는 모형을 만들고, 제

자는 덧붙이고 채색하는 것과 같다'라고 설명한다.

즉, 심은 전체를 파악한다면, 심소는 각각의 역할에 따라 부분적인 작용을 한다. 또 다른 예를 든다면, 심이 영화 감독이라면 심소는 배우나 스태프가 된다.

**2.
심소법의
분류**

"두 법이 있으니… 안(眼)과 색(色)이 두 법이다.
… 왜냐하면 안과 색을 반연하여 안식이 생기고 세 가지[안근·색경·안식]가 화합함이 촉(觸)이며, 촉에서 수(受), 상(想), 사(思)가 함께 생기기 때문이다."
『잡아함』 제306경 「인경」

여기서 안식은 심왕이고, 촉(觸)·수(受)·상(想)·사(思)는 심소법이다. 안근과 색경만으로는 안식이 일어나지 않는다. 기본적으로 몇 가지 '부수적인 마음[심소법]'이 함께해야 한다.

안근·색경·안식 세 가지가 화합할 수 있도록 하는 '부딪힘[觸]'의 작용이 있어야 하고, 부딪침과 동시에 이를 '받아들임[受]'의 작용이 있어야 하고, 받아들인 것에 대해 '모양 취함[想]'의 작용이 있어야 하고, 모양을 취한 것에 대해 이렇게 저렇게 '조작시킴[思]'의 작용이 있어야 한다. 그리고 이 경에서는 언급하지 않았지만, 안식을 일으켜 색경으로 '나아가게 함[作意]'의 작용이 있어야 한다. 촉·작의·수·상·사, 이 다섯 가지는 '주된 마음[심왕]'과 기본적으로 함께한다. 마치 왕과 늘 함께하는 신하처럼 말이다. 이러한 심소를 변행심소(遍行心所)라고 한다.

늘 왕과 함께하지 않고 맡은 임무에 따라 그때그때 왕과 함께하는 신하가 있다. 심소법도 마찬가지이다. 좋아하는 대상에 대해서는 '희망함[欲]'이, 결정하고 유지할 대상에 대해서는 '뛰어난 이해[勝解]'가, 이미 익혔던 대상에 대해서는 '명확히 기억함[念]'이, 살펴보는 대상에 대해서는 '집중[定]' 또는 '결정[慧]'이 함께한다. 욕·승해·념·정·혜, 이 다섯 가지는 별도의 대상에 대해서 일어나는 심소이기 때문에 별경심소(別境心所)라고 한다.

이러한 여러 마음 작용을 바탕으로 믿음을 가지고 열심히 정진하거나, 어리석음도 없고 욕심도 없고 성냄도 없거나 하는 경우에는 착한 마음이 일어난다. 이때는 믿음[信], 스스로와 가르침에 의한 부끄러움[慚], 세상 법에 의한 부끄러움[愧], 어리석지 않음[無癡], 욕심 없음[無貪], 성내지 않음[無瞋], 정진[勤], 가볍고 편안함[輕安], 방탕하지 않음[不放逸], 평등하고 정직하고 의도하지 않음[行捨], 해를 끼치지 않음[不害] 등 착한 측면의 부수적인 마음이 함께한다. 이를 선심소(善心所)라고 한다. 이러한 선심소가 함께할 때는 착한 마음이 일어난다. 마치 충신의 도움에 의해 왕이 선정을 베푸는 것과 같다.

한편, 탐내거나 성내거나 어리석거나 자기를 추켜세우거나 의심하거나 그릇된 생각을 주장할 때에는 못된 마음이 일어난다. 이때는 탐욕[貪], 성냄[瞋], 어리석음[癡], 추켜세움[慢], 의심[疑], 그릇된 생각[惡見] 등인 못된 측면의 부수적인 마음이 함께한다. 이를 번뇌심소라고 한다. 특히 이 여섯 가지를 근본번뇌(根本煩惱)심소라고 한다.

이 근본번뇌에 따라서 일어나는 지말적인 번뇌를 수번뇌(隨煩惱)라고 한다. 가령 노여움[忿], 원한[恨], 잘못을 숨김[覆], 번민[惱], 질투[嫉], 인색[慳], 속임[誑], 아첨[諂], 남을 해침[害], 자기 과시[憍], 스스로와 가르침에 부끄러워할 줄 모름[無慚], 세상 법에 부끄러워줄 모름[無愧], 들뜸

[掉擧], 몽롱하게 가라앉음[惛沈], 믿지 않음[不信], 나태[懈怠], 방탕함[放逸], 명확하게 기억하지 못함[失念], 산란[散亂], 바르게 이해하지 못함[不正知] 등이다. 이러한 번뇌심소가 함께할 때는 못된 마음이 일어난다. 마치 간신의 말에 의해 왕이 폭정을 하는 것과 같다.

이러한 변행심소·별경심소·선심소·번뇌심소·수번뇌심소의 어디에도 속하지 않는, 즉 어디에도 정해지지 않는 것으로 부정심소(不定心所)가 있다. 예를 들어, 후회[惡作], 수면, 거칠게 살핌[尋], 미세하게 살핌[伺]이다. 후회를 오작이라고 하는데, 이는 했던 일 또는 하지 않았던 일을 싫어한다는 뜻이다. 착한 행위를 하지 않은 것에 후회하는 경우에는 선성이지만, 착한 일을 한 것에 대해 후회하거나 나쁜 일을 하지 않은 것에 후회하는 경우에는 불선이 된다. 수면 역시 마찬가지이다. 그렇다고 후회 등이 늘 일어나거나[변행] 별도의 대상[별경]이 있는 것도 아니다. 따라서 앞의 다섯 심소 어디에도 위치할 수 없기 때문에 부정심소라고 한다.

이와 같이 심소법은 크게 여섯 분류로 나뉜다. 변행심소, 별경심소, 선심소, 번뇌심소, 수번뇌심소, 부정심소이다. 일체의 심 가운데 반드시 얻을 수 있으므로 변행이라 하고, 각기 다른 경을 반연하여 생길 수 있으므로 별경이라 하고, 오직 선의 심 가운데만 생길 수 있으므로 선이라 하고, 그 성품이 근본번뇌에 속하므로 번뇌라고 하고, 오직 이 번뇌만을 따른 동등한 종류이므로 수번뇌라고 하며, 선이나 번뇌 등 모두에 정해지지 않으므로 부정이라고 한다.

〈 심법과 심소법 〉

심법(心法)(8)	안식(眼識)·이식(耳識)·비식(鼻識)·설식(舌識)·신식(身識)·의식(意識)·말나식(末那識)·아뢰야식(阿賴耶識)	
심소법(心所法)(51)	변행심소(遍行心所)(5)	촉(觸)·작의(作意)·수(受)·상(想)·사(思)
	별경심소(別境心所)(5)	욕(欲)·승해(勝解)·념(念)·정(定)·혜(慧)
	선심소(善心所)(11)	신(信)·참(慚)·괴(愧)·무탐(無貪)·무진(無瞋) 무치(無癡)·정진(精進)·경안(輕安) 불방일(不放逸)·행사(行捨)·불해(不害)
	번뇌심소(煩惱心所)(6)	탐(貪)·진(瞋)·무명(無明)·만(慢) 의(疑)·악견(惡見)
	수번뇌심소(隨煩惱心所)(20)	분(忿)·한(恨)·복(覆)·뇌(惱)·질(嫉)·간(慳) 광(誑)·첨(諂)·해(害)·교(憍)·무참(無慚) 무괴(無愧)·도거(掉擧)·혼침(惛沈)·불신(不信) 해태(懈怠)·방일(放逸)·실념(失念)·산란(散亂) 부정지(不正知)
	부정심소(不定心所)(4)	오작(惡作)·수면(睡眠)·심(尋)·사(伺)

제6장

세상의 모습
[삼성과 삼무성]

부처님의 가르침이 다른 가르침과 가장 구별되는 점이 바로 연기법이다. 이 연기법을 어떻게 이해해야 하느냐는 현대에 하나의 논쟁거리가 되었다. 연기법을 이해하는 방식이 다양한 것과 마찬가지로 부처님께서 가르침을 펼치신 이후 시대에 따라 다양한 방법으로 그 가르침이 표현되었다. 즉 부처님의 가르침이 가리키는 궁극의 귀착점[眞如]은 다름이 없지만, 그것을 표현하는 방법은 다양하다. 예를 들어, 똑같은 사탕도 다양한 재질의 포장지를 사용해서 여러 가지 방법으로 포장할 수 있다. 시대나 대상이 바뀌어도 방법에 거의 변화가 없는 경우도 있지만 이전과는 다른 새로운 방법이 등장하기도 한다.

지금부터 살펴볼 삼성(三性)과 삼무성(三無性)의 가르침이 바로 유식사상에서 등장하는 새로운 교설 방법이다. 삼성과 삼무성에 대한 가르침은 『해심밀경』 등에 자세히 설해져 있다.

오늘날 연기법을 이야기하더라도 마음과 마음, 마음과 대상, 마음 밖에 있는 대상과 대상의 관계성 등으로 대부분 이해한다. 그리하여 마음을 떠나서 마음 밖의 대상을 인정하여 마음 밖의 대상과 대상의 관계성을 연기법으로 이해한다. 가령 마음과 별도로 내 앞에 컵이 있고, 그 컵은 흙 알갱이로 이루어져 있기 때문에, 또한 흙 알갱이가 서로 관계하여 컵이 있기 때문에 컵은 자성이 없다고 이해한다. 이런 입장에서는 '모든 법은 오직 마음이 펼친 것으로 모두 마음 안에 있지, 마음을 떠나서 별도로 있지 않다'는 유식의 핵심을 이해하기 어렵다. 어려운 것이 아니라 오히려 바른 가르침이 아니라고 반박한다. 말하자면 '오직 식뿐이고 인식 대상이 없다고 한다면 우리 앞에 보이는 세상은 어떻게 되고, 진여는 어떻게 되는가'라고 반문하게 된다. 다시 강조하자면, 유식에서는 앞에 보이는 세상과 진여를 부정하지 않는다. 단지 그것은 식을 떠나 별도로 있지 않다는 것을 강조할 뿐이다. 유식사상에서는 이러한 주장을 뒷받침하고자 삼성(三性), 즉 변계소집성(遍計所執性), 의타기성(依他起性), 원성실성(圓成實性)을 언급한다. 그리고 '모든 법은 연기한 것으로 자성이 없다'는 가르침을 잘못 이해하여 무(無)에 치우치는 견해를 견제하고 유식의 참다운 진리를 나타내고자 삼무성[상무성(相無性)·생무성(生無性)·승의무성(勝義無性)]을 언급한다. 이제 삼성과 삼무성에 대해 하나씩 살펴보자.

01 유식과 삼성

변계소집성, 의타기성, 원성실성을 삼성(三性) 또는 삼자성(三自性)이라고 한다. 『유식삼십송』의 관련 구절을 먼저 살펴보자.

> 그러그러한 두루 헤아림으로 인해
> 여러 가지 대상을 두루 헤아려 집착하니
> 이러한 두루 헤아려 집착한 것의
> 자성[변계소집성]은 있는 바가 없네.
> 由彼彼遍計
> 遍計種種物
> 此遍計所執
> 自性無所有

다른 것에 의거하여 일어난 자성[의타기성]의

분별은 연(緣)으로 일어난 것이니
원만하고 성취하고 참된 모습[원성실성]은 그것[의타기성]에서
앞의 것[변계소집성]을 늘 멀리 떠난 자성이네.
依他起自性
分別緣所生
圓成實於彼
常遠離前性

그러므로 이것[원성실성]과 의타기성은
다른 것이 아니고 다르지 않은 것도 아니네.
무상 등의 성품과 같이
이것[원성실성]을 보지 않고는 그것[의타기성]을 볼 수 없네.
故此與依他
非異非不異
如無常等性
非不見此彼

이 삼성에 대한 풀이 또한 논사마다 다소 차이가 난다. 여기서는 『성유식론』에 의거하여 호법 논사의 견해를 중심으로 설명한다. 삼성에 대한 설명이 끝난 뒤 다시 한 번 위 게송을 음미해보기 바란다. 우선 게송의 뜻을 간단하게 이해하고 넘어가자. 마음에 의해 펼쳐진 세상은 여러 조건이 관계하여 드러나는네[의타기성], 어리석음에 의해 이러한 이치를 모르고 이 세상을 제멋대로 집착한다[변계소집성]. 집착된 세상은 결코 실제로 있는 것이 아니다. 수행으로 이러한 집착이 사라

지면 세상의 진실된 모습이 그대로 드러난다[원성실성]. 그러므로 이 세상을 떠나서 별도의 진실된 세상이 있는 것은 아니다. 따라서 이 세상의 모습은 결코 마음을 떠나서 별도로 있지 않다는 유식의 이치를 삼성으로 설명한다.

**1.
변계소집성**

변계소집성(遍計所執性)은, 글자 그대로 풀이하면, 두루 헤아려 집착된 자성이다. 널리 두루 헤아리기[周遍計度] 때문에 변계라고 한다. 널리 두루 헤아리는 것은 곧 허망분별을 하는 것이다. 허망분별을 하기 때문에 여러 대상을 두루 헤아려 실아·실법으로 집착하게 된다. 이렇게 그릇되게 집착한 것을 통틀어 변계소집성이라고 이름한다. 이와 같이 변계소집된 자성은 결코 있지 않다. 단지 그릇된 생각[妄情]에 의해 있을 뿐 이치나 가르침으로 미루어 따져 보아도 결코 얻을 수 없기 때문이다. 이를 논서에서는 정유리무(情有理無)라고 한다. 즉 망정으로는 있지만 이치로는 없다는 뜻이다.

예를 들어 새끼줄을 뱀으로 착각한 경우에 뱀은 실제로 존재하지 않는다. 사실 이 비유는 유식 논서에 등장하지만 잘못 이해할 소지가 있다. '아! 착각해서 본 것이 변계소집성이구나. 착각하지 않고 실제 뱀을 뱀으로 제대로 보는 건 착각이 아니니까 변계소집성이 아니구나.'라고 생각할 수도 있다. 그러나 범부는 늘 착각 속에 산다. 실제 눈앞에 뱀이 있을지라도 우리는 유식의 관점에서 보지 못한다.

유식의 관점이 무엇인가? 앞에서 살펴보았듯이, 마음을 떠나서는 아무 것도 없다는 가르침이다. 뱀을 뱀으로 보더라도 마음을 떠나서 뱀이 그렇게 실제 있다고 생각한다. 이것이 바로 변계소집성이다. 뱀은 마음이 전변한 것[似法]으로 마음을 떠나지 않는데, 마음을 떠나서 마음 밖에 실제로 있는 뱀[實法]이라고 본다. 마음 안에 있는 뱀을 마음 밖에 있다고 하니 이것이 바로 착각이다. 혹 이 말을 이해하기 힘들다면, 이 책 첫 장부터 다시 살펴보기를 바란다.

　식은 무엇을 두루 헤아려 집착하는가? 바로 의타기성과 원성실성이다. 의타기성은 마음이 전변한 세상이다[의타기성]. 그러한 세상을 보고 우리는 실로 있다고 집착한다[변계소집성]. 따라서 의타기성은 바로 집착하는 대상이다. 원성실성은 바로 진여를 말한다. 우리는 진여를 직접 헤아릴 수는 없지만, 진여에 대해 간접적으로 이렇게 저렇게 추정하여 잘못 헤아려 집착한다. 예를 들어, 진여(眞如)・법계(法界)・공성(空性) 등의 말을 듣고는 자신의 생각에 따라 이렇겠지 저렇겠지 헤아려서 또 하나의 법집이 생겨난다. 그리하여 진여 또한 집착의 대상이 된다.

　이처럼 마음이 전변한 세상[의타기성]을 마음 밖에 실로 있다고 집착한 것이나, 진여를 이렇게 저렇게 자신의 견해로 집착하는 것을 변계소집성이라고 한다. 이러한 변계소집성은 망정(妄情)으로는 있지만 이치로 따져볼 때 결코 있지 않다. 세상은 우리가 본 것처럼 결코 그렇게 있지 않는데, 우리는 그렇게 있다고 생각한다. 그러한 우리 모두의 마음이 모여 만든 것이 이 세상이다. 그런데도 세상은 마음 밖에 별도로 있다고 우리는 생각한다. 그리하여 보는 내가 있고 보이는 세상이 저기 그렇게 있다고 생각한다. 이 세상은 우리가 함께 꾸는 꿈이라는 비유를 과연 받아들일 수 있겠는가. 받아들이기 쉽지 않다.『반야심경』에서 말하는 전도몽상(顚倒夢想)이 바로 변계소집성이다.

2. 의타기성

의타기성(依他起性)에서 의타기란, 글자 그대로 풀이하면, 다른 것[他]에 의지하여[依] 일어난다[起]는 말이다. 곧 나에게 펼쳐진 세상은 인연화합으로 펼쳐졌다는 말이다. 이는 연기(緣起)를 말한다. 연기는 의지하여[緣] 일어난다[起]는 뜻이다.

여기서 '다른 것에 의지하여 일어난다'고 하는데 '다른 것'이란 무엇인가? 유위법은 결코 홀로 있을 수 없다. 여러 원인과 조건이 어우러져 드러난다. 이러한 여러 원인과 조건을 흔히 인(因) 또는 연(緣)으로 설명한다. 『성유식론』 권7·권8에도 사연(四緣)·십인(十因) 등에 의해 분별상이 일어남을 설명한다. 번잡함을 피하기 위해 그 가운데 사연을 살펴보고자 한다.

1) 사연

사연이 등장하는 배경은 식뿐이고 바깥 대상이 없는데 어떻게 여러 가지 분별이 일어날 수 있는가에 대한 설명이다. 분별이 일어나려면 반드시 바깥 대상 등이 있어야 한다고 보기 때문에 나오는 질문이다. 다시 말하지만 유식에서 대상을 전적으로 부정하지 않는다. 바깥 대상이라고 하는 것 등은 모두 식을 떠나지 않는다고 주장할 뿐이다. 사연은 인연·등무간연·소연연·증상연이다. 이때 연은 의지, 의탁의 뜻이다. 넷은 함께 화합하여 여러 가지 분별이 일어난다. 인연은 제8식에 간직된 종자를 말하고, 등무간연은 앞 찰나의 식을 말하고, 소연연은 식의 상분으로 인식 대상을 말하고, 증상연은 분별을 일어나게 하는 나머지 조건을 말한다. 이처럼 식을 떠난 바깥 대상이 없더라도 분별이 일어남을 밝힌다. 이제부터 하나하나 살펴보자.

인연

이때 인연(因緣)은 보통 우리가 말하는 그 인연이 아니다. 보통 인과 연을 쉽게 설명할 때, 인은 직접적인 원인, 연은 간접적인 조건이라고 풀이한다. 싹이 나올 때, 씨앗은 직접적인 원인[緣]에 해당되고 물, 공기 등은 간접적인 조건에 해당된다. 그런데 여기서 인연은 그런 뜻이 아니다. 인(因)이 곧 연(緣)으로써 인(因)인 연(緣)이라는 뜻이다. 앞에서 연(緣)이 의지, 의탁의 뜻이라고 했으니, 인연은 '인이 곧 의지이다', '의지가 되는 인'이라는 뜻이 된다. 법이 나타나려면 이 인연에 의지해야 한다. 이 인연은 직접적인 원인으로, 이른바 친히 바로 자신의 결과를 나타내는 유위법을 말한다.

인연에는 두 가지가 있다. 종자와 현행이다. 종자생종자, 종자생현행, 현행훈종자에서 볼 때, 종자는 자기 종자와 자기 현행에 대해 인연이 되고 현행은 자기 종자에 대해 인연이 된다. 종자와 현행은 각각 자신의 결과에 대해 직접적인 원인이 되기 때문이다.

비유하자면, 콩 심은 데 콩 나고, 팥 심은 데 팥 난다[종자생현행]. 그리고 생겨난 콩과 팥은 다음 농사를 위한 종자가 된다[현행훈종자]. 그런데 유의할 점은 콩이나 팥은 예를 든 것일 뿐, 사실 사연에서 말하는 인연으로서 종자는 아니라는 것이다. 인연으로서 종자는 오직 제8식 가운데 있는 종자를 말한다. 굳이 말하자면 콩이나 팥은 제8식의 종자에서 드러난 현행법이기 때문에 종자라는 명칭을 빌려서 부를 뿐 진실한 종자는 아니다. 이 내용은 앞에서 종자의 조건을 다루는 부분에서 언급하였다.

등무간연

등무간연(等無間緣)은 앞 찰나에서 사라진 각각의 현행 8식과 그 심소를 말한다. 예를 들어, 사과를 생각하는 의식이 사라지지 않으면 결코 컵을 생각하는 의식이 생겨날 수 없다. '사과를 생각하는 의식'이 사라짐으로 '컵을 생각하는 의식'이 일어나기 때문에 '사과를 생각하는 의식'은 '컵을 생각하는 의식'이 일어나게 하는 의지[緣]가 된다. 이처럼 앞 찰나에 사라진 같은 종류의 심·심소는 뒤 찰나의 같은 종류의 심·심소에게 등무간연이 된다. 동등하게[等] 간격 없이[無間] 의지가 된다는 뜻이다. 가령 앞 찰나 제6식은 뒤 찰나 제6식의 등무간연이 되고, 앞 찰나의 안식은 뒤 찰나 안식의 등무간연이 된다.

소연연

소연연(所緣緣)은 심·심소법의 대상, 즉 인식의 대상을 말한다. 예를 들어, 컵을 생각한다고 할 때 의식을 능연이라 하고, 컵을 소연이라고 한다. 이때 의식은 컵이라는 소연을 의지하여 일어난다. 소연연에서 앞의 연은 '반연하다, 인식하다[緣慮]'의 뜻이고 뒤의 연은 '의탁(依託), 의지'의 뜻이다. 따라서 소연연이라는 말은, '인식되는 대상[소연]'이 심·심법이 일어나는 데 '의지[연]'가 된다는 뜻이다.

증상연

증상연(增上緣)은 뛰어난 세력과 작용이 있어서 나머지 법에 대해 따르거나 거스르게 한다. 위에서 말한 인연·등무간연·소연연도 이러한 작용이 있지만, 이때 증상연은 그 셋을 제외한 나머지를 말한다. 여기서 '따르거나'의 뜻은 지금 법에게 도움을 주는 경우를 말하고,

'거스르게'의 뜻은 지금 법에 장애가 되는 경우를 말한다.

예를 들어 날씨가 추워져서 나뭇잎이 노랗게 변하는 경우, 추운 날씨는 푸른 잎을 사라지게 하니 그 점에서 장애가 되고 노란 잎을 생겨나게 하니 그 점에 있어서 도움이 된다. 또 비가 오면 우산 장수에게는 좋지만 짚신 장수에게는 좋지 않다. 이때 비는 우산 장수에게는 도움을 주지만 짚신 장수에게는 장애가 된다.

이처럼 앞의 셋[인연·등무간연·소연연]을 제외하고, 어떤 법에 대해 직접적인 원인은 아니지만 그 법에 영향을 미치는 모든 법을 증상연이라 한다.

이렇게 사연이 함께 화합하여 일어난 법은 유위법이다. 유위법에서 '위(爲)'는 '행(行)'과 같은 뜻이다. 위 또는 행은 '조작'이라는 뜻으로 마음 작용을 말한다. 마음의 분별에 의해 세상은 펼쳐지고 나에게 인식된다. 그런데 무위법은 그렇지 않다. 말 그대로 일체 조작, 마음의 분별 작용이라는 것이 없다는 말이다.

비록 무위법 또한 인식의 대상이 되어 소연연에 해당되지만, 무위법이 사연으로 구성된 법은 아니다. 다르게 말하면, 무위법은 식의 소연연이 되지만, 그렇다고 하여 무위법은 연기된 법이 아니다. 즉 무위법은 연기가 아니다. 무위법은 연기가 아니라는 말은 유식 논서 곳곳에 나온다. 연기법을 신줏단지처럼 여기고 모든 법은 다 연기된 것이라고 한다면, 무위법은 설 자리가 없게 된다. 분명히 『잡아함경』(293경)에서도 연기와 열반을 각각 유위와 무위로 구분하였고, 유위법은 생주이멸(生住異滅)하지만, 무위법은 불생부주불이불멸(不生不住不異不滅)이라 하셨다. 참고하길 바란다. 굳이 모든 것이 연기법에 해당된다고 한다면, 그 '모든 것'이 무엇이고, 그렇게 생각하는 '연기법'이 무엇인가에 대한 정의를 내리고 이야기해야 한다.

한편, 인식이 일어날 때는 인연·등무간연·소연연·증상연 네 가지 모두 함께해야 한다. 그 중에 하나라도 없으면 8식 중 어떠한 식도 일어날 수가 없다.

2) 의타기성과 변계소집성

의타기성과 변계소집성은 함께 설명해야 이해가 빠르다. 연기법을 이야기하고 부처님 가르침을 이야기하더라도, 늘 집착이 함께하기에 변계소집성을 벗어나지 못한다. 당장 내 앞에 있는 컵이 실제 있다고 생각하며, 아니 생각할 필요조차 없이, 자연스럽게 여기며 생활하고 있기 때문이다.

여기서는 이해를 위해 『성유식론』권8에 언급된 안혜와 호법 두 논사의 견해를 살펴보자. 우선 안혜 논사의 견해를 살펴보자.

"삼계의 심과 심소는 무시이래로 허망하게 훈습(된 종자)로 말미암아 비록 각각의 체는 하나이지만 둘로 비슷하게 생기한다. 이른바 견분과 상분이다. 곧 능취와 소취이다. 이와 같은 견분·상분은 망정으로는 있지만 이치로는 없다[情有理無]. 이 상을 변계소집이라고 한다. 둘의 소의체(인 자체분)는 실로 연을 의탁하여 생기한다. 이 (자체분의) 성품이 없지 않은 것을 의타기라고 한다. 허망분별한 연에 의해 생기한 것이기 때문이다."

보통 사분설(四分說)을 설명할 때, 안혜 논사는 일분설(一分說, 자체분)을 주장한다고 한다. 즉 안혜 논사는 견분·상분은 인정하지 않고 자체분만 인정한다. 위의 글도 그 내용과 연결된다. 식 자체분은 인연화합으로 생기하였기 때문에 의타기성으로서 있다. 그러나 식 자체분에서 나눠진 견분과 상분은 각각 능취와 소취이기 때문에 변계소집성으로서 없다. 다음으로 호법 논사의 견해를 살펴보자.

"일체의 심과 심소가 훈습력으로 말미암아 변현한 바 견분·상분은 연을 따라 생기한 것이기 때문에 역시 의타기이다. 변계라는 것은 이(변현한 의타이분)에 의거하여 결정코 실유한다·실무하다, 동일하다·다르다, 실유하기도 실무하기도 하다, 실유하지도 실무하지도 않다, 동일하기도 하고 다르기도 하다, 동일하지도 다르지도 않다는 등으로 망령되게 집착한다. 이렇게 (집착된) 이분을 바야흐로 변계소집이라고 이름한다."

호법 논사는 식 자체분 뿐만 아니라 견분·상분도 의타기성으로 본다. 단지 의타기성인 견분·상분에 대해 유무(有無)·일이(一異) 등으로 집착된 견분·상분을 변계소집성으로 본다. 즉, 식 자체분에서 나누어진 견분·상분 역시 인연화합으로 생기하여 의타기성이지만, 그것에 대해 이것이다 저것이다 망령되이 집착함으로써 집착된 견분·상분이 변계소집성이라는 것이다.

〈 호법 논사와 안혜 논사의 주장 〉

	의타기성		변계소집성
호법 논사	식 자체분	변현된 견분·상분	집착된 견분·상분
안혜 논사	식 자체분		견분·상분

정리해 보자. 안혜 논사는, 기본 바탕에서 견분·상분으로 드러나자마자 변계소집성이라고 주장한다. 호법 논사는, 기본 바탕에서 상분·견분으로 드러난 것은 의타기성이지만 그 드러난 것에 대해 있다거나 없다거나 같다거나 다르다거나 등등 집착하게 되면 그때 집착된 견분·상분은 변계소집성이라고 주장한다.

그런데 범부에게 표면적으로 드러난 견분·상분은 변계소집성이라는 것에는 차이가 없다. 범부는 늘 집착하는 마음이 함께하기 때문이다. 그렇다면 두 논사의 견해에 대해 좀 더 살펴보자. 『성유식론』 권8에는 호법 논사의 견해가 강조되고 안혜 논사의 반박은 보이지 않지만 그 내용을 잠깐 정리해 본다.

만약 안혜 논사의 견해대로 식 자체분만 의타기성이고 견분·상분은 변계소집성이라고 한다면, 다음 경우에는 어떻게 되는가? 일체 분별이 사라진 지혜를 무분별지라고 하고, 무분별지 이후에 다시 무분별후득지가 일어난다. 만약 견분과 상분이 변계소집성이라고 한다면, 이 무분별후득지의 견분과 상분도 변계소집성이 된다. 그런데 무분별후득지의 견분과 상분은 무루로서 변계소집성이 될 수 없다. 예를 들어, 부처님께서도 중생을 제도하기 위해 여러 마음을 내시는데, 이때도 견분과 상분으로 드러난다. 이때 견분과 상분은 어떻게 되는가? 부처님께 변계소집성이 있다고 할 수 없다.

이런 문제점 때문에 호법 논사의 견해로 볼 때, 식 자체로부터 나타난 견분과 상분은 의타기성이고, 나타난 견분·상분에 대해 집착이 가해지면 그것은 변계소집성이 된다. 나의 집착이 들어가기 이전 나에게 펼쳐진 세상은 의타기성이다. 드러난 세상이 중생의 업에 의해 오염되든지[유루] 아니면 오염되지 않든지[무루] 의타기성이다. 참고로 앞에서 유루의 경우를 염분의타(染分依他)라고 하고, 무루의 경우를 정분의타(淨分依他)라고 한다. 특히 염분의타에 대해 이러쿵저러쿵 집착하게 되면 나에게 파악된 세상은 변계소집성이 된다. 그런데 문제는 중생은 늘 후자의 삶, 집착의 삶속에서 살아간다는 것이다. 우리 삶이 집착이고, 집착 이전의 삶이 인연화합인 것을 사무쳐 알기 전까지.

3. 원성실성

1) 원성실성과 진여

원성실성(圓成實性)은 원만(圓滿), 성취(成就), 제법 실성(實性)의 뜻을 지닌 자성이라는 말이다. 원성실성은 보통 진여를 말한다.

아공·법공으로 말미암아 나타난 진여는 원만(圓滿)하고, 성취(成就)하고, 제법의 실성(實性)이니 원성실(圓成實)이라고 이름한다. 이런 표현은 진여는 두루하고 항상하고 체가 헛되거나 잘못이 없다는 것을 나타낸다.

진여는 세 가지 뜻이 있다. 첫째, 진여는 두루하다. 머물지 않는 곳이 없기 때문이다. 이것이 곧 원만의 뜻이다. 둘째, 진여는 항상하다. 생멸이 아니기 때문이다. 이것이 곧 성취의 뜻이다. 셋째, 진여는 헛되거나 거짓된 것이 아니다. 제법의 진리이다. 법의 실성이기 때문이다.

한편, 무루의 유위[정분의타]는 전도를 여의었고 구경이며 뛰어난 작용[공용]이 널리 두루하기 때문에 역시 원성실이라는 이름을 얻는다. 즉, 정분의타 역시 세 가지 뜻이 있다. 첫째, 전도를 떠남이다. 정분의타는 염오가 아니기 때문이다. 이는 실(實, 실성)의 뜻이다. 둘째, 구경이다. 모든 유루법의 수행 방법 등은 번뇌[惑]를 능히 끊을 수 없다. 구경이 아니기 때문이다. 그런데 모든 무루법은 능히 모든 염을 끊는다. 이는 구경이기 때문이다. 이는 성(成, 성취)의 뜻이다. 셋째, 뛰어난 공용이 두루하다. 이른바 정분의타는 능히 두루 일체염법을 끊고, 두루 모든 경을 반연하고, 두루한 진여를 반연한다. 이는 원(圓, 원만)의 뜻이다. 이른바 세 가지 뜻을 갖추어 진여와 같기 때문에 정분의타 역시 원성실성이라 칭한다.

이렇게 볼 때, 진여[무위]와 정분의타[무루유위] 모두 원성실성이라 이름한다. 그러나 『유식삼십송』뿐만 아니라 보통 원성실성을 말할 때는 진여를 말하고 정분의타를 말하지 않는다. 그래서 앞에서 '원성실성은 보통 진여를 말한다'고 하였다.

진여라는 말에서, 진(眞)은 실(實)의 뜻이고 여(如)는 상(常)의 뜻이다. 진(眞)으로 변계소집성을 제외시키고 여(如)로 의타기성을 제외시킨다. 혹은 진(眞)으로 유루(有漏)를 제외시키니 진여는 허망이 아니기 때문이고, 여(如)로 무루유위를 제외시키니 진여는 유위가 아니기 때문이다. 따라서 진여는 무위이다. 무위는 당연히 무루이다.

〈 진여의 뜻 〉

진(眞) : 진실[實]의 뜻, 변계소집성 제외, 유루 제외

여(如) : 상주[常]의 뜻, 의타기성 제외, 무루유위 제외

보통 진여를 공이라고 표현하지만, 이는 공성을 공으로 나타낸 말이다. 좀 더 엄밀하게 말하면 진여는 공이 아니라 공성이다. 공으로 말미암아 진여가 비로소 나타나기 때문이다. 여기서 공(空)은 말 그대로 '없다[無]'는 뜻이다. 진여의 체가 공이라면 무슨 오류가 있는가? 진여는 유를 떠나고 아울러 무(無)를 떠났다. 만약 공이라고 말한다면 비록 유상(有相)을 떠나지만 공상(空相)을 떠나지 않는다. 그러므로 이 공이라는 말은 진여의 체가 아니다. 그러므로 성(性)이라는 말에 이른다. 진여는 공을 떠나므로 공성이라 이름하고 진여는 유를 떠남으로 유성이라 이름한다. 따라서 앞에서 원성실성은 아공·법공으로 말미암아 나타난 진여라고 하였다.

다시 말하면, 아공·법공이 원성실성이 아니라, 아공·법공으로 말미암아 비로소 나타난 진여가 바로 원성실성이다. 원성실성이 곧 진여이니, 진여는 아공·법공이 아니라, 아공·법공으로 말미암아 비로소 나타난다. 물론 진여라는 이름조차도 붙일 수 없다. 이름 또한 분별이기 때문이다. 그러나 가르침을 전하기 위해서는 무엇이라 이름 붙이지 않을 수 없다. 그러므로 억지로 이름하여 진여라 한다.

2) 원성실성과 의타기성

『성유식론』 권8에는 원성실성을 설명하는 가운데 다음과 같은 설명이 있다.

"원성실성은 그 의타기성 위에서 변계소집성을 늘 떠나 있으며 아공·법공으로 현현한 진여로써 자성을 삼는다."

여기 '그 의타기성 위에서'라는 말은 원성실성과 의타기성은 부즉불리(不卽不離)하다는 뜻을 나타낸다. 진여와 의타기성은 부즉(不卽)임을 살펴보자. 만약 같다(卽)고 한다면, 의타기성은 생멸이 있기 때문에 원성실성인 진여도 응당 소멸이 있어야 하거나, 진여는 무위법으로서 불생불멸하기에 의타기성도 응당 불생이어야 한다. 그런데 그렇지 않다. 진여는 불생불멸이고 의타기성은 생멸이기 때문에 진여가 곧 의타기성은 아니다. 진여와 의타기성은 부즉이다. 다음으로, 진여와 의타기성이 불리(不離)임을 살펴보자. 곧 그 의타기성 위에 진여가 있기 때문에 서로 떨어져 있지 않다. 만약 전적으로 떨어져 있다면, 진여는 응당 그 의타기성의 성품이 아니어야 하거나, 응당 의타를 떠나서 별도의 진여성이 있어야 한다. 그런데 그렇지 않다. 진여는 의타기성의 성품일 뿐만 아니라 의타기성을 떠나서 별도의 진여성이 있지 않다. 진여와 의타기성은 불리이다. 이처럼 원성실성과 의타기성은 부즉불리하기에 '그 의타기성 위에서'라고 말하였다.

'그 의타기성 위에서 변계소집성을 늘 떠나 있으며'라는 말에서, 변계소집성은 공(없음)으로 여기지만 의타기성은 결코 공으로 여길 수 없음을 나타낸다. 앞에서 살펴본 바와 같이 변계소집성은 반드시 없지만, 의타기성은 인연화합으로 일어나기 때문에 결코 없지는 않다.

'원성실성은 아공·법공으로 현현한 진여로써 자성을 삼는다'는 말은, 아공·법공의 이공은 원성실성이 아니라는 뜻이다. 앞에서 언급했듯이, 원성실성인 진여는 공성이지 공이 아니다. 진여는 유도 떠나고 무[空]도 떠난 성품이다. 진여에는 유성도 있고 공성도 있다. 원성실성은 아공·법공이 아니라 아공·법공으로 드러난 진여이다.

앞의 이치로 말미암아 원성실성과 의타기성은 다르지도 않고 같지도 않다. 다르다면 진여는 의타기성과 관계가 없으므로 의타기성의 실성(實性)이 응당 아니어야 한다. 다르지 않다면[같다면] 의타기성이 무상(無常)인 것처럼 진여성도 응당 무상이어야 한다. 의타기성과 진여가 하나라면 모두 응당 진여처럼 깨끗한 경계[淨境]이거나 의타기성처럼 깨끗하지 않은 경계[不淨境]이어야 한다.

어떻게 원성실설과 의타기성은 다르지도 않고 같지도 않은가? 말하자면 '행 등의 법'[의타기성]은 '무상(無常)·무아(無我) 등의 성품'[원성실성]이 있다. 만약 '무상 등의 성품'과 '행 등의 법'이 다르다면 응당 그 법은 무상 등이 아니어야 한다. 가령 컵[법, 의타기성]은 무상 등[법성, 원성실성]이 아니어야 한다. 그런데 컵은 무상하다. 그러므로 의타기성과 원성실성은 다르지 않다. 만약 '무상 등의 성품'과 '행 등의 법'이 같다면 이 '무상 등의 성품'은 어떤 '그 법'과 하나이기 때문에 '무상 등의 성품'은 그 밖에 다른 '행 등의 법'의 공통된 모습[共相]이 아니어야 한다. 가령 컵[법, 의타기성]이 무상 등[법성, 원성실성]과 같게 되는데, 그렇게 되면 책 등은 컵과 다르기 때문에 책 등은 무상 등이 아니게 된다. 따라서 무상 등은 모든 법의 공통된 모습이 아니게 된다. 그런데 그렇지 않다.

그러므로 의타기성과 원성실성은 같지 않다. 이러한 비유로 말미암아 알 수 있다. 이 원성실성과 그 의타기성은 같지도 않고 다르지도 않다. 법[의타기성]과 법성[진여]은 이치상 반드시 응당 그러하다.

그런데 '이 원성실성을 증득하여 보지 않고서는 그 의타기성을 볼 수 없다'고 한다. 지금 '본다[見]'라는 말은, 눈으로 본다[眼見]거나 마음[제6식]으로 견주어 본다[比見]는 뜻이 아니고 단지 무루의 지혜로써 친히 깨닫는다[證見]는 뜻이다. 즉 성혜(聖慧)로 친히 얻는다는 뜻이다.

이 말을 접하는 순간, 갑자기 멍한 느낌이 든다. 이 말에 의하면, 진여를 증득하지 못하는 한 연기법을 보지 못하니, 결국 필자는 보지 못한 연기법을 이처럼 길게 설명해 온 셈이다. 장님이 장님을 인도하고 있는 꼴이다. 그러나 서로 장님이라는 사실을 인정한다면, 서로 고집하지 않으면서 최소한 옛 성인이 알려준 이정표대로 조심하면서 한 걸음 한 걸음 나아갈 수 있지 않을까 한다.

'이 원성실성을 증득하여 보지 않고서는 그 의타기성을 볼 수 없다'라는 말을 쉽게 이해하면, 아무리 머리로 공부를 많이 하였다 하더라도 집착이 남아 있는 한 결코 연기를 볼 수가 없다는 이야기이다. 나에 대한 집착, 법에 대한 집착으로 인해 이 세상이 인연 화합으로 일어난 연기법임을 모른다는 것이다. 전문용어를 조금 사용하면, 아집·법집에 의한 변계소집성으로 인해 이렇게 펼쳐진 세상이 의타기성임을 능히 알 수 없다는 것이다. 따라서 '변계소집성이 공임을 요달하지 않고서는 의타기성이 인연화합으로 이렇게 있음을 요달할 수 없다'고 말한다. 무분별지로 진여[원성실성]을 증득하고서 무분별후득지 가운데 비로소 능히 의타기성은 허깨비 등과 같음을 요달하게 된다. 그만큼 연기법은 단순한 설명으로 해결될 문제가 아니다. 『중아함경』

에서 '연기를 보는 자 법을 보고, 법을 보는 자 연기를 본다'라고 말씀하셨다. 이때 법은 '진리'를 말한다.

**4.
유식과
삼성의 관계**

『유식삼십송』 등에서 이렇게 삼성을 설명한 이유는, '만약 내식을 떠나 외법이 없다면 단지 의타기성만 있고 변계소집성·원성실성은 없어야 한다'는 반문 때문이었다. 이러한 반문은 변계소집성과 원성실성을 식의 대상으로, 의타기성을 식의 작용으로 이해하고, 무엇보다 식의 대상은 밖에 있다고 보기 때문이다. 따라서 만약 오직 안의 마음만 인정하고 마음 밖의 법을 인정하지 않는다면, 의타기성은 있지만 마음 밖의 대상인 변계소집성과 원성실성은 있을 수 없다는 주장이다.

그러나 유식 논사는 삼성 모두 식의 관계성에서 설명될 수 있으며, 단순하게 부정할 수 없다고 보았다. 즉 '삼성 역시 식을 떠나지 않는다'고 설명하였다. 다시 정리하면 다음과 같다. 삼종 자성은 모두 심·심소법을 멀리 떠나지 않는다.

의타기성
심·심소[자체분]와 아울러 변현한 바[상분·견분]는 여러 연으로 일어난다. 여러 연으로 일어난 법은 실제로 있지는 않지만 있는 것과 비슷하여 어리석은 범부를 속여 미혹하게 하니, 일체를 의타기성이라 이름한다.

변계소집성

어리석은 범부는 이 의타기성(또는 원성실성)에 대해 아·법이 있다거나 없다거나 하나라거나 다르다거나 둘 다[유무(有無) 혹은 일이(一異)]라거나 둘 다 아니라거나 등으로 제멋대로 집착한다. 집착한 바는 결코 도무지 없으니, 일체 모두 변계소집성이라 이름한다.

원성실성

의타기 위에 그 망집한 아·법은 모두 공이니, 이 공이 나타난 바인 식 등의 참된 성품을 원성실성이라 이름한다.

그러므로 이 셋[의타기성·변계소집성·원성실성]은 심 등을 떠나지 않는다.

02 유식과 삼무성

1. 삼성과 삼무성

불교 공부를 하면서 많이 접하는 용어 가운데 하나가 무아(無我)이다. 나에 대한 집착을 없애주고자 '아'를 '나'라는 의미로 사용할 때는 무아는 '나는 없다'는 뜻이 된다. 그런데 앞에서 말한 인무아(人無我, 我空), 법무아(法無我, 法空)에서 '아'는 '자성'을 말한다. 이때 무아라는 용어는 '자성이 없다'는 뜻이 된다. '나는 없다'는 말도 결국 '나라는 자성이 없다'는 뜻이니 무아는 '자성이 없다'는 뜻으로 넓게 해석한다. 제법무아(諸法無我)에서 무아가 그런 의미이다.

이렇게 고민해 보자. 그렇다면 진짜 아무것도 없다는 말인가? 그렇게는 생각하지 않을 것이다. 만약 그렇게 생각한다면 문제가 생긴다. 유무중도(有無中道)라는 용어도 들어 보았을 것이다. 유에도 치우치지 않고 무에도 치우치지 않고 유무 두 극단을 떠난 가르침이다. 혹 '자성이 없다'는 우리의 이해는 무에 치우친 것은 아닐까? 그렇다면

'자성이 없다'는 말은 무엇을 뜻하는가? 누구는 연기법으로 설명한다. '여러 인연이 화합하여 일어난 법이기 때문에 그것이라고 할 자성이 없다는 것이지 전혀 없다는 뜻이 아니다.'

이때 '일어난 법'이 있다고 하자니 '일어난 법' 가운데 어디에도 그것이라고 할 자성이 없기 때문에 있다고 할 수 없고[非有], 없다고 하자니 인연이 되면 또 법이 그렇게 나타나기 때문에 없다고 할 수 없다[非無]. 즉, 법 가운데 그것이라고 할 자성은 없지만 인연 따라 일어나는 법은 있다.

만약 인연 따라 일어난 법이 실로 있다고 한다면, 그것은 변계소집성에 해당된다. 변계소집성인 실아·실법은 집착에 의한 것으로 결코 있지 않다. '여러 인연이 화합하여 일어나는 법'은 의타기성에 해당된다. 의타기성인 '인연화합으로 일어난 법'은 결코 없지 않다. 늘 인연에 따라 일어나는 법을 전적으로 없다고 할 수 없다.

이쯤에서 또 공부할 때 명심해야 할 것을 상기하자. '같은 말이라도 다른 뜻일 수 있고, 다른 말이라도 같은 뜻일 수 있다.' '있다'는 말도 어떻게 있는가에 따라 다르다. 꿈에 '있다'는 것과 생시에 '있다'는 것이 다르고, 머릿속에 '있다'는 것과 눈앞에 '있다'는 것이 다르다. '있다'는 말은 똑같지만. 지금 내 주머니에 돈이 '없다'는 것과 토끼 뿔이 '없다'는 것은 다르다. '없다'는 말은 똑같지만.

서두에 이렇게 길게 말한 이유는, 아래 삼무성에 대한 설명을 듣다 보면 자연스럽게 알게 된다. 삼무성에 대한 교리는 삼성과 연결된다. 삼성은 앞에서 말한 변계소집성·의타기성·원성실성을 말한다. 『성유식론』 권9에서 다음과 같은 질문으로 삼무성에 대한 설명이 시작된다.

"세 가지 자성이 있다면, 어찌하여 부처님께서 '일체법은 모두 자성이 없다'고 말씀하셨는가?"

이에 대해 『유식삼십송』 게송에서 말씀하신다.

곧 이 세 가지 자성에 의거해서
그 세 가지 무자성을 세우네.
그러므로 부처님께서 비밀한 뜻으로써
일체법은 자성이 없다고 하셨네.
卽依此三性
立彼三無性
故佛密意說
一切法無性

처음은 곧 체상이 없는 자성이며
다음은 자연생이 없는 자성이며
뒤는 앞의 집착한 바
아와 법을 멀리 한 자성을 말하네.
初卽相無性
次無自然性
後由遠離前
所執我法性

즉 세 가지 자성[삼성]에 의거하여 세 가지 무성[삼무성]을 설명한다. 삼무성은 곧 상무성·생무성·승의무성이다. 부처님께서 비밀스러운 뜻으로 '일체법은 모두 자성이 없다'고 말씀하셨지만, 자성이 전혀 없다는 의미는 아니다. '비밀스러운 뜻으로'란, 어떤 의도가 있다는 의미로서 '뜻을 온전히 갖춘 말씀[了義]'은 아님을 나타낸다.

이른바 의타기성과 원성실성은 전적으로 없는 것이 아니다. 어리석은 범부가 의타기성과 원성실성에 대해 덧붙여[增益] 실로 아·법의 자성이 있다고 그릇되게 집착한다. 이를 곧 변계소집성이라 이름한다. 이러한 집착을 제거하고자 불세존께서는 유(有)와 무(無)에 대해 통틀어 무성(無性)이라고 말씀하셨다.

다시 말하자면, 어리석은 범부는 의타기성과 원성실성에 대해 이렇게 저렇게 집착한다. 인연 화합으로 일어난 법[의타기성]에 대해 실아·실법으로 집착하고, 진여[원성실성]에 대해 각자의 깜냥으로 진여가 이런 것인 양 집착한다. 이러한 집착이 변계소집성이다. 이러한 집착을 제거하고자 부처님께서 '일체법은 모두 자성이 없다'라고 하셨지 결코 온전한 뜻을 갖춘 말씀은 아니다. 즉, 전적으로 자성이 없다는 말은 아니다. 따라서 삼성에 의거하여 삼무성을 세운다.

변계소집성에 의거하여 상무성(相無性)을 세운다. 변계소집성의 체상이 필경 있지 않다. 새끼줄을 뱀으로 본 것과 같기 때문이다. 비슷하게 드러난 법[사아·사법]을 진짜 있는 법[실아·실법]이라 집착하니, 그렇게 집착된 법[실아·실법]은 결코 있지 않다.

의타기성에 의거하여 생무성(生無性)을 세운다. 의타기성은 여러 연에 의탁하여 생겨난다. 짚으로 만든 새끼줄과 같이, 우리 앞에 펼쳐진 세상은 인연화합으로 생겨난 것[인연생]이지, 갑자기 스스로 생겨난 것

[자연생]은 아니다. 허망하게 집착된 것과 같은 자연생(自然生)인 자성은 없기 때문에 무성(無性)이라 가설(假說)한다. 인연생은 있지만 자연생의 자성은 없기 때문에 무성이라 이름할 뿐, 전혀 없는 것은 아니다. 그런데 어리석은 범부는 무엇을 접하게 되면 어떤 것으로 집착하여 규정하길 좋아한다. 이러한 집착을 막고자 무성이라 한다.

원성실성에 의거하여 승의무성(勝義無性)을 세운다. 승의에서 '승'은 '뛰어남[수승]'의 뜻이고, '의'는 '도리, 이치, 경계'의 뜻이다. 이때 승의는 오직 무루의 뛰어난 지혜[무분별지]의 경계이다. 승의는 바로 진여를 말한다. 그런데 승의는 앞의 변계소집성인 아·법을 멀리 떠나기 때문에 무성을 가설한다. 이때 무성은 승의[진여, 원성실성]에는 변계소집성인 아·법이 없는 성품이라는 뜻이지, 승의 자체가 전혀 없다는 뜻은 아니다. 예를 들어, 커다란 허공이 비록 여러 사물에 두루하지만 여러 사물이 없는 성품이 나타난 것과 같다. 즉 승의는 무성[변계소집성인 아·법이 없는 성품]으로 말미암아 나타난 바로서 무성이라 이름할 뿐, 승의가 없다는 뜻이 아니다.

삼무성을 정리해 보자. 변계소집성은 망집된 것으로서 그 체상은 결코 있지 않기 때문에 상무성(相無性)이라 한다. 의타기성은 인연 화합으로 일어난 것이지 갑자기 스스로 생긴 것이 아니기 때문에 자연생은 없다는 뜻으로 생무성(生無性)이라 한다. 원성실성은 곧 승의[진여]로서 변계소집성의 아·법이 없는 성품이라는 뜻에서 승의무성(勝義無性)이라고 한다.

이와 같이 변계소집성은 반드시 없지만, 의타기성과 원성실성은 전적으로 없는 것이 결코 아니다. 부처님께서는 단지 어리석은 중생들의 집착을 없애주고자 무성이라 하였을 뿐이다. 여러 경전 가운데

'무성'은 뜻을 온전히 갖춘[了義] 말씀이 아니라, 방편교설이다. 따라서 지혜로운 자는 제법은 도무지 자성이 없다고 총체적으로 부정해서는 응당 안 된다.

2. 유식성으로서 승의무성

『유식삼십송』은 크게 세 부분으로 나뉜다. 첫째는 유식상(唯識相)이다. 이는 유식으로부터 드러난 여러 가지 모습이다. 지금 설명하는 승의무성 이전까지 언급된 모든 내용은 승의무성으로부터 드러난 모습에 해당되기 때문에 유식상이라고 한다. 둘째는 유식성(唯識性)이다. 지금 설명하는 승의무성이야말로 유식의 실성이기 때문에 유식성이라고 한다. 이는 곧 진여이다. 셋째는 유식위(唯識位)이다. 유식상과 유식성에 깨달아 들어가는 수행 단계를 유식위라고 한다. 유식위는 유식성 다음에 설명된다. 따라서 앞에서 언급한 원성실성의 승의무성은 모든 법의 승의[궁극]이다. 『유식삼십송』 게송에서 말씀하신다.

이[승의무성]는 모든 법의 승의이며
역시 곧 이는 진여이네.
상주하고 일여하며 그 성품이기 때문이라.
곧 유식의 참다운 성품이네.
此諸法勝義
亦卽是眞如
常如其性故
卽唯識實性

승의무성은 모든 법의 승의라고 하며, 역시 이는 진여라고 한다. 즉, 여기에서 원성실성의 승의무성, 모든 법의 승의, 진여는 같은 경계를 나타내는 말이다.

진(眞)은 이른바 진실이다. 허망이 아님을 나타낸다. 여(如)는 이른바 여상(如常; 변함없이 상주함)이다. 변역이 없음을 나타낸다. 다시 말하면 진(眞)은 유루(有漏)를 제외시킨다. 유루는 망(妄)이기 때문이다. 진여는 허망이 아니고 진실이다. 여(如)는 무루유위를 제외시킨다. 무루유위는 비록 진실이나 생멸이 있기 때문이다. 진여는 변함없음[常]으로 생멸이 없다. 또 진은 변계소집성을 제외시킨다. 변계소집성은 망집이기 때문이다. 여는 의타기성을 제외시킨다. 의타기성은 생멸이 있기 때문이다. 이와 같이 승의는 진실하고 범부·성자 모든 일체위에 대해 상주하고[常] 일어하며[如] 그 진실성이다. 그러므로 진여라 이름한다. 곧 이는 맑고 맑으며[湛然] 허망하지 않다는 뜻이다.

승의무성을 나타내는 이름은 많다. 경전이나 논서 등에 등장하는, 법계(法界)·실제(實際)·무상(無相) 등이다. 두 가지 아[인아·법아]를 떠나므로 무아성이라 한다. 잡염(雜染)이 공적(空寂)하므로 이를 말하여 공(空)이라 한다. 색 내지 보리의 모든 상(相)이 적멸하므로 무상(無相)이라 한다. 전도가 없는 구경이고, 전도가 없는 소연이기 때문에 실제(實際; 참다운 경계)라고 한다. 성지(聖智)로 행하는 바이기 때문에 승의라 한다. 삼승의 묘한 법이 의지하는 바의 상이기 때문에 법계(法界)라 한다. 여기서 계란 체(体)의 뜻이다. 법계는 단지 묘한 법의 의지(依)이다. 성(性)이란 체의 뜻이다. 일체법의 체이기 때문에 법성이라 한다. 담연(湛然)하여 전도를 떠났기 때문에 불허망이라 한다. 즉, 승의·진여·무아성·공성·무상·실제·승의·법계 등은 단지 상황에 따라 이름만 다를 뿐 모두 승의무성을 나타낸다.

물론 엄밀히 말하자면 여기에는 이름조차도 붙일 수 없다. '이름'은 곧 '분별'이다. 여기는 마음이 일어나는 곳이 사라지고 언어의 길도 끊어졌기[心行處滅 言語道斷] 때문에 이름[분별]이 함께할 자리가 없다. 이런 까닭에 원효 스님은 『대승기신론소』에서 이를 '억지로 이름하여' 대승이라 이름한다고 하였다. 그리고 억지로 이름 하나 덧붙이자면 이를 유식성이라 이름한다.

유식성은 유식의 실성[참된 자성]을 말한다. 원성실성의 승의무성은 곧 유식의 실성이다. 실성에 담긴 뜻은 무엇인가? 이른바 유식의 자성에는 대략 두 종류가 있다. 첫째, 허망이다. 이른바 변계소집이다. 둘째, 진실이다. 이른바 원성실성이다. 허망[변계소집성]을 제외시키고자 '실성'이라는 말을 하였다. 또 두 가지 자성(性)이 있다. 첫째, 세속이다. 이른바 의타기이다. 둘째, 승의이다. 이른바 원성실이다. 세속[의타기성]을 제외시키고자 '실성'이라고 말하였다. 따라서 유식의 실성에서 '실성'이라는 말에는 진실과 승의의 뜻을 담고 있으며, 이는 원성실성을 말한다.

제7장

대승 보살의 길

01 보살의 수행 단계

불교 교리란 수행 과정 및 수행 결과로써 드러난 여러 모습을 설명한 것이니, 교리 또한 수행과 별개는 아니다. 진리를 체득한 분이 자비로운 마음으로 진리를 설명한 것이 교리라고 한다면, 그 교리는 진리를 향해 수행하는 이들에게 훌륭한 안내서가 된다. 잘못된 길로 들어가지 않도록 인도하고, 그릇된 견해가 아닌 바른 견해를 지닐 수 있도록 친절하게 설명하는 것이 교리이다. 올바른 가르침은 바른 실천 수행을 이끌게 한다. 즉 교리는 수행의 나침반이다. 따라서 경전이나 논서 곳곳에 수행 및 수행 단계를 자세히 설명하고 있다.

수행 단계를 살펴보는 것은 교리를 살펴보는 것과는 다른 차원이다. 교리는 지금 우리의 모습에서 논리적으로 사고할 수는 있지만, 수행 단계는 논리적으로 사고할 수 있는 부분이 지극히 적다. 따라서 수행 단계를 살펴보는 것은 매우 조심스럽다. 각 단계를 경험하지 못한 이가 그 경계를 두고 이야기하는 것 자체가 그렇고, 각 수행 단계의 모습이 되는 예를 현재 우리 삶에서 찾아보기 힘들기 때문에도 그렇다. 마치 바둑을 갓 알게 된 이가 프로 9단이 놓는 바둑돌의 의미를 살펴보는 것과 같고, 뒷동산도 오르지 않은 이가 히말라야 산 정상을 오르는 산악인의 한 걸음 한 걸음을 이야기하는 것과 같다. 아니 그 이상이다.

다행히 옛 성인께서 그 단계를 자세히 설명해 두었기에 그 설명에 의지하여 각 단계가 어떠한지 살펴볼 수 있다. 비록 산 정상은 가보지 못했지만, 갔다 온 이들의 경험에 비추어 나의 앞길을 준비할 수 있다. 마찬가지로 옛 성인들이 남겨둔, 수행 단계에 대한 설명에 의지하여 지금 우리 삶을 살펴볼 수 있다. 또한 그 설명을 앞으로 나아갈 수행의 안내서이자 나침반으로 삼을 수 있다.

유식사상을 펼친 학파를 유가행파라고 한다. 이 명칭은 유가사(瑜伽師, yogācāra)에서 유래한다. 유가사는 요가 수행에 매진하는 사람을 말한다. 요가는 상응이라고도 한다. 반복해서 닦아 도리에 부합하고 수행에 상응하는 뛰어난 깨달음을 얻기 때문이다. 여러 수행 중에서 특히 사마타와 위빠사나를 평등하게 운용하는 수행을 요가라고 한다. 이러한 요가 수행으로 유식을 체험하고 마음[식]을 중심으로 교리를 체계화하였다. 따라서 유식의 도리를 이해하기 위해서는 실천이 함께해야 한다. 유식논서에서 유식의 도리를 설명하는 이유도 유식의 도리를 이해하기 위해 실천의 길로 이끌고자 함이다.

『유식삼십송』에 의하면 유식사상은 크게 유식상(唯識相), 유식성(唯識性), 유식위(唯識位)로 구성된다. 즉, 오직 식으로 나타난 여러 가지 모습인 유식상, 진여로서 유식의 실성인 유식성, 유식상과 유식성에 깨달아 들어가는 수행 단계를 유식위로 구성된다. 지금까지는 유식사상 가운데 큰 줄기인 유식상과 유식성을 자세히 살펴보았다. 이제부터는 마지막 큰 줄기인 대승보살의 수행 단계인 유식위를 살펴보는 것으로 마무리하고자 한다.

유식위는 유식의 진리를 깨닫는 수행 단계, 또는 수행 계위를 말한다. 여기에는 자량위(資糧位), 가행위(加行位), 통달위(通達位), 수습위(修習位), 구경위(究竟位)로 다섯 단계(五位)가 있다.

첫째 자량위에서는 대승의 순해탈분(順解脫分; 해탈을 구하는 데 인(因)이 되는 수행)을 닦는다. 둘째 가행위에서는 대승의 순결택분(順決擇分; 난·정·인·세제일법 등의 사선근)을 닦는다. 『섭대승론』에서는 자량위와 가행위를 합쳐 승해행지(勝解行地)라고 한다. 셋째 통달위는 모든 보살이 머무는 견도(見道)이다. 즉, 초지에 들어서는 순간이다. 넷째 수습위는 모든 보살이 머무는 수도(修道)이다. 초지에서 제10지까지이다. 다섯째 구경위에서 무상정등보리(無上正等菩提, 아뇩다라삼먁삼보리)에 머문다. 구경위는 불과(佛果)를 말한다.

이러한 보살 수행의 다섯 단계를 간단하게 살펴보면 다음과 같다.

모든 보살은 유식상·유식성에 대해 자량위에서 능히 깊게 믿고 이해[信解]한다. 자신의 역량[糧]을 도와 이익이 되게 하여[資益] 비로소 그 과(果)에 이르기 때문에 자량이라 한다. 자량위에서 역시 번뇌를 조복하고 제거하지만 번뇌를 많이 제거하는 것은 아니다. 신해(信解)가 처음으로 더욱 증가함으로 단지 신해를 부각하여 설명한다. 가행위에서 능히 점차 번뇌를 조복하여 제거하고 곧 무분별지를 이끌어 일으킨다. 통달위에서 여실하게 통달한다. 이때 비로소 무루의 지혜인 무분별지를 일으켜 실상·실성을 증득하기 때문이다. 수습위에서 이치대로 자주 닦고 익혀 장애를 조복하거나 단절한다.

구경위에 이르러 장애를 벗어나 원만하고 밝다. 번뇌장·소지장에서 전적으로 벗어난다. 공덕과 지혜를 두루 갖추기 때문에 원만[圓]이라 한다. 이때 두루 갖추지 않은 성문·연각 이승의 성인은 제외한다. 복덕과 지혜는 청정하고 극히 뛰어나서 잘못이 없고, 미혹하지 않고 어둡지 않기 때문에 밝다[明]고 한다. 이때 보살은 제외한다. 제10지 보살은 비록 모두 두루 원만하다 할 수 있지만 아직 청정하지 않기 때문이다. 예를 들어, 그물 너머로 달을 보는 것과 같다. 그러므로 보살에게는 '밝다'고 하지 않는다. 또 구경위에서는 미래가 다할 때까지 유정을 교화하여 유식상·유식성에 깨달아 들어가게 한다. 자기를 구제하는 것이 아니라 성도하고 나서 다른 이를 제도함을 나타낸다. 그러므로 법륜(法輪)이라 이름한다.

이제부터『성유식론』권9와 권10에 나타난 수행 계위에 대해 더 자세히 알아보자.

02

수행의
다섯 단계 [五位]

1.
자량위

『유식삼십송』에서 게송으로 말씀하셨다.

아직 식을 일으켜
유식성에 머물기를 구하지 않을 때까지는
이취의 수면에 대해
아직 능히 조복하고 단멸하지 못하네.

乃至未起識
求住唯識性
於二取隨眠
猶未能伏滅

자량위는, 깊고 견고한 대보리심을 일으켰을 때부터 가행위의 마음으로써 유식성에 머물고자 하기 전[가행위 이전]까지이다. 자량이란 곧 역량을 말한다. 보리[깨달음]와 관련하여 이름한 것이다. 즉 자량위는 보리의 인이 되는 최초 계위이다. 자신의 역량[糧]을 도와 이익 되게 하여[資益] 비로소 그 과에 이르기 때문에 자량이라 한다. 생사를 벗어나고 대지(大智)를 얻고자 보리를 구한다. 이러한 무상정등보리에 나아가기 위해 여러 가지 뛰어난 자량[역량]을 닦아 모은다. 또한 유정을 위해 해탈을 부지런히 구한다. 이로 말미암아 역시 순해탈분(順解脫分)이라 이름한다. 순해탈분이라는 이름은 열반에 연관하여 인(因)을 삼는다. 열반을 해탈이라 한다. 부지런히 해탈을 구하는데, 이 수행이 어긋나지 않기 때문에 순(順, 따름)이라 한다. 이때 분(分)이란 인(因)이다. 즉 순해탈분은 '해탈에 따르는[구하는] 인'이 된다는 뜻이다. 자량위에서 순해탈분을 닦는다.

자량위의 보살은 인·선우·작의·자량의 네 가지 뛰어난 힘에 의해 유식의 도리를 깊게 믿고 이해[信解]한다. 여기서 '대승의 가르침을 많이 듣고 훈습하여 상속함'이 인력(因力)이다. '현세에 출현하신 무량 제불 보살을 만남'이 곧 선우력(善友力)이다. '한결같은 결정된 뛰어난 결단[勝解]을 얻음'이 작의력(作意力)이다. '이미 여러 선근을 모았기 때문에 복덕과 지혜 자량을 잘 닦음'이 자량력이다. 따라서 첫째 힘은 직접적인 원인(因)이고, 둘째 힘은 간접적인 조건(緣)이고, 셋째 힘은 결정된 행의 닦음이고, 넷째 힘은 선근의 모음이기 때문에 자량보살이라 이름한다.

비록 유식의 도리에 대해 신해하지만, 자량위에서는 아직 능히 능취·소취의 공을 요달하지 못한다. 여기서 능취·소취는 견분과 상분으로 이해해도 무방하다. 견분은 능히 취하는 주체이기 때문에 능취이고, 상분은 취해지는 대상이기 때문에 소취이다. 이와 같이 능취·소취의 공을 요달하지 못함으로써 이취에서 이끌어진 수면[종자]에 대해 아직도 대부분 조복하거나 단멸하지 못하여 이취 현행을 일으키게 된다.

한편 게송에서 이취(二取)란 말은 이취의 취를 나타낸다. 이취[능취·소취]가 바로 취(取)는 아니다. 의타기성[능취·소취]과 변계소집성[취]의 관계를 생각하면 된다. 능취성·소취성[의타기성]을 집착하여 취하는 것[변계소집성]이 문제이기 때문이다. 게송에서 이취의 종자를 이취의 수면(隨眠)이라 한다. 유정을 따라서[隨逐] 장식[제8식]에 잠자고[眠伏] 있고, 혹은 유정을 따라서 잘못을 더하기[增] 때문에 수면이라 이름한다. 면(眠)은 증(增)의 뜻이다. 예를 들어, 잠을 즐길수록 잠이 더 늘어나는 것과 같다. 곧 이취의 습기는 소지장과 번뇌장의 종자이다.

보살이 이 자량위 가운데 머물러 이장[번뇌장·소지장]의 거친 현행은 조복하지만, 미세한 것과 두 가지 수면[종자]에 대해서는 수행[지(止)와 관(觀)]의 힘이 약하여 조복하거나 소멸시키지 못한다.

자량위에서는 유식의 진여를 아직 증득하지 못한다. 여기에서는 뛰어난 결단[승해]의 힘에 의하여 뛰어난 수행[勝行]을 한다. 승행에는 대략 두 종류가 있다. 복덕[福]과 지혜[智]이다. 또한 두 종류가 있다. 자리와 이타이다.

자량위에서는 번뇌장과 소지장이 비록 아직 조복되어 제거되지 않아서 승행을 닦을 때 세 가지 물러남이 있지만, 세 가지 일로 그 마음을 연마(鍊磨)하여 증득하고 용맹스러워 물러나지 않는다. 첫째, 무상정등보리는 광대(廣大)하고 심원(深遠)하다는 말을 듣고서 곧 물러나려고 했더라도, 다른 이가 이미 대보리를 증득했다는 말에 이끌려 자기의 마음을 연마하여 용맹스러워 물러나지 않는다. 둘째, 보시 바라밀 등은 매우 닦기 힘들다는 말을 듣고서 마음이 곧 물러나려고 했더라도, 자기 생각에 보시 등 수행을 즐긴다는 사실을 깨닫고 자기 마음을 연마하여 용맹스러워 물러나지 않는다. 셋째, 모든 부처님의 원만한 전의(轉依)는 매우 증득하기 어렵다는 말을 듣고서 마음이 곧 물러나려고 했더라도, 다른 사람이 행한 보시 등에 이끌려 자기의 묘한 인(因)을 비교하면서 자기의 마음을 연마하여 용맹스러워 물러나지 않는다. 이러한 세 가지 일로 말미암아 그 마음을 연마하고 견고하고 치열하게 모든 승행을 닦는다.

2. 가행위

『유식삼십송』에서 게송으로 말씀하셨다.

현전에 무엇을 세워
이른바 유식성이라 하나
얻는 바가 있기 때문에
실로 유식에 머문 것은 아니네.
現前立少物
謂是唯識性
以有所得故
非實住唯識

보살은 먼저 첫 무수겁 동안에 복덕·지혜 자량을 잘 구비하여 순해탈분이 원만하게 되었다. 견도에 들어가 유식성에 머물기 위해 다시 가행을 닦아 이취를 조복하여 제거한다. 이른바 난(煖)·정(頂)·인(忍)·세제일법(世第一法)의 사선근(四善根)을 닦는다.

이 넷을 순결택분이라 이름한다. 결택분이란 지혜로 모든 법을 살펴서 진위를 간택하는 것을 말한다. 결택은 지(智)를 말하고, 분은 지분(支分)의 뜻이다. 결택분이란 결택의 한 부분에 해당된다는 말이다. 이 넷은 진실된 결택분에 따라 나아가기 때문에 순결택분이라 한다. 또한 견도에 가깝기 때문에 가행이라는 이름을 세운다. 가행이란 견도에 이르기 위해 공력(功力)을 더하여[加] 수행한다[行]는 말이다. 물론 앞의 자량위에도 가행의 뜻이 있다. 자량위 또한 공력을 더하여 수행하기 때문에 가행이라 하지만, 여기에서는 견도에 가까운 것에 의거하여 말한다.

난·정·인·세제일법 등의 네 법은 사심사관(四尋思觀)과 사여실지관(四如實智觀)에 의거하여 세운다. 사심사관이란 일체법의 명(名)·의(義)·자성(自性)·차별(差別)이 임시로 있고[假有] 실로 없음[實無]을 살피는 수행이다. 심사(尋思)에서 심(尋)은 '찾아 구하다'는 뜻이고 사(思)는 '관찰하다', '살피다'는 뜻이다. 명(名)은 어떤 법을 일컫는 이름을 말한다. 의(義)는 이름이 표현하는 의미·모습을 말한다. 자성(自性)은 명·의의 자체 성품을 말한다. 차별은 명·의의 차별을 말한다. 일체법은 다양한 차별이 있다. 예를 들어, '컵이 있다'고 말하는 경우, 컵이라는 명칭은 명이고, 컵이라는 명칭이 표현하는 컵의 모습이나 의미는 의이고, 컵을 컵이라고 부를 수 있는 자체 성품이 자성이고, 컵이 크다거나 작다거나 둥글다거나 모나다거나 하는 특성이 차별이다. 이러한 소취인 명·의·자성·차별 넷은 식을 떠나서 있지 않고 아울러 능취인 식도 있지 않음을 여실하고 두루 알기 때문에 여실지라 이름한다. 이처럼 사심사관를 닦음으로써 사여실지관이 일어난다.

사심사관과 사여실지를 닦음에 순서가 있다. 사선근 가운데 난위·정위에서는 사심사관을 닦고, 인위·세제일법에서는 사여실지관을 닦는다. 이제 사선근에 대해 하나하나 살펴보자.

난위(煖位)는, 명득정(明得定)에 의거하여 하품(下品)의 심사관(尋思觀, 살핌)을 일으켜 소취가 없다고 관함을 말한다. 난위 가운데 비로소 소취는 모두 자심이 변현한 것이며 가시설(假施設)하여 있고 실로 얻을 수 없다[不可得]고 관한다. 처음으로 혜(慧)의 태양이 일어날 무렵의 모습을 얻기 때문에 명득이라는 이름을 세운다. 곧 여기서 얻어진 것은 진리의 불[道火]이 일어나기 이전 모습으로, 불이 다가오기 이전에 따뜻해지기 때문에 '난(煖)'이라고 이름한다.

정위(頂位)는, 명증정(明增定)에 의거하여 상품(上品)의 심사관을 일으켜 소취가 없다고 관함을 말한다. 정위 가운데 거듭 소취는 모두 자심이 변현한 것이며 가시설하여 있고 실로 얻을 수 없다고 관한다. 밝음의 모습이 점차 치성하기 때문에 명증이라 이름한다. 심사관의 극(極)이기 때문에 정(頂)이라 이름한다.

인위(忍位)는, 인순정(印順定)에 의거하여 하품의 여실지관(如實智觀)을 일으켜 소취가 없음에 대해 결정하여 인지하고, 능취가 없음에 대해 역시 따라서 즐겨 인지함을 말한다. 이미 능취인 식을 떠나서 실경(實境)이 없는데 어찌 소취인 경을 떠나서 실식(實識)이 있겠는가? 소취·능취는 서로 상대하여 세운다. 경·식이 공함을 굳세게 인지하기 때문에 인(忍)이라 이름한다.

세제일법(世第一法)은, 무간정(無間定)에 의거하여 상품의 여실지관을 일으켜 이취의 공을 인지함을 말한다. 이른바 앞의 상품의 인위[上忍]에서는 오직 능취의 공만 인지하는데, 지금 세제일법에서는 이공을 쌍으로 인지한다. 이로부터 간단없이[끊어짐이 없이] 반드시 견도에 들어가기 때문에 무간(無間)이라 한다. 범부의 수행법 가운데 최고로 뛰어나기 때문에 세제일법이라 이름한다.

이처럼 난위와 정위에서는 능취식에 의지하여 소취가 공하다고 관하고, 하품의 인(忍)이 일어날 때는 경의 공상(空相)을 인지하고, 중품의 인이 일어나는 단계에서는 능취식에 대해 경(境)과 같이 공하다고 인가하는 것을 즐기며, 상품의 인이 일어나는 단계에서는 능취가 공하다고 인지하며, 세제일법에서는 능취와 소취가 공상임을 쌍으로 인지한다.

가행위에서는 모두 공이라는 상(相)을 띠고 있기 때문에 아직 진실을 증득하지 못한다. 가행위에서 보살은 아직까지 현전에 무엇을 세워 이것이 유식의 진실성이라고 여긴다. 그러나 '있다[有]', '없다[공]'라는 두 가지 상(相)이 아직 제거되지 않아 마음에 분별이 남아 있기 때문에 진실로 유식의 이치에 안주하지 못한다. 그 상이 소멸하여야만 비로소 진실로 유식에 안주하게 된다.

3. 통달위

『유식삼십송』 게송에서 말씀하셨다.

어느 때 소연에 대해
정지(正智)로 전혀 얻는 바가 없으니

이때 유식에 머무네.

이취의 상을 떠났기 때문이라.

若時於所緣

智都無所得

爾時住唯識

離二取相故

통달위는 바로 견도위를 말한다. 어느 때 보살은 무분별지가 일어나 소연경에 대해 얻는 바가 전혀 없다. 여러 가지 희론의 상을 취하지 않기 때문이다. 무분별지는 모든 분별이 사라진 상태의 지혜를 말한다. 희론은 실재하지 않은 법을 세워서 객체화시킨 것을 말한다. 즉 분별로 인해 본래 있지 않은 법을 있다고 여긴 것을 말한다. 그러므로 당연히 무분별지가 일어날 때에는 희론의 상이 함께할 자리가 없게 된다. 이때 보살은 유식의 참다운 성품에 머문다고 한다. 진여를 증득하는 지(智)와 진여가 평등평등하여 모두 능취·소취의 상을 떠났기 때문이다. 능취·소취의 상은 모두 분별이다. 얻는 바가 있는 마음에는 희론이 나타나기 때문이다. 여기서 '평등평등'이란 심(心, 무분별지)·경(境, 진여)이 서로 일치하고 무분별지·진여가 그윽하게 합하여 모두 이취를 떠나고 모든 희론을 끊었기 때문이다.

이처럼 가행위에서 중단 없이 수행하여 무분별지가 일어날 때 진여를 통달함을 통달위(通達位)라고 이름한다. 처음으로 도리[理]를 비추기[照見] 때문에 또한 견도(見道)라고 이름한다. 그런데 이 견도에는 진견도(眞見道)와 상견도(相見道) 두 가지가 있다.

첫째, 진견도는 무분별지이다. 이공(二空, 아공·법공)으로 나타난 진리를 참으로 증득하고, 이장(二障. 번뇌장·소지장)의 분별수면을 참으로 끊는다. 번뇌에는 구생과 분별이 있고, 종자와 현행이 있다. 이때 수면은 종자를 말한다. 견도위에서 분별아집[번뇌장]·분별법집[소지장]의 종자가 끊어진다. 참고로 분별아집[번뇌장]·분별법집[소지장]의 현행은 견도위 이전에 점차로 이미 조복되었다. 따라서 견도위 이후로 분별아집과 분별법집은 일어나지 않는다. 물론 구생아집[번뇌장]·구생법집[소지장]의 종자와 현행은 여전히 남아 있다.

둘째, 상견도는 이른바 무분별후득지를 말한다. 일체 분별이 사라진 지혜를 무분별지라고 하고, 무분별지 이후에 다시 여러 모습을 살피기 위해 무분별후득지가 일어난다.

무분별지는 모든 분별이 사라진 자리이기 때문에 눈을 감은 것과 같다. 이 경우에는 결코 세상과 함께할 수 없다. 이에 다시 분별을 일으켜 산은 단지 산이고 물은 단지 물이라고 차별상을 짓는다. 무분별지는 실지(實智. 근본지)로서 제법의 실상을 증득하고, 무분별후득지는 권지(權智. 방편지)로서 제법의 차별상을 증득한다. 따라서 앞의 진견도에서는 오직 유식성(唯識性)을 증득하고 뒤 상견도에서는 유식상(唯識相)을 증득한다. 둘 가운데 진견도가 뛰어나다. 유식성을 증득하여 진여를 관조하기 때문이다. 그러므로 『유식삼십송』 게송은 진견도[무분별지]에 의거한 내용이다.

보살이 이 두 진견도와 상견도를 얻을 때, 여래 집안에 태어나 극희지(極喜地. 초지)에 머물고, 법계를 잘 요달하여 모든 평등을 얻는다. '여래 집안에 태어난다'는 말은 법계[진여]를 깨닫는다는 뜻이다. 즉 초지 때 깨달음을 맛보게 된다. 그러므로 이승(二乘)의 수행 계위에서는 견도위를 성인의 흐름에 들어왔다고 해서 예류(預流) 또는 입류(入流)라고 한다. 이때 '예(預)'는 참여하다는 뜻이다. 이로써 항상 모든 부처님의 대집회 가운데 태어나 여러 수행 방편에 대해 자재함을 얻고, '오래지 않아 대보리를 증득하고 미래가 다하도록 모두를 이락(利樂)하게 함'을 스스로 안다.

4. 수습위

『유식삼십송』 게송에서 말씀하셨다.

얻음이 없고 생각할 수 없으며
출세간지이네.
두 가지 추중을 버리기 때문에
곧 전의를 증득하네.
無得不思議
是出世間智
捨二麤重故
便證得轉依

수습위는 수도위를 말한다. 보살은 앞의 견도로부터 나아가서 구생의 번뇌장과 소지장을 끊고 전의(轉依)를 증득하기 위해 무분별지를 자주 수습(修習)한다.

수습위에서 일어나는 무분별지는 소취와 능취를 멀리 떠났다. 그러므로 '얻음이 없고' 아울러 '생각할 수 없다'라고 말한다. 집착되는 대상인 소취를 떠났기에 '얻음이 없다' 하고, 집착하는 주체인 능취를 떠났기에 '생각할 수 없다' 한다. 혹은 희론을 떠났으므로 '얻음이 없다'고 하며, 묘한 작용은 헤아리기 어려우므로 '생각할 수 없다'고 이름한다.

이 무분별지는 세간[이취수면]을 끊었기 때문에 출세간이라 이름한다. 이취수면은 세간의 근본이다. 오직 이 무분별지만이 능히 끊으므로 홀로 '출세간'이란 이름을 얻는다. 혹은 출세간이라는 이름은 두 가지 의미에 의거하여 세운다. 이른바 무루라는 점과 진여를 증득한다는 점이다. 무분별지는 이러한 두 가지 의미를 갖추기 때문에 홀로 '출세간'라고 이름한다. 무분별후득지는 그렇지 않다. 무분별후득지는 진여를 증득하지 않고 차별상을 증득한다.

수습위에서는 자주 무분별지를 닦기 때문에 두 가지 추중(麤重)을 버린다. 두 가지는 번뇌장과 소지장을 말한다. '추중'은 우선 종자를 말한다. 이장의 종자를 추중이라고 이름하는 것은, 이장 종자의 성품이 감당할 수 없으므로[無堪任] 미세하다거나 가볍다거나 하는 것과 다르기 때문이다. 이때 이장 종자는 영원히 사라지므로 '버린다'고 한다. 버린다는 말은 '끊는다'는 뜻이다. 또 추중에는 두 가지가 있다. 하나는 종자이고, 하나는 종자가 아닌 습기이다. 참고로 습기에는 두 가지 뜻이 있다. 하나는 훈습(熏習)의 기분(氣分)의 뜻으로서 종자에 사용된다. 하나는 관습(慣習)의 기분의 뜻으로서 번뇌 자체가 이미 다한 이후에 그 습관성이 남아 있는 것을 말한다. 여기서는 후자의 뜻이다. 각 수행 단계에서 번뇌장과 소지장을 제거함은 앞의 제7식 설명 가운데 표로 정리하였다.

이처럼 무분별지는 번뇌장과 소지장을 버리기 때문에 곧 능히 광대한 전의(轉依)를 증득한다. 이때 증득된 전의는 구경위의 모습이다.

1) 십지보살

수습위는 초지부터 제10지까지 총 '십지(十地)'의 계위가 있다.

제1지는 환희지(歡喜地)이다. 초지(初地)라고도 한다. 처음으로 성인의 성품[聖性]을 얻고 이공(二空)을 모두 증득하고 능히 자타를 이익되게 하여 큰 기쁨[大喜]을 일으키기 때문이다. 제2지는 이구지(離垢地)이다. 깨끗한 계율을 갖추고 미세한 잘못을 일으키는 번뇌의 티끌을 멀리 떠나기 때문이다. 제3지는 발광지(發光地)이다. 뛰어난 정(定)과 대법의 총지(總持, 다라니)를 성취하여 가없는 묘한 혜(慧)의 빛을 발하기 때문이다.

제4지는 염혜지(焰慧地)이다. 최승의 보리분법[깨달음의 원인]에 안주하여 번뇌의 섶[제6식과 함께하는 신견(身見) 등]을 태워 혜의 불꽃이 더하기 때문이다. 제5지는 극난승지(極難勝地)이다. 진지(眞智)와 속지(俗智)가 일념에 함께 일어남은 극히 어렵고 어렵기 때문이다. 이때 진지는 무분별지이고, 속지는 세간의 책과 논 등을 아는 것이다. 제6지는 현전지(現前地)이다. 십이연기에 머무는 지(智)가 무분별의 최승 반야를 이끌어 현전하게 하기 때문이다.

제7지는 원행지(遠行地)이다. 무상주(無相住)의 공용(功用) 맨 끝에 이르러 세간도(世間道)와 이승도(二乘道)를 뛰어넘기 때문이다. '원행'이란, 세간과 이승(二乘)이 집착하는 여러 모습을 떠난다는 뜻이다. 앞의 제6지에서는 생멸의 유전상과 환멸상을 집착한다. 제7지에서는 이를 떠났다. 제8지는 부동지(不動地)이다. 무분별지가 저절로 상속하여 유상(有相)·공용(功用)·번뇌에 능히 동요되지 않기 때문이다.

제9지는 선혜지(善慧地)이다. 미묘한 사무애해(四無礙解)을 성취하여 능히 시방에 두루 훌륭하게 법을 설하기 때문이다. 법무애(法無礙)로 말미암아 가르침의 구절[法句]을 잘 알고, 의무애(義無礙)로 말미암아 가르침의 이치를 잘 통달하고, 사무애(辭無礙)로 말미암아 여러 가지 언어를 잘 분별하고, 변무애(辯無礙)로 말미암아 자유 자재하게 가르침을 설한다. 제10지는 법운지(法雲地)이다. 대법지(大法智)의 구름이 많은 덕의 물을 품어 허공과 같은 번뇌장과 소지장을 덮고 법신(法身)을 충만하게 하기 때문이다.

이와 같은 십지는 유위·무위의 공덕을 모두 포함해서 자성으로 삼는다. 여러 공덕이 뛰어난 의지(依持)가 되어 보살의 수행을 크게 일으키기 때문에 지(地)라 이름한다. 또 보살이 의지하기 때문에 지(地)라고 한다. 우리는 땅[地]에 의지하여 살아가고, 땅으로부터 만물이 자라나기 때문에 지(地)라는 이름을 사용한다.

2) 십바라밀다

보통 대승보살의 실천 덕목으로서 육바라밀을 언급한다. 이는 보시·지계·인욕·정진·선정·반야(지혜) 등이다. '바라밀' 또는 '바라밀다'라고도 음역한다. 바라밀은 구역으로서 현장 스님 이전의 번역어이고, 바라밀다는 신역으로서 현장 스님 때부터 번역어이다. 예를 들어, 우리가 독송하는 『금강경』의 본래 이름은 『금강반야바라밀경』인데, 5세기 초엽에 구마라집 스님이 번역하였다. 『반야심경』의 본래 이름은 『마하반야바라밀다심경』인데 6세기 중엽에 현장 스님이 번역하였다. 바라밀다는 '완성'과 '깨달음의 세계에 도달함[到彼岸, 저쪽 언덕에 도달함]'이라는 의미로 풀이한다. 즉, 바라밀다는 생사고해와 번뇌화택에서 윤회의 고통을 받는 중생을 깨달음의 세계에 이르게 하는 수행 방법이다.

『화엄경』 계통에서는 십바라밀다를 말한다. 이는 육바라밀다와 다르지 않다. 단지 육바라밀다 가운데 반야바라밀다를 다시 다섯 바라밀다로 나눈 것이다. 즉, 반야바라밀다·방편바라밀다·원바라밀다·력바라밀다·지바라밀다이다. 십바라밀다에서 반야바라밀다는 근본지로서 무분별지를 말하고, 나머지 넷은 방편지로서 무분별후득지에 해당된다. 무분별지는 모든 법의 실상을 증득하고, 무분별후득지는 차별상을 통달하기 때문에 세속을 반연한다.

『화엄경』 등을 소의경전으로 하는 유식사상에서는 십바라밀다를 언급한다. 따라서 이 십바라밀다는 십지의 보살이 닦아야 하는 뛰어난 수행[勝行]이 된다. 십바라밀다를 자세히 살펴보면 다음과 같다.

첫째, 보시바라밀다이다. 보시에는 세 종류가 있다. 이른바 재물을 나눔[財施]·두려움을 없게 함[無畏施]·가르침을 나눔[法施]이다. 재시는 몸[身]을 지키고, 무외시는 두려움을 없게 하여 마음을 지키고, 법시는 선법(善法)을 지킨다. 또는 법시는 선근(善根)을 도와주고, 재시는 다른 이의 몸을 이익 되게 하고, 무외시는 다른 이의 마음을 도와준다.

둘째, 지계바라밀다이다. 지계에는 세 종류가 있다. 이른바 율의계(律義戒)·섭선법계(攝善法戒)·요익유정계(饒益有情戒)]이다. 율의계는 칠부대중[비구·비구니·사미·사미니·식차마니 우바새·우바이]이 지켜야 할 계율을 말한다. 즉 율의계는 일반적으로 말하는 계율이다. 섭선법계는 온갖 착한 법을 닦음을 말하고, 요익유정계는 널리 중생을 이롭게 함을 말한다. 따라서 이때의 지계는 보통 이해하는 지계의 범위가 확대된 것이다. 율의계는 칠중계(七衆戒)로 선(善)을 지니고, 섭선법계는 일체불법으로 보리를 지니고, 요익유정계는 모든 유정을 구제하는 것으로 대비(大悲)를 지닌다.

셋째, 인욕바라밀다이다. 인욕에는 세 종류가 있다. 이른바 자신을 해친 원한을 참는 인욕[耐怨害忍]·고통을 편안히 받아들이는 인욕[安受苦忍]·법을 잘 관찰하는 인욕[諦察法忍]이다. 내원해인(耐怨害忍)은 유정을 성숙시키는 인(因)으로서 유정을 버리지 않고 지킨다. 안수고인(安受苦忍)은 성불의 인(因)으로서 하열심을 버리고 성불의 인을 지킨다. 제찰법인(諦察法忍)은 앞의 두 가지 인욕이 의지하는 바[所依]로서 무생법인(無生法忍)을 유지한다. 무생법인이란, 불생불멸의 진여 법성을 인지하고 거기에 안주하여 움직이지 않는 것을 말한다.

넷째, 정진바라밀다이다. 정진에는 세 종류가 있다. 이른바 큰 서원으로 무장한 정진[被甲精進]·모든 선법을 닦는 정진[攝善精進]·중생을 이롭고 안락하게 하는 정진[利樂精進]이다. 피갑정진(被甲精進)은 대서원을 일으켜 선근 방편을 유지한다. 섭선정진(攝善精進)은 방편으로 앞으로 나아가며 선근을 원만하게 증득함을 유지한다. 이락정진(利樂精進)은 부지런히 중생을 교화하여 선근이 다함없음을 유지한다.

다섯째, 정려(靜慮, 선정)바라밀다이다. 정려에는 세 종류가 있다. 현재 즐거움에 편안히 머무는 정려[安住靜慮]·여섯 가지 신통을 이끌어 내는 정려[引發靜慮]·유정을 이롭게 하는 일을 판별하는 정려[辨事靜慮]이다. 안주정려(安住靜慮)는 현재 즐거움에 편안하게 머물기 때문에 싫어하거나 권태로움이 없음을 유지한다. 인발정려(引發靜慮)는 육신통을 이끌기 때문에 생각하는 모든 일을 원만하게 이룸을 유지한다. 변사정려(辨事靜慮)는 유정을 이롭게 하는 일을 판별하기 때문에 여러 업을 다스림을 유지한다.

여섯째, 반야바라밀다이다. 반야에는 세 종류가 있다. 이른바 생공무분별혜(生空無分別慧)·법공무분별혜(法空無分別慧)·구공무분별혜(俱空無分別慧)이다. 생공은 아공을 말한다.

일곱째, 방편바라밀다이다. 또는 방편선교바라밀다이다. 방편은 방법을 말하고, 선교는 훌륭하다는 뜻이다. 방편선교에는 두 종류가 있다. 이른바 회향을 위한 훌륭한 방편[迴向方便善巧]·중생 구제를 위한 훌륭한 방편[拔濟方便善巧]이다. 수행공덕을 중생과 보리와 실제[진여]로 돌리는 것을 회향이라고 한다. 곧, 방편바라밀다는 앞의 육바라밀다에서 모은 선근으로써 여러 유정과 함께 무상정등보리로 돌이켜 구한다. 따라서 방편바라밀다는 반야와 대비로 말미암아 모든 선근으로써 무상보리로 돌이켜 구하고[반야], 모든 유정의 모든 이로운 일을 짓는다[대비]. 또한 생사를 버리지 않고 열반을 구한다. 대비 때문에 생사를 버리지 않고 반야 때문에 열반을 구한다.

여덟째, 원(願)바라밀다이다. 원에는 두 종류가 있다. 이른바 보리를 구하고자 하는 원[求菩提願]·다른 이를 이롭고 즐겁게 하고자 하는 원[利樂他願]이다.

아홉째, 력(力)바라밀다이다. 력에는 두 종류가 있다. 이른바 법상을 사유해서 결택하는 힘[思擇力]·닦아 나가는 힘[修習力]이다. 모든 법을 헤아려 선택하여 닦고 익히기 때문이다. 이 두 가지 힘으로 말미암아 앞의 육바라밀다를 끊어짐이 없이 힌헹히게 한다.

열째, 지(智)바라밀다이다. 지에는 두 종류가 있다. 이른바 법의 즐거움을 수용하는 지[受用法樂智]·유정을 성숙하게 하는 지[成熟有情智]이다. 이때 지는 무분별후득지에 해당된다. 참고로 능히 승의(勝義)를 취하는 지혜[慧]를 혜(慧)라 이름하고, 능히 세속을 취하는 지혜를 지(智)라 이름한다. 지바라밀다는 방편지로서 세속의 차별상을 반연한다. 한편, 이러한 구분에 의거하여 앞의 반야바라밀다는 무분별혜라고 표현하였지만, 보통 무분별지라고 한다.

십바라밀다의 순서가 이러한 것은, 앞의 바라밀다로 말미암아 뒤의 바라밀다를 이끌어 일으키고, 아울러 뒤의 바라밀다로 말미암아 앞을 깨끗하게 유지하기 때문이다. 예를 들어, 보시 등으로 말미암아 지계·인욕 등을 이끌어 일으킨다. 또 앞은 두드러지고 뒤는 미세하기 때문에 쉬움과 어려움으로써 수습하는 순서가 이와 같다.

또한 이 십바라밀다는 서로 포함한다. 즉 바라밀다 각각은 모두 일체 바라밀다를 포함한다. 예를 들어, 보시에는 지계부터 지(智)까지 모두 포함되어 있다. 지계에 모든 선법을 행하는 것[섭선법계]이 있다. 보시가 곧 선법이다. 또, 보시에 지혜가 없다면 강도에게 칼을 주는 꼴이 될 수 있다. 두드러지게 나타난 부분과 뛰어난 부분에 의하여 각각 보시바라밀다 등으로 이야기한다.

또 십바라밀다는 십지에서 비록 모두 닦지만 그 모습이 부각됨에 따라 초지부터 제10지까지 각각 하나씩 닦는다고 한다. 즉 초지에서는 보시바라밀다를, 나아가 제10지에서는 지바라밀다를 닦는다고 말한다. 그러나 각 지에서 나머지를 닦지 않는 것은 아니다. 그리고 십지에서 닦는 수행이 헤아릴 수 없이 많지만 그 하나하나를 분석하면 십바라밀다에 속한다.

5. 구경위

구경위는 불과(佛果)를 말한다. 보통 구경위를 과위(果位)라 하고, 그 이전을 인위(因位)라고 한다.

보살은 십지[수습위]에서 십바라밀다를 수행하고 소지장과 번뇌장을 끊고 광대한 전의(轉依)를 증득한다. 이때 증득된 전의는 바로 구경위의 모습이다. 그런데 『유식삼십송』 게송에서는 수습위 가운데 '전의'를 언급하고 있다. 마찬가지로 『성유식론』도 수습위를 설명하는 부분에서 전의를 이야기한다. 그러나 혹시 혼동이 있을까 우려하는 마음에 이 글에서는 구경위에서 설명한다.

1) 전의(轉依)의 결과 : 보리와 열반

유식사상에서 '전의'라는 단어는 매우 중요하다. 그것은 보통 불교의 궁극을 일컫는 '성불'과 동등한 말이다. '전의'라는 말은 쉽게 말하면, '변화'라는 뜻이다. 이런 뜻에 의하면 전의는 꼭 불과(佛果)에서만 일어나는 것은 아니다. 일상적인 삶의 변화뿐만 아니라 수행 과정에 많은 변화가 일어난다. 그런데 이러한 변화와 구별하기 위해 불과에서 일어난 전의를 '광대한 전의[廣大轉]'라고 한다. 물론 불교에서 전의라고 말할 때는 '광대한 전의'를 염두에 두고 하는 말이다.

그렇다면 무엇을 변화시키는가? 의(依)는 의지처[所依]를 말한다. 즉 전의란 의지처를 변화시킨다[轉]는 뜻이다. 의지처에 대해 두 가지 견해가 있다. 곧 의타기성과 유식진여이다.

첫째, 의지처는 의타기성이다. 의타기성은 염법(染法)과 정법(淨法)에게 의지처가 되기 때문이다. 이때 염법이란 변계소집성이고, 정법이란 원성실성이다. 여기서 '변화[轉]'란 염법을 버리고 정법을 얻음이다. 자주 무분별지를 닦고 익혀서 본식[제8식] 가운데 번뇌장과 소지장을 끊는다. 이로 말미암아 의타기성 위에 집착된 변계소집성[아집·법집, 번뇌장·소지장]을 버리고[轉捨] 의타기성 가운데 원성실성[보리·열반]을 얻는다[轉得]. 번뇌장을 버림으로써 대열반을 증득하고 소지장을 버림으로써 무상각[아뇩다라삼먁삼보리]를 증득한다. 이처럼 열반과 보리, 두 가지 전의의 결과를 얻는 것이 '유식을 이룬다[成唯識]'는 의미이다.

둘째, 의지처는 유식진여이다. 진여는 생사와 열반에게 의지처가 되기 때문이다. 어리석은 범부는 전도되어 진여에 미혹하기 때문에 무시이래 생사고를 받고, 성자는 전도를 떠나 진여를 깨달아서 곧 열반을 얻고 마침내 안락하게 된다. 보살은 자주 무분별지를 닦고 익혀서 본식 가운데 번뇌장과 소지장을 끊는다. 그러므로 '진여를 의지한 생사'를 소멸하고[轉滅] '진여를 의지한 열반'을 증득한다[轉證]. 이 열반은 진여가 잡염을 떠난 성품이다. 진여는 비록 성품은 청정하나 드러난 모습은 섞여 오염되었다. 그러므로 염법을 떠날 때에 '새롭게 깨끗함[新淨]'이라고 가설한다. 즉 이 '신정'을 전의라고 한다. 이는 수습위 가운데 장애를 끊고 금강심 후 불과[구경위]에서 증득한다. 수습위에서 증득하지 않는다. 구경위에서 열반뿐만 아니라 보리도 증득한다.

이처럼 전의를 통해 염법을 버리고 정법을 얻게 된다. 그 결과가 바로 열반과 보리이다.

2) 대열반의 증득

보살은 수습위 가운데 닦고 익혀 마침내 구경위에서 전의를 이뤄 대열반이 나타난다. 대열반은 비록 본래 자성 청정이지만 손님격인 장애[客障, 객진 번뇌]가 덮고서 드러나지 않게 하다가 참된 성도(聖道)가 일어나 그 장애를 끊기 때문에 청정한 모습을 드러나게 하니, 이를 '열반을 얻었다' 한다. 즉 이것은 별도로 생겨난 것이 아니라 진여가 장애를 떠남에 의거하여 세운 것이다. 그러므로 그 체는 청정법계이다.

비록 열반의 체는 청정법계인 진여로서 하나지만, 열반에 네 종류가 있다. 열반은 범어 니르바나의 음역이다. 적멸(寂滅), 적(寂) 등은 의역이다. 곧 '고요하다'는 뜻이다.

첫째는 본래자성청정열반(本來自性淸淨涅槃)이다. 일체법의 실상(實相)인 진여 도리를 말한다. 보통 말하는 불성, 또는 여래장에 해당된다. 본래자성청정열반은 비록 손님격인 더러움[客染]이 있지만 본래 깨끗하고, 헤아릴 수 없는 미묘 공덕을 갖추고, 무생무멸(無生無滅)하여 고요하고 맑음이 허공과 같고, 중생의 참된 성품이기 때문에 일체유정에게 평등하게 공통으로 있고, 일체법과 불일불이(不一不異)하고, 일체상[소취상]·일체분별[능취상]을 떠나고, 살핌[尋思]의 대상이 아니기에 살핌의 길이 끊어지고, 언어의 길이 끊어지고, 오직 참된 성자께서 스스로 안으로 증득하는 것으로서 그 성품이 본래 고요하다. 그러므로 열반이라 이름한다.

둘째는 유여의열반(有餘依涅槃)이다. 이때 '남은 의지[여의]'란 보통 몸을 말한다. 유여의열반은 진여로서 번뇌장을 뛰어넘는다. 이승의 경우에는 비록 미세한 고(苦)의 소의[몸]가 있이 아직 멸하지 않았지만 번뇌장은 영원히 고요하기 때문에 열반이라 이름한다. 부처님의 경우에는 '미세한 고의 소의'가 아니라 무루의 소의를 갖춘다. 몸 자체가 고라면 부처님에게는 통하지 않는다.

셋째는 무여의열반(無餘依涅槃)이다. 이는 곧 진여로서 생사고를 뛰어넘는다. 번뇌는 이미 다하였고 여의(餘依) 역시 멸하여 뭇 고가 영원히 고요하기 때문에 열반이라 이름한다.

넷째는 무주처열반(無住處涅槃)이다. 이는 곧 진여로서 소지장을 뛰어넘는다. 대비와 반야[무분별후득지]에 항상 도움이 된다. 이 열반을 반연하여 자비·지혜가 생겨남을 나타내기 때문이다. 혹은 자비와 지혜로 진여를 반연하여 증득하기 때문이다. 이로 말미암아 생사·열반에 머물지 않고 유정을 이롭고 안락하게 하며, 미래제가 다하도록 작용을 일으키더라도 항상 고요하기 때문에, 열반이라 이름한다. 즉, 비록 자비와 지혜의 작용을 일으키지만 그 체성은 항상 고요하다.

이 네 가지 열반 가운데, 일반 유정 모두에게는 본래자성청정열반[불성] 하나가 있다. 이승 무학에게는 무주처열반을 제외한 나머지 셋이 있다. 오직 부처님만 네 가지 열반을 모두 갖추었다. 이때 부처님의 유여의열반에서 '여의'는 이승 무학의 경우와 다르다. 부처님의 경우에는 무루로서 '미세한 고(苦)의 소의(所依)'가 아니다. 부처님에게 '미세한 고의 소의'가 있다면 고를 다하지 않았다는 모순이 생기기 때문이다. 중생 제도를 위해 몸을 나투신 응화신(應化身, 화신)의 모습이 바로 유여의열반에 해당된다.

따라서 전의를 통한 열반이란 본래자성청정열반을 제외한 나머지 셋을 말한다.

⟨ 사종열반 ⟩

열반의 종류	장애 소멸의 유무	열반의 성취자
본래자성청정열반 (불성)		모든 중생 부처님
유여의열반	번뇌장 소멸 여의[몸] 있음	삼승무학 부처님
무여의열반	생사고 소멸 여의[몸] 없음	삼승무학 부처님
무주처열반	소지장 소멸 생사·열반에 머물지 않음	부처님

참고로 네 가지 열반을 좀 더 이해하기 위해 이장(二障)의 단절 및 생사와 관련하여 설명하고자 한다. 앞에서 몇 차례 살펴보았듯이, 번뇌장과 소지장의 단절 여부는 생사와도 관계가 된다.

생사에는 분단생사(分段生死)와 변역생사(變易生死)가 있다. 분단생사(分段生死)는 육도에 윤회하는 유정(有情)의 생사를 말한다. 육도에 윤회하는 신체는 각각 그 업인에 따라 수명에 분한(分限, 한정)이 있고, 형체에 단별(段別, 구분)이 있기 때문에 분단이라고 한다. 이에 대해 변역생사(變易生死)는 부사의변역생사(不思議變易生死)라고도 하며, 무루의 대원대비의 업이 소지장의 조연(助緣)에 의해 얻게 되는 묘한 신체로서, 그 신체와 수명에 제한이 없고 그 묘용이 측량하기 어렵다.

간단하게 말하면 분단생사는 번뇌장에 의한 생사로서 보통 우리가 말하는 생사이고, 부사의변역생사는 중생에 대한 자비심과 무상정등정각(아뇩다라삼먁삼보리)를 증득하고자 열반에 들지 않고 스스로 받는 생사를 말한다. 분단생사는 번뇌장과 관계되고, 변역생사는 소지장과 관계된다. 따라서 아라한(삼승의 아라한)의 지위에서는 번뇌장을 끊지만 소지장을 끊지 않는다. 그래서 분단생사를 받지 않는다. 그러나 대원대비에 의해 변역생사는 계속될 수 있다.

보통 소승과 대승을 구분할 때 아집과 법집을 언급한다. 이승[성문·연각]의 아라한은 번뇌장의 현행과 종자를 제거함으로써 아집이 일어나지 않지만, 여전히 소지장이 함께하기 때문에 법집은 해결하지 못한다고 본다.

번뇌장로부터 벗어나는 것을 해탈이라고 한다. 해(解)는 묶임[縛]을 제거한다는 뜻이다. 그러므로 해탈이라 이름한다. 번뇌는 박이라 이름한다. 능히 해탈을 장애한다. 소지장은 보리를 장애하지 해탈을 장애하지 않는다. 소지장이 만약 업을 일으키고 생을 윤택하게 한다면 유정을 얽매기 때문에 별도로 해탈을 장애할 수 있다. 그러나 소지장은 이미 그렇지 않다. 그러므로 소지장은 해탈을 장애하지 않는다. 네 가지 열반을 보더라도 해탈보다는 열반이 더 큰 범위임을 알 수 있다. 즉 열반 가운데 하나[유여의열반]가 해탈이므로 열반 안에 해탈이 포함된다.

따라서 이승의 아라한은 번뇌장을 제거하여 고요하기 때문에 열반에 들었다고 한다. 이를 유여의열반이라고 이름한다. 그리고 생사고를 뛰어넘는데, 번뇌는 이미 다하고 남은 의지처도 역시 사라지고 뭇 고가 영원히 고요하기 때문에 열반에 들었다고 한다. 이를 무여의열반이라고 한다. 반면에 보살이 마침내 소지장으로부터 벗어나면 이를 무주처열반이라고 한다. 부처님은 생사에도 머물지 않고 열반에도 머물지 않고 중생을 이롭고 안락하게 하고자 작용을 일으키더라도 늘 고요하기 때문에 열반이라고 한다.

3) 전식득지(轉識得智)

보살은 수습위 가운데 닦고 익혀 마침내 구경위에서 전의를 이뤄 대보리를 증득한다. 대보리는 비록 본래 종자가 있지만 소지장에 장애되기 때문에 일어나지 못한다. 성도의 힘으로 소지장을 끊기 때문에 종자로부터 일어나게 하여 '보리를 얻었다' 한다. 이는 네 가지 지[四智]와 상응하는 심품(心品)이다. 사지(四智)가 두드러지기는 하지만 사지 홀로 일어나지 않고 그 심·심소와 함께 일어나기 때문에 심품이라 한다. 따라서 이 사지와 상응하는 심품을 통칭하여 보리라고 이름한다.

가끔 유식의 최종목적을 전식득지(轉識得智)라고 설명한다. 알음알이를 바꾸어 지혜를 얻는다고 풀이한다. 이때 식은 알음알이로 인한 분별의 뜻이 있는 반면, 지는 진여에 근거한 결단의 뜻이 있다. 지혜는 진여를 반연하여 생겨나기 때문이다. 유루의 제8식·제7식·제6식·전5식을 바꿔 각각 대원경지·평등성지·묘관찰지·성소작지를 얻는다. 대원경지 등은 비록 식[심왕]이 아니지만 식에 의지하여 바뀌어 일어나니, 심·심소 가운데 식이 주(主)가 됨으로 식을 전환하여 얻는다[轉識得]라고 말한다. 유루가 일어날 때는 지가 약하고 식이 강하며 무루가 일어날 때는 지가 강하고 식이 약하다. 유정을 권고하여 지에 의지하고 식을 버리게 하고자 '8식을 전환하여 이 사지를 얻는다'고 말한다.

그렇다면 사지(四智)와 상응하는 심품에 대해 알아보자.

첫째, 대원경지(大圓鏡智)와 상응하는 심품이다. 제8식을 전환하여 얻는다. 마치 크고 원만한 거울[大圓鏡]에 온갖 사물의 상(像)을 나타냄과 같기 때문에 대원경지라고 한다. 이 심품이 작용하는 모습은 미세하여 알기 어렵고, 모든 분별을 떠나고, 일체경(一切境)의 모습을 잊어버리지 않고 어리석지도 않으며, 자체 성품과 모습은 청정하여 온갖 잡염을 떠나고, 순수하고 깨끗하고 원만한 덕이 있으며 현행·종자의 의지가 되고, 부처님의 몸[자수용신]과 불국토[자수용토]와 아울러 나머지 세 가지 지(智)의 영상을 나타내고 생기게 하여 미래세가 다하도록 시공간적으로 끊어짐이 없다. 이때 자수용신·자수용토란 부처님 스스로 수용하는 부처님 몸과 국토를 말한다. 다른 유정에게 해당되는 사항이 아니다. 십지보살[초지~제10지]을 위해 타수용신과 타수용토를 나타낸다. 십지보살을 제외한 나머지 유정을 위해 변화신 등을 나타낸다.

둘째, 평등성지(平等性智)와 상응하는 심품이다. 제7식을 전환하여 얻는다. 평등성이란 진여의 이치이다. 이 지혜는 진여를 반연하기 때문에 평등이라 이름한다. 곧 아집과 법집을 버린 이 심품은 일체법과 자타(自他) 유정이 모두 다 평등함을 관하여 대자비 등과 항상 함께 상응하고, 온갖 유정[십지보살]의 즐거워하는 바를 따라 부처님의 몸[타수용신]과 불국토[타수용토]의 영상 차별을 나타내고, 제7식이 제6식의 불공소의(不共所依)가 됨과 마찬가지로 묘관찰지가 의지하는 불공소의가 되고, 무주처열반을 통해 자비와 평등성지가 일어나고 자비와 평등성지를 통해 무주처열반이 일어나니, 이러한 한결같은 모습으로 미래세가 다할 때까지 상속한다.

셋째, 묘관찰지(妙觀察智)와 상응하는 심품이다. 제6식을 전환하여 얻는다. 이 심품은 제법의 자상·공상을 잘 관하는 데 걸림 없이 전전하며, 무량의 총지(總持, 다라니)·정문(定門, 삼마지)과 아울러 발생한 공덕 진보(珍寶: 육도(六度), 십력(十力) 등)를 모으고 관찰하며, 대중의 모임에 능히 가없는 작용 차별을 나타내는 데 모두 자재를 얻으며, 큰 가르침의 비[大法雨]를 내리고 일체의 의심을 끊어서 온갖 유정이 모두 이락을 얻게 한다.

넷째, 성소작지(成所作智)와 상응하는 심품이다. 전5식을 전환하여 얻는다. 심품은 모든 유정을 이락케 하고자 널리 시방에 여러 가지 변화의 삼업을 나타내어 본원력이 짓고자 하는 일을 이룬다.

대원경지는 성불할 때[구경위] 비로소 일어난다. 평등성지는 견도위에서 처음 일어나지만 이후 간혹 끊어지다가 구경위에서 대원경지가 일어날 때 서로 의지하여 미래제가 다하도록 상속한다. 묘관찰지는 견도위에서 처음 일어난 뒤 이후 유루심 등이 일어날 때 간혹 끊어진다. 성소작지는 성불할 때 비로소 일어난다.

이 네 가지 심품은 비록 모두 일체법을 두루 반연하지만 작용이 다르다. 앞에서 제8식 등은 세상을 나타낸다고 하였다. 마찬가지로 이 네 가지 심품도 각각 그 대응하는 불국토 등 세상을 나타낸다. 대원경지와 상응하는 심품은 자수용(自受用)의 신상(身相)과 정토상을 나타내어 무루종자를 집지한다. 평등성지와 상응하는 심품은 타수용의 신상과 정토상을 나타낸다. 성소작지와 상응하는 심품은 변화신상과 정토상·예토상을 능히 나타낸다. 묘관찰지와 상응하는 심품은 자타의 공능과 과실(過失)을 관찰하며 대법우를 내리고 모든 의심의 그물을 찢어 유정을 이락케 한다.

〈사지〉

	식의 전환	불신과 불국토	발생 계위
대원경지	제8식 전환	자수용신과 자수용토 현현	구경위에서 비로소 일어남
평등성지	제7식 전환	타수용신과 타수용토 현현	견도시 처음 일어남
묘관찰지	제6식 전환	자타의 공능과 과실 관찰	견도시 처음 일어남
성소작지	전5식 전환	변화신과 예토·정토 현현	구경위에서 비로소 일어남

4) 구경위의 특징

『유식삼십송』게송에서 말씀하셨다.

이[보리·열반]는 곧 무루계이며
부사의이며, 선이며, 상이며,
안락이네. 해탈신이며,
대모니이며, 법신이라 이름하네.
此卽無漏界
不思議善常
安樂解脫身
大牟尼名法

두 가지 전의의 결과인 보리와 열반은 곧 구경의 무루계에 속한다. '무루'란, 모든 루(漏, 번뇌)가 영원히 다하고, 루가 따라 더하지 않고, 성품이 깨끗하고 원만하고 밝기 때문이다. '계(界)'란 '간직하다[藏]'

는 뜻이다. 이 가운데 가없는 희유의 대공덕을 간직하고 있기 때문이다. 보리는 유위 공덕을 간직하고, 열반은 무위 공덕을 간직한다. 혹은 계는 인(因)의 뜻이다. 세간·출세간의 이익 되는 일을 생겨나게 하기 때문이다. 따라서 무루계인 보리[四智]와 열반은 그 자체가 무루이면서 수많은 무루 공덕을 간직하고 있으며 세간·출세간의 이롭거나 즐거운 일을 생겨나게 하는 원인이다.

참고로 보통 법계, 특히 법계연기에서 법계를 '우주법계'라는 말로 풀이한다. 그러나 위의 '계'의 뜻에 의거하면, 법계는 그렇게 해석할 수 없다. '법계'란 '법을 간직하다', 또는 '법을 생기게 하는 원인'이라는 뜻이다. 따라서 법계는 우주, 삼라만상이 아니다. 법을 철학용어로 현상 또는 인식현상으로 번역하기도 한다. 만약 쉽게 이해하고자 굳이 법을 우주, 삼라만상 등으로 해석한다면, 법계는 우주 또는 삼라만상을 생기게 하는 원인이 된다. 법계로부터 드러난 것이 바로 법이다. 이 법계가 바로 법성이고, 진여이고, 불성이고, 여래장이다. '법계연기'란 우리 앞에 드러난 삼라만상[법]은 법계에 간직된 여러 연이 화합하여 일어난다는 말이다. 아래에서 말하는 청정법계가 바로 지금 말하는 법계로서 진여에 해당된다.

또한 이 전의의 결과는 부사의(不思議)이다. 살펴 생각함[尋思]과 말로 논의함[言議]의 길을 뛰어넘었기 때문이다. 미묘하고 매우 깊고 스스로 안으로 깨닫기[自內證] 때문에 생각할 수 없다[不思]. 모든 세간의 비유로써 비유할 바가 아니기 때문에 논의할 수 없다[不議].

또한 보리와 열반은 선(善)이다. 착한 법의 성품이기 때문이다. 만약 그렇다면 유루선(有漏善)과 무슨 차별이 있는가? 청정법계[열반, 진여]는 생멸을 멀리 떠나서 매우 편안하기 때문이고, 사지와 상응하는 심품은 묘한 작용이 걸림 없으며 매우 훌륭한 방편이기 때문이고, 이러한 열반[진여]과 보리는 모두 오로지 이롭게 하는 것이기 때문이고, 불선과 어긋나기 때문에, 모두 선(善)이라 말한다.

또한 보리와 열반은 상(常)이다. 보리와 열반은 모두 다하는 때가 없기[無盡期] 때문이다. 청정법계는 무생무멸(無生無滅)로 성품이 바뀜이 없기 때문에 상(常)이라 말한다. 늘 그러하다는 말이다. 이를 자성상(自性常)이라 한다. 사지와 상응하는 심품은 소의[진여]가 상(常)이기 때문에 무단(無斷)·무진(無盡)하기 때문에 역시 상(常)이라 말한다. 자성상(自性常)이 아닌 것은 인(因. 종자)으로부터 생긴 것이고, 또한 생(生)은 멸(滅)로 돌아간다는 것은 한결같은 말씀이다. 따라서 무상이 아닌 색·심은 없다. 그런데 사지와 상응하는 심품은 본원력으로 말미암아 교화할 유정이 다할 때가 없기 때문에 미래제가 다하도록 끊어짐도 없고 다함도 없다. 이런 의미에서 상(常)이다. 이를 부단상(不斷常)이라 한다. 상(常)이라고 하면, 무상(無常)을 떠올리며 무조건 부처님 가르침이 아니라고 단정 짓지 말라. 이와 같이 상은 여러 뜻이 있다.

또한 보리와 열반은 안락(安樂)이다. 몰아붙임과 괴롭힘[逼惱]이 없기 때문이다. 유루선은 유정을 몰아붙여 생사에 처하게 하고 유정을 괴롭혀 열반에 나아가지 못하게 한다. 또 유루법은 모두 행고(行苦)이다. 이는 핍박성이기 때문이고, 번뇌를 더하기 때문이다. 그러므로 유루법은 안락이 아니다. 그러나 보리와 열반은 그렇지 않다. 청정법계는 뭇 모습이 고요[寂靜]하다. 그러므로 안락이라 한다. 사지와 상응하는 심품은 영원히 괴롭힘을 떠났다. 그러므로 안락이라 한다. 보리와 열반은 모두 몰아붙임과 괴롭힘이 없다. 아울러 능히 일체 유정을 편안하고 즐겁게 한다. 그러므로 두 가지 전의는 모두 안락이라 이름한다.

여기서 하나 더 생각하고 넘어가자. 열반의 사덕(四德)을 상락아정(常樂我淨)이라고 한다. 『아함경』 등에서 무상(無常)·고(苦)·무아(無我)·부정(不淨)을 언급하였다고 해서 상락아정을 언급한 대승경전은 부처님 가르침에 위배된다고 생각하는 이가 있다. 쉽게 생각해 보자. 과연 부처님에게 고가 있는가? 무상·고·무아·부정은 유위법에 대한 전도된 생각을 부정하는 말씀이다. 유위법은 무상한 것인데 상이라 집착하고, 즐거운 것이 아닌데 즐겁다고 집착하고, 실아·실법이 아닌데 실아·실법이라고 집착하고, 오염된 마음에 의해 드러난 것인데 늘 깨끗하다고 집착한다. 이러한 유위법에 대한 전도된 생각을 일깨워 주고자 무상·고·무아·부정을 강조하였다. 반면 무위법에 대해 또 전도된 생각을 일으킨다. 무위법은 상락아정인데 유위법처럼 무상·고·무아·부정이라고 전도된 생각을 일으킨다. 예를 들어, 법신[자성신]은 결코 분별 작용에 의해 조작되거나 변화되지 않기 때문에 항상하고[상], 분별 작용에 의해 일어나는 고통과 번민이 없기 때문에 즐겁고[락], 모든 희론을 떠나기 때문에 참된 모습 그대로이고[아], 번뇌와 근심으로 인한 더러움이 함께하지 않기 때문에 깨끗하다[정].

이승[성문, 연각]이 얻는 두 가지 전의의 결과는 번뇌장의 묶임[縛]을 영원히 멀리 떠났을 뿐, 십력 등 부처님의 18불공법의 수승한 법이 없기 때문에 법신이라 이름하지 못하고 다만 해탈신(解脫身)이라 이름한다. 부처님은 무상(無上; 대(大)) 적묵(寂默; 모니)의 법을 성취하셨기 때문에 대모니라 이름한다. 대모니 세존께서 증득힌 두 가지 과는 영원히 이장을 떠났다. 따라서 해탈신이라 이름하고, 또한 법신(法身)이라 이름한다. 번뇌장을 떠났기 때문에 해탈신이라 이름하고, 소지장을 떠났기 때문에 법신이라 이름한다.

이때 법신은 법신(자성신) · 수용신 · 변화신 가운데 법신을 말하는 것이 아니다. 삼신을 다 포함하는 말이다. 체성[體] · 의지[依] · 여러 덕의 모임[衆德聚]의 뜻으로써 총설하여 신(身)이라 이름한다. 그러므로 이 법신은 오법[사지 · 진여(열반)]으로써 체성을 삼는다. 청정법계[진여, 삼신 가운데 자성신(법신)에 해당] 홀로 법신이라 이름하는 것은 아니다. 두 가지 전의의 결과인 보리[사지]와 열반[진여]은 모두 이 법신에 속하기 때문이다.

5) 삼신(三身)과 불국토

이러한 법신에 대해 세 가지 차별이 있다. 바로 자성신, 수용신, 변화신이다. 또 수용신은 자수용신과 타수용신으로 나뉜다.

첫째, 자성신(自性身)이다. 부처님의 자성이기 때문에 자성신이라고 이름한다. 모든 여래의 진실된 청정법계로서 수용신과 변화신의 소의(所依)이다. 분별상을 떠나고 고요하며, 모든 희론을 끊고, 가없이 진실로 상주하는 공덕을 갖춘다. 이는 일체법의 평등 실성이다. 곧 이 자성신은 대공덕법이 의지하기 때문에 또한 법신이라 이름한다.

둘째, 수용신(受用身)이다. 이는 두 가지가 있다. 첫째는 자수용신이다. 모든 여래가 삼무수겁[삼아승지겁]에 무량한 복덕 · 지혜 자량을 닦아 모아 일으킨 가없는 진실 공덕과 지극한 색신으로서, 상속하고 그윽하며 미래제가 다하도록 늘 광대한 법락을 스스로[自] 수용(受用)한다. 이때 색신은 뭇 상을 다 갖추기 때문에 지극히 원만하고, 뭇 근심을 떠나기 때문에 지극히 깨끗하고, 끊어짐이 없기 때문에 지극히 상주한다. 둘째는 타수용신이다. 모든 여래가 평등성지로 말미암아 나타낸 미묘한 청정 공덕신으로서, 십지보살[초지~제10지]로 하여금 대승의 법락을 수용하게 한다. 곧 이 청정 공덕신은 순수한 정토에 머물러 십지에 있는 모든 보살대중을 위해 묘관찰지로 말미암아 대신통을 나타내고 정법륜을 굴리고 뭇 의심의 그물을 없애 그들로 하여금 대승의 법락을 수용하게 한다. 이 두 가지를 합하여 수용신이라 이름한다.

셋째, 변화신(變化身)이다. 모든 여래가 성소작지로 말미암아 보살지[초지]에 오르지 못한 모든 보살대중·이승·범부중생을 위해 나타난 무량한 화신을 말한다. 무량한 화신은 정토·예토에 머물러 그 대중들의 근기에 맞게 신통을 나타내고 법을 설하여 각각 모든 이익 되고 즐거운 것을 얻게 한다.

이 삼신 가운데 자성신은 우선 자리(自利)에 속한다. 적정 안락하여 동작(動作)이 없기 때문이다. 또한 이타(利他)를 겸한다. 결국 수용신과 변화신은 자성신에 의거하여 중생을 이롭게 하기 때문이다. 그러므로 자성신은 자리와 이타에 모두 속한다. 자수용신은 두드러진 것으로 보면 오직 자리에 속한다. 하지만 수행은 본래 이타를 위한 것이기 때문에, 자수용신 역시 이타의 의지가 되기 때문에, 이타를 부정할 수 없다. 만약 타수용신과 아울러 변화신이라면 우선 이타에 속한다. 다른 이를 위해 나타내기 때문이다. 그런데 타수용신도 도리로 보면 또한 자리이다. 이타가 곧 자리이기 때문이다.

이러한 법신은 각각 불국토에 의지하며 불국토를 나타낸다. 특히 변화신은 아둔한 중생을 위해 혹은 정토로 혹은 예토로 나타낸다.

■ 글을 마치며

'일체유심조(一切唯心造)', 즉 모든 것은 마음이 만들었다는 가르침이 궁금하였습니다. 그 의문을 풀기 위해, 20년 전 대학원에 입학해서 불교 공부를 본격적으로 시작하였습니다. 그러던 어느 날이었습니다. 연구실 책상에 엎드려 잠시 쉬고 있는데, 한 선배가 다가와서 『성유식론』을 함께 공부하지 않겠냐며 스터디 그룹 동참을 권유하였습니다. 나도 모르게 "고맙습니다."라며 한 약속이 3년이라는 세월 동안 저를 유식의 넓고 깊은 바다로 안내하였습니다.

쉬운 여정이 아니었습니다. 단지 한문을 한글로 옮겨 읽을 뿐 도무지 무슨 뜻인지 몰랐습니다. 전공이 유식이라고 감히 말할 수 없을 정도로 부끄러웠습니다. 그래서 무늬만 유식 전공이라고 말하였습니다. 10년이 지난 시점에는 큰 좌절도 맛보았습니다. 10년 동안 공부했는데도, 유식사상에 대한 제 생각을 조금도 나타낼 수 없는 제 자신이 안타까웠습니다. 좌절하였지만 포기할 수는 없었습니다. 다시 여기저기 선지식을 찾아서 배움을 청하기도 하고, 경전과 논서를 보면서 참구하기도 하고, 대중과 함께 공부하면서 생각을 정리하기도 하였습니다. 그렇게 다시 10년이 지난 이 시점, 이제 조금이나마 대중과 함께할 이야기를 마련하게 되었습니다.

　많은 사람들이 유식사상은 너무나 어렵다고 합니다. 호기심으로 잠시 다가왔다가 오래지 않아 떠나 버립니다. 유식사상만 어려운 것이 아니라 불교 교리가 다 어렵습니다. 불교 용어가 너무 생소하고 복잡하기 때문에 불교가 어렵다고도 합니다. 물론 그런 점도 있습니다. 그러나 불교가 어렵게 다가오는 더 큰 이유는, 사고의 전환이 쉽지 않기 때문입니다. 생각의 틀이 바뀌지 않으면, 고유한 불교 용어를 쉬운 다른 말로 풀이해도 어렵기는 마찬가집니다. 사고의 전환이 참으로 중요합니다. 끊임없이 의문을 제기하며 곰곰이 생각하는 시간이 필요합니다. 그러한 의문이 결국 부처님 가르침으로 향해 바르게 나아가는 뗏목이 됩니다.

　이 책에서 지난 20여 년의 의문을 실마리 삼아 유식사상을 하나하나 풀어 보았습니다. 대중 강의에서 느꼈던 대중의 요구를 반영하여 최대한 풀어쓰고자 하였습니다. 참으로 긴 여정이었습니다. 쉽게 풀이하려고 하였지만, 내용 자체가 쉬운 것이 아니기에 결코 만만한 작업이 아니었습니다. 이 책에 유식사상의 모든 내용을 다 담지는 못했지만, 핵심적인 내용을 정리하였다는 점에서 유식 전공자로서 숙제 하나를 해결한 느낌입니다. 이 책을 펼친 첫 느낌으로 어렵다거나 아니다거나 판단하여 책을 덮지 마시고 찬찬히 살펴보았으면 합니다. 분명히 의미 있는 시간이 될 것입니다.

　이 글의 바탕이 된 『성유식론(成唯識論)』은 '유식을 이룸에 대한 논'이라는 뜻입니다. '유식을 이룸'이란 열반과 보리를 얻는다는 말입니다.

또한 유식의 도리를 나타내어 매우 맑고 청정하게 하기 때문에 『정유식론(淨唯識論)』이라고도 합니다. 혹 필자의 글이 '유식을 이룸'과 '유식의 도리를 나타내어 매우 맑고 청정하게 함'에 누가 되지 않았는지 조심스럽기도 합니다. 다만 이 글을 통해 유식사상을 알고자 하는 이들에게 조금이나마 도움이 되었으면 합니다.

대학원에서 유식 공부를 시작한 지 약 20년의 세월이 흘렀습니다. 부족한 제자를 지금까지도 지켜보고 격려해주시는 오형근 지도교수님께 감사의 말씀 올립니다. 여태 걱정만 끼쳐드리고 반듯하게 제자 노릇을 못한 점, 죄송스러운 마음뿐입니다. 그리고 학자와 강사의 길에서 늘 하심(下心)하라는 가르침을 주신 목정배 교수님께 감사의 마음을 표합니다. 이 책의 출간을 허락해주신 불광사 회주 지홍 스님을 비롯하여 불광사 사부대중의 은혜는 잊지 못할 것입니다. 끝으로 어려운 유식 강의에 동참하신 모든 분께 부처님의 지혜와 자비가 함께하기를 기원합니다.

불기 2556년(2012년)

따뜻한 봄에

목경찬 두 손 모음

유식불교의 이해
ⓒ 목경찬, 2012

2012년 3월 20일 초판 1쇄 발행
2025년 3월 10일 초판 14쇄 발행

지은이 목경찬
발행인 박상근(至弘) • 편집인 류지호 • 편집이사 양동민
편집 김재호, 양민호, 김소영, 최호승, 정유리 • 디자인 쿠담디자인
제작 김명환 • 마케팅 김대현, 김대우, 이선호, 류지수 • 관리 윤정안
콘텐츠국 유권준, 김희준
펴낸 곳 불광출판사 (03169) 서울시 종로구 사직로10길 17 인왕빌딩 301호
   대표전화 02) 420-3200 편집부 02) 420-3300 팩시밀리 02) 420-3400
   출판등록 제300-2009-130호(1979. 10. 10.)

ISBN 978-89-7479-767-6 (03220)

값 17,000원

잘못된 책은 구입하신 서점에서 바꾸어 드립니다.
독자의 의견을 기다립니다. www.bulkwang.co.kr
불광출판사는 (주)불광미디어의 단행본 브랜드입니다.